Le développement durable

Farid Baddache

Le développement durable

EYROLLES

Éditions Eyrolles
61, Bld Saint-Germain
75240 Paris Cedex 05
www.editions-eyrolles.com

Avec la collaboration de Céline Hyrien

Maquette intérieure : Nord Compo
Mise en pages : Facompo

Sommaire

Introduction

Bâtir une société plus écologiste

Il est grand temps de changer. Il est grand temps de mettre l'écologie au cœur de nos modes de fonctionnement. Pour une meilleure santé, pour une meilleure espérance de vie, pour une meilleure maîtrise de nos coûts et de notre pouvoir d'achat. Aujourd'hui, nous connaissons assez bien les problèmes écologiques posés par notre mode de développement : changement climatique, détérioration de la qualité de l'air et de l'eau, pollution des villes et des espaces naturels, ressources naturelles limitées. Nous disposons même d'une idée assez précise des solutions possibles ou des actions nécessaires qu'il conviendrait d'entreprendre. Loin des clichés laissant croire que la société écologiste est nécessairement une société de l'homme de Cro-Magnon qui s'éclaire à la bougie, nous voyons désormais comment bâtir un monde plus écologiste, démocratique, et à la fois confortable. Il ne reste qu'à agir : changer quelques mauvaises habitudes tenaces, détecter de nouvelles façons de vivre son confort, et diffuser la bonne parole et les bonnes pratiques autour de soi.

Bâtir une société plus humaniste

Plus de la moitié de l'humanité survit avec moins de 1 euro par jour, dans un monde devenu totalement interdépendant. Un certain niveau d'opulence et de confort dans un pays développé et riche comme la France ne peut pas cohabiter éternellement avec une misère et un désarroi qui vont crescendo, autant dans nos propres rues que dans d'autres contrées de la planète. Le mal-développement « là-bas » a des effets dans nos vies quotidiennes « ici ». On peut par exemple citer les phénomènes terroristes ou les filières d'immigration clandestine, qui sont directement liés à la misère et à la totale désespérance de certaines catégories de populations dans le monde.

La croissance économique de ces dernières décennies s'est considérablement mondialisée, pour appuyer nos industries et nos services sur des usines et de la main-d'œuvre à un prix toujours meilleur, par le biais des délocalisations : textile indonésien, jouets chinois, programmateurs informatiques indiens, centres d'appels tunisiens, ouvriers agricoles marocains. Loin des clichés laissant croire que c'est en se repliant sur nos frontières que l'on pourrait résoudre les problèmes, nous voyons désormais que si la mondialisation a, à la fois, aidé nos sociétés à créer toujours plus de valeur ajoutée tout en apportant de la croissance économique dans certains pays du Sud, cela s'est fait au prix de terribles sacrifices sociaux, tant en Occident, en générant toujours plus de chômage parmi les laissés-pour-compte du textile, du jouet, etc., que dans les pays du Sud, en apportant de la croissance économique sans développement humain – conditions de travail dramatiques dans des usines de confection, faible accès à l'éducation. Nous pouvons désormais chercher à bâtir une société plus humaniste, soucieuse d'entretenir l'emploi et l'économie locale, de réduire la misère et l'exclusion dans nos propres rues, mais également d'aider le développement économique des pays du Sud dans le respect de conditions sociales satisfaisantes. Il ne reste qu'à agir : valoriser le commerce de proximité, soutenir activement toutes les formes de commerce apportant des garanties concernant les termes de l'échange et les conditions de travail des travailleurs du Sud, pour un commerce plus éthique et plus équitable.

Et moi ?

Et moi ? Comment puis-je peser face à de tels enjeux ? N'est-ce pas du ressort des États et des pouvoirs publics de m'assurer un environnement sain et de me protéger des problèmes de développement de la planète ? En un sens, oui : il est évident que les autorités publiques, tant locales que nationales (collectivités, ministères et services déconcentrés de l'État notamment), voire supranationales (ONU, Union européenne...), ont un rôle très important à jouer pour corriger les dysfonctionnements et assurer un développement durable de notre société. Les entreprises qui fournissent des produits multipliant les emballages qui remplissent inutilement la poubelle, ou qui ne sont pas capables d'apporter les garanties indispensables en matière de sous-traitance éthique doivent progresser. Mais il est trop facile de faire porter toute la responsabilité sur le collectif, quand il n'est finalement jamais rien d'autre que la somme de comportements et d'intérêts individuels.

Effet de serre ? 2/3 des émissions de gaz à effet de serre sont essentiellement liés à nos transports quotidiens en voiture et aux besoins énergétiques pour le confort de notre maison ou de notre lieu de travail ! Conditions sociales de travail ? C'est tout de même avant tout parce que nous sommes prêts à acheter un tee-shirt cinq euros, sous prétexte d'effet « coup de cœur » et de bon prix, et que nous ne nous soucions pas des éventuels impacts sociaux négatifs de sa production, que les industriels délocalisent et imposent aux sous-traitants des contrats très difficiles à honorer sans faire de la « casse sociale ». Ainsi, nos certitudes, nos pratiques et nos comportements individuels sont notablement responsables des dysfonctionnements qui nous empêchent d'assurer un développement durable de notre société.

Que l'on soit tour à tour consommateur, électeur ou professionnel, nous portons différentes responsabilités et devoirs vis-à-vis du développement durable.

En tant que consommateur, c'est notre manière de consommer qui construit les règles et les standards d'un marché : si le consommateur ne porte pas d'intérêt prononcé concernant la manière industrielle avec laquelle le poulet de son sandwich a été fabriqué, alors le circuit économique ne portera pas d'intérêt particulier concernant ses approvisionnements en poulailler en batterie, au-delà, bien sûr, du respect des règles sanitaires en vigueur.

En tant qu'électeur, la manière dont nous votons construit les mandats appliqués par les élus : si l'électeur ne porte pas d'intérêt prononcé concernant la qualité de l'air de sa ville, mais se soucie davantage des places de parking pour circuler et garer sa voiture à pétrole, alors l'élu aura, pour ainsi dire, le devoir de remplir son mandat en construisant des parkings et en facilitant la circulation automobile polluante. S'enquérir des complications de santé liées à la pollution de l'air, due notamment aux gaz d'échappement, auprès des enfants et des personnes âgées tout spécifiquement, ne sera pas, naturellement, au cœur du mandat.

En tant que salarié, la manière dont nous réalisons nos missions participe à définir les standards d'une profession. Lorsque les postiers et les coursiers se mettent à distribuer le courrier et les colis en vélo ou en véhicule électrique dans les milieux urbains, ils décident collectivement – et pas nécessairement de manière concertée – d'intégrer une préoccupation écologique et économique dans leur manière de fonctionner : ils polluent moins, et cela leur coûte nettement moins cher de rouler à l'électrique pour faire des tournées plutôt que de rouler au pétrole.

À chaque fois, chacun n'est que partie prenante des enjeux : tour à tour consommateur ou producteur, électeur ou mandataire, client ou fournisseur, parent ou voisin, émetteur ou récepteur.

Clarifier le collectif

Il est facile de critiquer les autres : les élus qui ne décident de rien, les entreprises qui ont le souci de la profitabilité et ne s'intéressent au développement durable que lorsqu'il présente un intérêt lucratif, le voisin qui fait mal le tri dans la poubelle…

Mais que chacun balaie déjà devant sa porte et se pose les questions nécessaires pour assurer son propre progrès, que chacun joue sa partition et rien que sa partition, et le collectif en sort clarifié. En effet, à force de se reposer sur un subtil équilibre de l'inertie – « je ne fais rien parce que c'est à toi de faire un geste ; tu ne fais rien parce que tu attends que je fasse un geste pour faire de même, et de toute façon, quand je fais quelque chose, c'est pour que tu me dises que ce n'est pas assez bien » – on peut attendre collectivement longtemps.

Reprenons donc les choses le plus simplement et logiquement possible. Un élu a pour mission de remplir le mandat pour lequel il est élu : il est donc là pour faire du développement durable si tel est son mandat. Cela dépend des électeurs. Suivant le même principe, une entreprise doit fonctionner de manière profitable ; elle n'a aucune mission première de citoyenneté ni de philanthropie ; elle ne peut et ne doit contribuer au développement durable que si elle a un intérêt stratégique et qu'elle y trouve un marché ou un levier de performance, sinon la démarche ne repose que sur la volonté d'un individu (jamais irremplaçable) ou la bonne santé économique du moment (toujours susceptible d'être remise en question). Cela dépend des régulateurs et des consommateurs (ou des clients). Pour que le développement durable soit en marche, il est donc désormais impératif de clarifier le collectif. De mettre chaque partie prenante en face de ses propres responsabilités, à l'écoute de ses propres intérêts. *A contrario*, il est indispensable de ne pas demander à chaque partie prenante de jouer le rôle des autres, à savoir que des entreprises deviennent des ONG ou des pouvoirs publics, que des ONG deviennent des entreprises ou des inspecteurs, etc.

Effet goutte d'eau, effet de masse

Dès lors, imaginons un village de 300 habitants. Chaque Français produit en moyenne 365 kg de déchets par an. C'est trois fois plus qu'il y a 20 ans. 1/3 de ces déchets sont alimentaires : pelures de fruits ou de légumes, déchets de repas, etc. Tous les ans, ces 300 habitants produisent donc environ 32,85 tonnes de déchets alimentaires. Si, au lieu de tout jeter à la poubelle, ce village décide collectivement – sous l'impulsion des pouvoirs publics locaux, mandatés par les électeurs – de conserver dans le jardin, ou dans un endroit collectif, l'ensemble de ces déchets alimentaires pour en faire un fumier pouvant être utilisé comme engrais, selon les besoins de jardinage des uns et des autres, c'est automatiquement 32,85 tonnes de déchets qui ne sont plus jetés à la poubelle, mais qui sont directement réutilisés pour les besoins quotidiens de tous. D'ailleurs, il existe aujourd'hui des sociétés de transport public qui développent les technologies pour faire rouler les bus avec ces mêmes déchets.

On pourrait ainsi imaginer des solutions contribuant au développement durable (réduction des déchets) dans une dynamique motivée par des parties prenantes au rôle circonscrit à leur intérêt particulier : des habitants qui paieraient moins d'impôts locaux liés à la collecte régulière des déchets en alimentant eux-mêmes le système de compost, une société de bus qui investirait dans les technologies lui permettant de connecter des villages en roulant avec leurs déchets et en s'appuyant sur les économies générées par la baisse de sa facture pétrolière, des pouvoirs publics jouant le rôle de coordinateurs et d'organisateurs des changements territoriaux nécessaires grâce au soutien d'un mandat local clair obtenu sur ces questions.

On peut multiplier à l'infini les exemples simples et concrets pour montrer combien l'amélioration des comportements individuels peut faire somme avec celui des autres, et progressivement faire masse. Bien sûr, il ne suffit pas seulement d'un tri d'ordures ici, de lumières bien éteintes là, ou d'un achat de tee-shirt issu du commerce équitable pour faire une société du développement durable. Mais c'est en adoptant les bons comportements et les bons réflexes dans un collectif de jeu éclairé de parties prenantes, et en montrant l'exemple autour de soi pour susciter l'adhésion et motiver la collectivité à faire de même que, progressivement, l'effet de masse pourra peser et forcer les structures – autres individus, entreprises, autorités publiques – à évoluer, pour qu'une société du développement durable devienne enfin concrète.

Partie I

Comprendre le développement durable

Au carrefour de plusieurs traditions intellectuelles, intégrant écologie, économie et dimension socioculturelle, le développement durable est une notion qui puise ses racines assez loin dans l'histoire de notre vision du monde et de nos pratiques, qu'il s'agit désormais de faire évoluer en profondeur.

Chapitre 1

Le développement durable : un concept qui vient de loin

Le rapport Brundtland

En 1987, la commission des Nations unies sur l'environnement et le développement publiait le rapport Brundtland, du nom de sa présidente et Premier Ministre de la Norvège, Gro Harlem Brundland, intitulé « Notre futur à tous » (*Our Common Future*). Ce document est devenu un texte fondateur du développement durable tel qu'on l'entend aujourd'hui.

Il constate que les problèmes environnementaux les plus graves à l'échelle de la planète sont essentiellement dus à la grande pauvreté qui prévaut dans le Sud et aux modes de consommation et de production « non durables » pratiqués dans le Nord : nous ne pouvons pas continuer éternellement à produire et à consommer sur la base de pratiques qui sollicitent davantage de ressources naturelles que ce que la planète est capable d'offrir, et nous ne pouvons plus consommer du tout-jetable dont nous ne savons que faire en fin de vie. Le rapport Brundtland s'intéresse principalement à la protection de l'écosystème de notre planète.

■ L'écosystème

En écologie, un écosystème désigne l'ensemble formé par une association ou communauté d'êtres vivants (biocénose) dans son environnement territorial (géologique et pédologique, permettant l'étude des sols et de leur évolution à travers le temps) et atmosphérique (le biotope). Les éléments constituant un écosystème développent un réseau d'interdépendances permettant le maintien et le développement de la vie.

Il ne s'agit pas de sacraliser les espaces vierges, de les préserver strictement des activités humaines, mais de marquer des frontières fortes au-delà desquelles les pollutions induites par la civilisation industrielle seraient interdites. Le rapport insiste sur la nécessité d'inventer « une croissance qui ne pénalise pas les générations futures sans toutefois sacraliser la nature ». Il met en évidence le fait qu'un développement mal maîtrisé, écologiquement irresponsable, tel que nous le pratiquons tous au jour le jour aujourd'hui, peut mener l'humanité à sa perte. Le développement doit désormais se faire dans le respect des équilibres écologiques naturels de la planète. On parlera, à partir de là, de *sustainable development*, ou encore, en français, de « développement durable, soutenable ou viable ». C'est un développement qui répond aux besoins des générations actuelles sans compromettre ceux des générations futures.

Toutefois, si le rapport Brundtland fait désormais référence en matière de définition et de point d'ancrage du développement durable, force est de constater que de nombreux observateurs visionnaires avaient déjà, dès la fin du XIXe siècle, multiplié les textes à propos d'un développement durable qui ne portait pas encore ce nom.

Les origines du rapport Brundtland

La réflexion autour d'un développement répondant aux besoins des générations actuelles sans compromettre ceux des générations futures remonte au XVIIIe siècle. L'économiste écossais Malthus dénonçait déjà la croissance de la population, bien plus importante alors que celle des ressources. Malthus soulignait la contradiction entre les forts taux de croissance de la population et ceux bien plus faibles des productions. Il était inutile, selon lui, d'accroître les productions par défrichement ou amélioration des terres, car l'augmentation de la population et la demande demeureraient toujours plus rapides.

Au XIXe siècle, les interrogations sur les usages des ressources se multiplient. Elles émanent de naturalistes, de géographes, de philosophes, d'économistes, tous sensibilisés à la fragilité de la planète et au caractère fini des ressources. Ainsi, l'inventeur de la biocénose, Mobius, en 1877, présente l'homme comme un destructeur. Le géographe américain Marsh soulignait, quelques années plus tôt (1864), que le gaspillage des ressources naturelles par les sociétés est contraire à la volonté de Dieu et aux intérêts économiques de la nation. Il dénonçait aussi la civilisation industrielle comme détruisant les conditions matérielles d'existence, et s'inquiétait tout particulièrement de la déforestation. En Allemagne, la notion d'économie de pillage (*die Raubwirtschaft*) figure dans les travaux du géographe Friedrich Ratzel, selon lequel il faut utiliser « les ressources naturelles de manière durable, essayer de les améliorer et même de les augmenter ».

■ Biocénose

La biocénose est l'ensemble des êtres vivants de toutes les espèces, végétales et animales, coexistant dans un espace défini.

Ces conceptions perdurent tout au long du XXe siècle et jusqu'à aujourd'hui. Ainsi, en 1915, le biologiste et urbaniste écossais Geddes dénonce de manière ferme le gaspillage des ressources naturelles. Après la Seconde Guerre mondiale, en 1948, Fairfield Osborne, président de la Société zoologique de New York, publie un ouvrage visionnaire, *Our Plundered Planet* (« La planète au pillage »), qui commence par ces mots : « À tous ceux que l'avenir inquiète, l'humanité risque de consommer sa ruine par sa lutte incessante et universelle contre la nature plus que par n'importe quelle guerre. » À la lecture de l'ouvrage, Albert Einstein fait ce commentaire : « On sent d'une façon aiguë en lisant ce livre la futilité de la plupart de nos querelles politiques comparées aux réalités profondes de la vie. » Packard Vance, journaliste américain, publie, en 1960, *The Waste Makers* (« L'art du gaspillage »). Dans cet ouvrage, il critique les ressorts d'une société consumériste fondée sur l'obsolescence planifiée des biens de consommation forçant le consommateur à acheter encore et toujours, pour gaspiller encore davantage son argent et les ressources naturelles de la planète dans une fuite en avant imperturbable. Positif, il écrit en conclusion : « [heureusement] des êtres savent encore étreindre l'univers au lieu de se débattre au milieu de problèmes factices qu'ils se sont créés ». À ces critiques, il faut ajouter celles qui fustigent la croissance économique. Ainsi, l'économiste Nicholas Georgescu-Rœgen souligne, en 1971, que « la pression démographique et le progrès technologique rapprochent la course de l'espèce humaine de son terme, parce qu'ils occasionnent l'un et l'autre un épuisement plus rapide de cette dot ».

Intégrer les principes du développement durable au quotidien

Une fois la définition posée, on a alors à la fois dit l'essentiel – vivre notre quotidien sans empêcher nos enfants et petits-enfants de vivre le leur – sans pour autant avoir abordé de manière concrète la façon dont on doit modifier nos comportements et nos pratiques pour aller vers une société plus durable. Le concept des « 3 piliers » permet de structurer la réflexion sur l'intégration des principes du développement durable au quotidien autour de trois axes fondamentaux, qu'il convient de mettre en harmonie pour améliorer nos pratiques et nos prises de décision en matière d'investissement ou de consommation :

- *Économie* : travailler, produire, consommer, se déplacer, se nourrir, etc., en détectant les pratiques et les produits apportant un bon rapport qualité/prix.
- *Société* : travailler, produire, consommer, se déplacer, se nourrir, etc., en détectant les pratiques et les produits les plus favorables à l'emploi et au respect des personnes qui ont produit les biens, notamment quand ils habitent dans des pays en développement.
- *Environnement* : travailler, produire, consommer, se déplacer, se nourrir, etc., en détectant les pratiques et les produits les plus favorables à la santé et au respect de la planète.

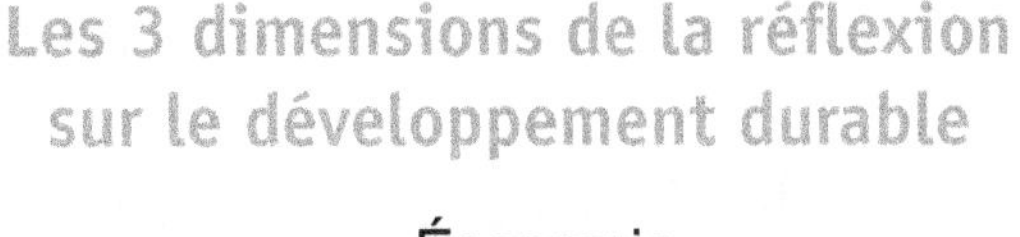

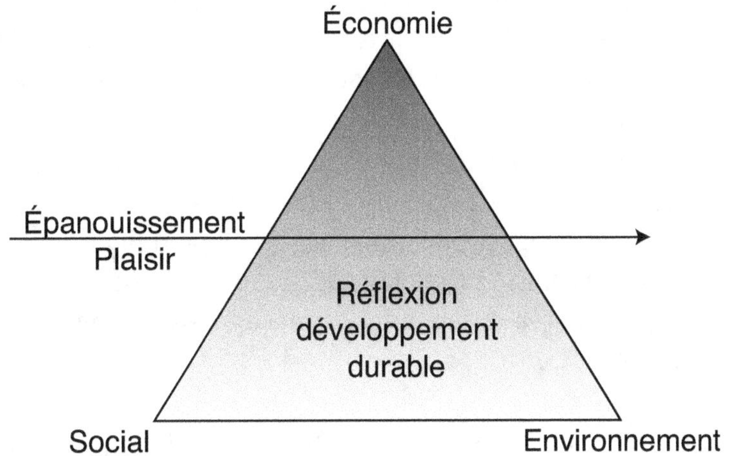

Très concrètement, la réflexion sur le développement durable nous invite à repenser toute notre vie quotidienne – nos habitudes, nos pratiques, nos projets – en cherchant toujours le meilleur compromis entre nos intérêts économiques, environnementaux et sociaux. La meilleure façon d'illustrer le concept et la gymnastique d'esprit, c'est de prendre des exemples de consommation.

Exemples de consommations « traditionnelle » et « durable »

J'achète des produits d'entretien dans une « approche traditionnelle »

- Je ne veux pas dépenser trop d'argent : j'achète les moins chers, de préférence de qualité (approche essentiellement économique).
- Je veux acheter un produit efficace : j'achète le meilleur, celui qui m'apporte le plus de garanties quant à sa capacité de pouvoir nettoyer « à fond ». Je suis prêt à mettre le prix pour quelque chose que je juge efficace.

J'achète des produits d'entretien dans une « approche développement durable »

Le volet de l'approche traditionnelle reste valable : je peux continuer à rechercher le meilleur rapport qualité/prix ou à me faire plaisir. Mais d'autres paramètres viennent nourrir ma décision d'achat : je me pose quelques questions complémentaires. J'intègre désormais des critères environnementaux et sociaux dans ma recherche de bon rapport qualité/prix. Par exemple, j'interroge les étiquettes des produits ou les fournisseurs :

- Puis-je réduire les doses utilisées tout en conservant l'efficacité du produit de manière à me servir du même échantillon le plus longtemps possible ?
- Quelles sont les expositions pour la santé des utilisateurs ? Pour la peau, pour les yeux, pour les bronches, en cas d'ingestion... Cette question est d'autant plus saillante dans le cas d'une utilisation répétée et régulière.
- Quelles pollutions sont générées par l'utilisation du produit, une fois qu'il a fait son travail et qu'il part dans les canalisations ?

- L'emballage est-il recyclable ? Est-il lui-même conçu à partir de matières recyclées ?
- D'où provient le produit ? Si la marque et la fabrication montrent qu'il a été conçu dans l'hémisphère Sud, il existe probablement un produit équivalent qui n'a pas dû générer autant de coûts de carburant que celui-là pour arriver jusque chez le client.

L'approche « développement durable » vient finalement nourrir l'approche qualité prix en intégrant dans le prix de nouvelles dimensions en matière de qualité (outre l'efficacité, la santé et l'impact environnemental du produit) et en matière de prix (la chasse aux coûts cachés, comme les coûts abusifs de transport, ou ceux liés à une utilisation trop répétée du produit, qui nécessite que l'on achète moins cher mais plus fréquemment).

Il est infiniment plus simple et plus courant de raisonner en « technique traditionnelle ». La gymnastique de l'esprit induite par la « technique développement durable » est toutefois une méthode de progrès, nécessaire pour aligner peu à peu les pratiques et les réflexes avec les enjeux du développement durable. Il ne faut pas s'en effrayer. Se poser des questions, identifier des indices pour y apporter des réponses, c'est déjà progresser pour contribuer à un développement plus durable.

Raisonner en « coût total de possession »

Le coût total de possession (CTP)[1] est un coût qui intègre tous les éléments constitutifs d'un produit manufacturé. Le CTP peut inclure :
- le coût des matières premières ;
- le prix d'achat éventuel, les mensualités pour une location, les frais financiers ;
- les dépenses de mise en route (installation, formation…) ;
- les dépenses de fonctionnement (fonction de l'usage prévu) ;
- les dépenses d'entretien régulier ;
- les dépenses liées à la sécurité et à la qualité ;
- les dépenses dues à l'arrêt de fonctionnement (dépollution, démontage…) ;
- les dépenses de retrait éventuel (reprise du matériel) ou la recette liée à la revente ;

---

1. Source : centre d'études Gartner, 1987.

- les dépenses liées aux équipements et logiciels informatiques et aux conseils associés.

L'approche coût total de possession permet d'éclairer le décideur désireux d'intégrer les principes du développement durable dans sa prise de décision quotidienne en matière d'investissement. Trop souvent, les produits contribuant au développement durable sont considérés comme étant « plus écolos mais plus chers, donc moins accessibles », parce que la décision d'achat ne s'appuie pas sur une approche CTP. Ainsi, si l'on compare l'achat de deux scooters d'équivalence 50 cm^3, l'un roulant à l'essence sans plomb et l'autre à l'électricité, on observe des coûts globaux différents.

J'achète un scooter 50 cm^3 roulant à l'essence sans plomb avec lequel je fais 20 km chaque jour

Outre le prix d'achat, je dois intégrer les coûts suivants pour connaître le prix que l'utilisation de ce véhicule va me coûter à l'année : l'assurance, le carburant, les révisions et la maintenance (vidange, révision du moteur, pneus et pièces mécaniques en frottement...). Je roule à 50 km/h en ville. Évidemment, je trouve normal de gaspiller mon argent à chaque fois que je suis à l'arrêt à un feu ou à un stop, en laissant tourner mon moteur au ralenti, même si cela peut représenter jusqu'à 30 % de ma facture annuelle de carburant. Quant à la pollution générée par mes déplacements, je fais comme tout le monde : j'ai besoin de me déplacer !

J'achète un scooter électrique équivalent 50 cm^3 avec lequel je fais 20 km chaque jour

Outre le prix d'achat, je dois intégrer les coûts suivants pour connaître le prix que l'utilisation de ce véhicule va me coûter à l'année : l'assurance, l'électricité pour recharger la batterie sur une prise classique 220 volts, les révisions et la maintenance (pneus et pièces mécaniques en frottement uniquement : pas de révision du moteur mais rachat d'une batterie au-delà de quelques milliers de kilomètres). Je roule à 50 km/h en ville. Lorsque je suis à l'arrêt, il n'y a aucune consommation générée. Mes déplacements sont silencieux. Je n'ai pas de pot d'échappement générant des gaz nuisant à la santé et à l'environnement.

Le comparatif en approche CTP mérite d'être effectué en prenant des véhicules concrets et des besoins concrets. Même en payant un peu plus cher à l'achat le véhicule électrique (prix d'achat supérieur, qui peut d'ailleurs être compensé lors de l'achat en neuf par des primes publiques diverses), ce type de véhicule peut être générateur d'importantes économies sur une durée courte d'amortissement de un à trois ans.

Un réflexe qui devient évident

La mise en pratique du développement durable au quotidien, que ce soit au niveau de chacun pour faire ses courses et se brosser les dents, ou au niveau international pour décider du lancement d'importants projets, peut ainsi se résumer en quelques axes sur lesquels il faut pouvoir se poser des questions essentielles :

Environnement	Social	Économie
Est-ce que faire ceci ou cela…		
Est mauvais pour ma santé et celle de mes proches ?	Participe à mon confort et à mon épanouissement personnel ?	Me fait économiser de l'argent à l'achat et sur le long terme ?
Participe au changement climatique ?	Altère la vie sociale autour de chez moi ?	Est à un bon rapport qualité/prix ?
Génère de la pollution ou des déchets qui peuvent être évités ?	Empêche le développement d'autres populations (santé, connaissances…) en entretenant de la pauvreté ou des inégalités ?	
Détruit la biodiversité ?	Est contraire au respect des droits de l'homme ? Ou suppose des comportements non respectueux des droits de l'homme ?	
Gaspille des ressources naturelles comme l'eau ?	Joue le jeu d'un abus d'exploitation des gens du Sud au bénéfice de mon confort personnel ?	
	Est contraire au respect de la culture et de la vie quotidienne d'autres populations ?	

Le développement durable est une attitude, un regard critique permanent sur nos pratiques et nos certitudes quotidiennes. Il vise trois finalités :

- conserver un certain confort, un bien-être, voire l'améliorer ;
- progresser dans notre aptitude à vivre plus en harmonie avec notre environnement naturel ;
- progresser dans notre attitude à vivre de manière plus solidaire avec nos voisins et les autres habitants de la planète.

Chapitre 2

La préoccupation du développement durable dans le temps

Historique : une lointaine réflexion

Ce début de XXIe siècle est critique sur ces questions. Nous sommes à la fin d'un cycle historique de siècles et de siècles durant lesquels quelques voix ici et là seulement se sont élevées pour exiger une meilleure prise en compte du développement durable. Désormais, l'accélération et la criticité des enjeux font que nous ne pouvons plus reculer. Celui qui parle de développement durable passe bien souvent pour un doux rêveur, voire un utopiste aux yeux de la majorité. Pourtant, la douce rêverie ou l'utopie est bien au contraire de croire que notre société peut continuer à se développer en appliquant les mêmes recettes que celles qu'elle s'est trouvée tout spécifiquement au XIXe siècle.

■ Aux origines de l'humanité

Le tournant du Néolithique...

La problématique du développement durable est née le jour où l'homme préhistorique a commencé à se sédentariser, il y a 12 000 ans, et à instrumentaliser la nature au service de ses besoins : transformation de l'espace pour organiser l'agriculture, urbanisation sous forme de villages. C'est le tournant du Néolithique, où l'homme se sert de ses formidables facultés mentales pour organiser la vie autour de lui en fonction de ses propres besoins : alimentation, confort, culture.

...Une formidable avancée de l'humanité

Toutefois, il faut être évidemment très mesuré quand on critique le tournant du Néolithique. Cette première révolution de l'humanité a fait naître les groupes sociaux, l'artisanat, le développement du commerce, la création de villes et de pays, pour le plus grand bien de l'humanité et l'épanouissement du genre humain. De là sont nées les prestigieuses civilisations dont nous sommes directement les héritiers : Mésopotamie, Égypte antique, Indus, Grèce notamment. L'asservissement de la nature s'effectue relativement au confort du genre humain ; l'homme, en devenant sédentaire, occupe progressivement tous les territoires, accumule et développe des techniques et des connaissances qui lui permettent de s'épanouir, de mieux vivre et de progresser intellectuellement. C'est là tout le paradoxe : le genre humain s'est prodigieusement développé en s'appuyant sur des fondations non durables. Tant que le genre humain, sédentarisé, était aussi peu nombreux que pouvaient l'être les hommes des temps préhistoriques (il y avait environ 10 millions d'habitants sur la planète à l'aube du néolithique, d'après le Muséum d'histoire naturelle, à opposer bien évidemment aux 6,7 milliards d'habitants d'aujourd'hui), la pression de son activité sur l'environnement était tout à fait absorbable par la nature. À plus forte raison, aussi longtemps que le genre humain n'a fondé son activité quotidienne que sur des matériaux rapidement biodégradables (bois, os, plantes, pierres…), son impact sur la nature n'avait que des effets tout à fait négligeables sur les générations suivantes.

▪ Les germes de la société « non durable »

La pression démographique

Sous l'Antiquité, plus les sociétés sont prospères, plus elles connaissent un développement démographique important. Les populations sont toujours plus nombreuses. Ce phénomène s'explique par une relative sécurité et par un développement de nouvelles techniques permettant de gagner en productivité agricole. On peut donc nourrir toujours plus de monde en s'équipant de houe, roue, araire. Mais dès cette période, de premiers avertissements rappellent à l'homme combien la pression non maîtrisée de ses activités sur la nature peut lui être fatale : de nombreux historiens montrent comment la société mésopotamienne du Tigre et de l'Euphrate, particulièrement glorieuse du temps de Nabuchodonosor, aurait brusquement décliné le jour où la trop forte pression des populations et des besoins agricoles sur les fleuves serait arrivée à un point de non-retour. L'épuisement progressif des ressources en eau aurait provoqué le déclin relativement rapide de cette civilisation. Une autre conséquence de l'abus de l'homme sur son environnement est la déforestation accélérée du pourtour méditerranéen. Le paysage familier de broussailles semi-désertiques qui caractérise si bien nos régions méditerranéennes n'a rien de naturel : il est une conséquence directe de la forte pression agricole exercée par le puissant Empire romain sur ces régions, et qui a conduit à l'éradication progressive des forêts. Nous nous y sommes accommodés. Ainsi, comme le dit Platon (427-347 av. J.-C.) dans le *Critias* : « Il y avait, sur les montagnes, de grandes forêts dont il reste encore aujourd'hui des témoignages visibles. Si, parmi ces montagnes, il en est qui ne nourrissent plus que des abeilles, il n'y a pas bien longtemps qu'on y coupait des arbres propres à couvrir les plus vastes constructions. Le sol produisait du fourrage à l'infini pour le bétail, il recueillait aussi les pluies annuelles de Zeus et ne perdait pas comme aujourd'hui l'eau qui s'écoule de la terre dénudée dans la mer. »

Jusqu'à la fin du Moyen Âge, le modèle de développement sera à peu près le même : une pression démographique croissante sur les milieux naturels conduisant à l'assèchement des marécages et à une déforestation massive dans toute l'Europe.

L'intégration de matériaux et de techniques « non durables »

L'arrivée de la métallurgie du cuivre puis du fer permet d'améliorer considérablement l'équipement agricole, et d'accroître encore les capacités de production. Pour conséquence, l'intégration du cuivre et du fer dans la vie quotidienne marque l'avènement de la société « non durable », puisque la matière première est trouvée dans des mines et que ces matériaux existent en stocks limités sur la planète. Les ressources non renouvelables s'insèrent progressivement, mais de manière tout à fait stratégique, dans nos économies : fer, cuivre, or, argent, etc. Tant que les besoins ne sont pas importants, la planète est capable d'absorber la demande et les déchets générés.

L'organisation politique des États et le développement du commerce international renforcent encore l'exploitation des ressources naturelles. Ainsi, la construction massive de bateaux pour explorer les océans, pêcher et guerroyer creuse un peu plus le besoin en bois, et, corrélativement, la déforestation massive de l'Europe. Les premières catastrophes naturelles – lorsque, durant de fortes pluies, on se rend compte que les forêts en amont des villages permettaient d'éviter la formation de torrents de boue, par exemple – et la prise de conscience de quelques seigneurs sages qui voient bien qu'il faut des années pour générer des bois de taille et de qualité suffisante pour construire des bateaux, poussent à de premières régulations environnementales timides, mais nécessaires. Ainsi, Philippe VI de Valois promulgue une Ordonnance sur la protection des forêts en 1346.

L'Europe à la conquête du monde

C'est la recherche de routes commerciales nouvelles, permettant de se procurer des denrées précieuses (épices, or, argent...), qui pousse les rois européens à développer les technologies de navigation et d'armement, afin d'équiper les bateaux qui sillonnent les mers.

L'Europe s'organise en puissants États qui se structurent pour partir à la conquête du monde : ils industrialisent les moyens de production et asservissent toujours plus la nature. Mais au moment où quelques voix s'élèvent, en Europe notamment, pour protéger les forêts ou limiter le surpâturage, les Européens agissent de manière très différente dans les pays convoités du Sud, notamment en Amérique : ils pillent les richesses naturelles de ces contrées. La carte du monde se dessine en fonction des richesses estimées ici ou là sur la planète. Par exemple, le Brésil est nommé ainsi parce que les Européens vont installer des comptoirs sur cette terre pour exploiter un bois de teinture rouge nommé *pau brasil*. De la même façon, le fleuve situé à l'embouchure des fleuves Paraná et Uruguay en Amérique latine, pénétrant profondément dans les terres, se nomme *Rio de la Plata* (« fleuve de l'argent », en espagnol) parce que les galions espagnols utilisent cette voie commerciale pour exporter l'or et l'argent vers l'Espagne. En Afrique, la Côte d'Ivoire se nomme ainsi parce que, là encore, des Européens identifient un comptoir intéressant pour chasser l'éléphant et le rhinocéros et importer de l'ivoire en Europe. La carte du monde porte donc les noms des intérêts économiques européens. Les Européens asservissent les populations autochtones en fonction de leurs besoins et annihilent leurs cultures propres, créant par là même un système économique mondial autour de l'économie européenne et de ses intérêts.

La région du Yucatan ou l'incompréhension originelle

Lorsque les Espagnols débarquèrent sur les côtes orientales de l'actuel Mexique, ils rencontrèrent des populations locales. Les Espagnols leur demandèrent, dans leur langue : « Où sommes-nous ici ? » Les « Indiens » répondirent, dans leur langue : « *Yucatan* – Je ne comprends pas ! » Les Espagnols en déduirent que la région devait s'appeler « Yucatan », nom encore porté par une province mexicaine. Quel symbole de l'incompréhension des peuples poussée à un paroxysme des plus ubuesques !

Cette conquête du monde, guidée par les intérêts économiques de l'époque, s'est imposée au détriment des connaissances et des croyances, qui n'avaient aucune valeur commerciale à l'époque – on estime, par exemple, que les sociétés amérindiennes étaient particulièrement avancées sur les questions de médecine naturelle notamment[2].

La valeur de la viande chez les Amérindiens

Les Indiens d'Amérique du Nord (Iroquois, Huron, Cris...) pratiquaient abondamment la chasse. Mais dans leur système de valeurs, la chasse était une forme de jeu et de pacte d'équilibre avec la nature : l'animal capturé et consommé se donnait en sacrifice pour pourvoir aux besoins des humains. En échange, il était du devoir des humains de trouver une utilité à l'intégralité de la dépouille : viande, peau, os, etc. Jeter les restes de nourriture ou de cadavre de gibier était totalement inconcevable et irrespectueux vis-à-vis de la Nature.

Aujourd'hui, dans nos sociétés consuméristes, les hommes n'hésitent pas à manger de la viande à chaque repas, malgré les problèmes environnementaux que cela induit – la production d'1 kg de viande de bœuf demande 10 000 litres d'eau – ou remplit 1/3 des poubelles avec des déchets organiques de type « restes de repas ». Nous aurions tous bien besoin d'apprendre aux côtés des Indiens d'Amérique du Nord...

Toutefois, si la colonisation de l'Amérique est le fait des Européens, de vastes empires arabes, asiatiques et africains poursuivent les mêmes objectifs de recherche de voies commerciales à moindre coût, pratiquant tout autant l'esclavage sans vergogne : c'est ainsi qu'à la fin du Moyen Âge, les Ottomans occupaient les voies terrestres orientales et commerçaient avec les Italiens, les Arabes contrôlant le commerce maritime de tout l'océan Indien.

Le principe du « double standard »

Cette époque de colonisation, qui débute à la fin du Moyen Âge, voit naître un concept bien ancré dans nos sociétés occidentales actuelles : celui du double standard. Le double standard, c'est la relativité d'opinions ou de valeurs des personnes ou des États, vis-à-vis d'autres personnes ou d'autres États, cette relativité engendrant des regards et des prises de position différents.

Ainsi, dès la fin du Moyen Âge, on commence timidement à s'interroger sur la protection de l'environnement chez nous, mais

---

2. Lire RABOURDIN S., *Les Sociétés traditionnelles au secours des sociétés modernes : autrement sauvage, autrement moderne*, Delachaux et Niestlé, 2005.

on se contrefiche de savoir si la destruction des forêts du littoral brésilien peut poser un problème au niveau local ; on remet en cause les conditions de travail de nos propres travailleurs – la marine britannique se posera beaucoup de questions à la suite de la mutinerie du *Bounty* pour améliorer le quotidien de ses matelots et gagner la paix sociale sur les bateaux – mais on se pose beaucoup moins de questions quand il s'agit de transporter les Noirs d'Afrique sur des plantations en Amérique dans le cadre du commerce négrier triangulaire.

Les révoltés du *Bounty* : pour de meilleures conditions de travail

Le 28 avril 1789, une partie des quarante hommes d'équipage de la goélette britannique *Le Bounty* se révolte contre les mauvais traitements du capitaine William Bligh. Celui-ci et dix-huit hommes qui lui sont restés fidèles sont abandonnés dans une chaloupe en plein océan Pacifique. Ils réussiront à rejoindre l'île de Timor après un périple de 5 000 kilomètres. Les mutins, eux, iront à Tahiti et certains, pour échapper à la justice anglaise, se réfugieront sur l'île de Pitcairn.

Très concrètement, nous continuons implicitement à pratiquer le double standard dans notre vie de tous les jours lorsqu'en même temps, nous nous indignons de voir nos entreprises se délocaliser et détruire ainsi des emplois dans nos villes et nos régions, et que nous courons acheter les vêtements à la mode durant les soldes en nous mettant à l'affût des prix les plus bas, sans nous demander dans quelles conditions de travail ces produits ont été fabriqués en Indonésie, en Chine ou au Mexique.

L'instrumentalisation de l'environnement

La fin du Moyen Âge est également le point de départ de la généralisation au monde entier de notre conception européenne du développement économique, instrumentalisant l'environnement au service de l'économie, comme modèle standard du développement du genre humain.

Les textes fondateurs des principales religions monothéistes, comme ceux de l'Ancien Testament, présentent une certaine ambiguïté quant aux liens qui unissent l'homme à la nature. L'homme est le maître ou le gérant. Il est encouragé par la Genèse à « dominer la terre », à lui imposer sa loi et à la soumettre, mais, en même temps, cette domination implique le respect de la nature créée par Dieu et appartenant à Dieu. L'homme doit donc rendre des comptes à Dieu s'agissant de la gestion de la nature en tant que bien dont il doit prendre soin. Noé, sauvant les animaux du Déluge sur son arche, peut apparaître, à cet égard, comme le premier défenseur de l'environnement, mais dans une certaine logique utilitaire anthropocentrique, puisque l'humain est au centre du monde et décide seul des espèces qu'il convient de sauver.

■ **Anthropocentrisme et biocentrisme**

La démarche anthropocentrique revient à placer l'être humain au centre du monde, idée que l'on retrouve dans le terme même d' « environnement », qui désigne « ce qui entoure l'humain ». En revanche, la démarche biocentrique comprend l'être humain comme simple sous-ensemble de la nature : l'être humain partage, au sein de la nature, le statut de sujet avec les animaux, les végétaux, les minéraux, jusqu'aux paysages.

De même, le projet du *Discours de la méthode* (1637) de René Descartes s'inscrit dans une profonde croyance occidentale que toute la nature peut être comprise et domptée. En effet, l'ambition du philosophe était d'élaborer une méthode universelle aspirant à étendre la certitude mathématique à l'ensemble du savoir : tous les phénomènes doivent pouvoir s'expliquer par des raisons mathématiques, c'est-à-dire par des figures et des mouvements conformément à des « lois ». Descartes eut une influence considérable sur la pensée scientifique mondiale de l'époque.

Le tournant de la révolution industrielle

Les formidables richesses importées principalement des Amériques vont venir nourrir et fortifier le capitalisme européen, qui va disposer de ressources considérables pour développer la société à une vitesse jamais connue jusqu'alors. La révolution industrielle, c'est-à-dire le passage d'une société agricole à une société de production mécanisée de biens non alimentaires, entraîne une accélération de l'urbanisation. Elle instille dans le quotidien de multiples techniques révolutionnaires à l'époque, largement vulgarisées depuis pour nous paraître banales. Ainsi, l'air de rien, l'apparition de la machine à vapeur dans l'Angleterre du XVIIIe siècle est un tournant décisif : la mécanisation permettant de démultiplier la force humaine pour atteindre, par exemple, des niveaux d'extraction de matière première des dizaines de fois supérieurs à ce que la force humaine brute est capable de faire, va considérablement accélérer la « non-durabilité » de notre société. À partir de la première révolution industrielle, ce n'est plus la force humaine qui est un facteur limitant la vitesse de production, mais c'est sa force intellectuelle et sa capacité (ou non) à développer des machines toujours plus puissantes et aptes à produire toujours plus, toujours plus rapidement, à un coût toujours plus réduit. Différentes avancées révolutionnent ainsi la vie de tous les jours de nombreux Occidentaux.

Les principales avancées de la révolution industrielle

- L'invention de la machine à vapeur (James Watt, en 1765).
- Le développement de la métallurgie consécutive au manque de bois, poussant à l'utilisation du charbon. La formation d'un résidu (coke) permet de développer de nouveaux alliages qui défieront les lois de la nature en matière d'urbanisme et d'architecture (fonte et acier).
- La banalisation du charbon comme énergie courante, alors abondant, facile à extraire et à transporter.
- Le développement du transport à vapeur, qui permet de s'affranchir des contraintes géographiques et territoriales pour relier de grandes distances, et des contraintes naturelles pour naviguer dans les mers sans tenir compte des vents et des courants (bateau et train).
- Le développement de l'industrie textile, qui s'appuie notamment sur le coton, plus résistant et moins cher que la laine, qui banalise la production de vêtements (et en réduit la durée de vie : on rachète des vêtements aussi souvent que l'on veut), et qui développe les premières pollutions de masse (teintures).
- L'apparition de capitaux industriels, permettant de construire de vastes entreprises industrielles internationales (usine, machine, matière première, transport), organisant progressivement l'économie du monde autour des besoins des marchés occidentaux.

Les piliers de la « non-durabilité » hérités de la révolution industrielle

Depuis le XIXe siècle, le développement de notre société a connu une accélération extraordinaire, au service d'un mieux-être général – la plupart des Occidentaux vivent nettement mieux et plus longtemps qu'il y a un siècle. Toutefois, ces pratiques, ces modes de vie et ces habitudes ont considérablement dégradé notre environnement naturel et social.

Urbanisation massive et casse-tête sanitaire

À la fin du XVIIIᵉ siècle, la croissance de la population rurale, due à la fin des famines et des épidémies, amène un surplus de main-d'œuvre dans les campagnes. Sans emploi, ces chômeurs migrent vers les villes dans le but de travailler dans les nouvelles usines. La révolution industrielle remodèle considérablement les territoires en poussant les individus à s'urbaniser.

La réorganisation de la vie sociale, issue de l'exode massif des campagnes et du gonflement des zones urbaines dès le XIXᵉ siècle, pose d'importants problèmes de santé. La révolution industrielle entraîne avec elle de nombreux « dégâts du progrès », comme les premières pollutions des eaux dues à l'industrie textile et aux activités de rouissage du chanvre ou de la teinture. La croissance rapide des villes implique donc les problèmes sanitaires suivants :

- garantir une eau potable, traiter les eaux usées ;
- évacuer les déchets, notamment les nouvelles générations de déchets produits grâce aux progrès de la chimie, et qui ne se biodégradent pas naturellement en peu de temps ;
- assurer un air « respirable », dans un contexte d'émergence d'allergies nouvelles ;
- gérer les tensions sociales urbaines, dans des espaces souvent déshumanisés.

Si les problèmes ont gagné en complexité entre la fin du XIXᵉ siècle et aujourd'hui, ils restent fondamentalement les mêmes et sont le fruit de la concentration urbaine. Des fermettes isolées peuvent se rassembler autour d'un point d'eau naturel et s'accorder sur un sanctuaire commun pour y entreposer des déchets. Mais la promiscuité des familles dans des espaces restreints (les villes), et qui ne se connaissent pas nécessairement entre elles, exige l'intervention d'une manne publique pour organiser des services minimums garantissant le maintien d'une hygiène élémentaire afin de prévenir les épidémies.

Hygiène, pollution et légendes

Les épidémies médiévales comme le choléra ou la peste, tristement célèbres, s'expliquent par le fait que les bourgs n'intègrent aucunement les règles élémentaires d'hygiène, favorisant la prolifération des rats. Le fameux *fog* (brouillard) londonien dans lequel Jack l'Éventreur épouvante les nuits de la fin du XIXe siècle n'est autre que l'illustration de pollutions urbaines : ce brouillard typiquement londonien n'est que la traduction d'un air de très mauvaise qualité.

Les énergies fossiles, moteur de l'économie

Pour alimenter en énergie les nouveaux trains, machines des usines, voitures, etc., nos ancêtres ont très rapidement trouvé dans les énergies fossiles un formidable concentré énergétique, facile à extraire et, croyait-on, virtuellement inépuisable. Les énergies fossiles sont ainsi devenues progressivement le moteur de l'économie.

■ Énergie fossile et énergie renouvelable

Dans nos sociétés industrielles, l'activité humaine passe par la fourniture d'énergie produite par des matières premières comme le charbon, le gaz naturel, le pétrole. On parle d'énergie fossile, car ces matières premières sont fossilisées. Elles existent sous terre, sous forme de dépôts sédimentaires « en stocks finis » dans la planète. Par opposition, on parle d'énergies renouvelables lorsqu'on utilise une matière première disponible « à l'infini » au niveau de la planète : le soleil, le vent, l'eau, la chaleur naturelle provenant des entrailles de la terre, les végétaux.

La révolution industrielle est l'avènement d'une économie qui ne se propulse plus à la force de l'huile de coude ou grâce à l'utilisation de la force motrice des animaux (chevaux, bœufs principalement). Il y a rupture : progressivement, le moteur à vapeur puis thermique « à pétrole » se substitue au cheval. L'électricité et le gaz remplacent le bois. Le charbon, puis le pétrole deviennent des sources énergétiques essentielles et incontournables pour faire tourner l'économie. Depuis la révolution industrielle, notre société se fonde désormais sur une économie du carbone.

Ainsi, l'économie développée depuis le XVIIIe siècle s'est appuyée sur l'utilisation de plus en plus massive de sources d'énergie comme le charbon et le pétrole. Or, ils n'existent pas en quantité infinie dans le sol, et leur combustion libère en l'espace de quelques dizaines d'années ce que la terre a su piéger durant des millions d'années, provoquant des déséquilibres majeurs comme le changement climatique. Nous savons depuis longtemps qu'il va bien falloir faire évoluer les structures de production. Les échéances semblent s'accélérer désormais, avec le développement économique rapide de pays comme la Chine ou l'Inde.

■ **Le carbone :** c'est un élément de base de la chimie organique et de la chimie du vivant. Associé à l'hydrogène, le carbone est à la base des hydrocarbures. C'est un composant du pétrole, du gaz naturel, du charbon. Par extension, on le retrouve dans les matières premières de l'industrie pétrochimique (le caoutchouc, le polystyrène, les élastomères).

■ **Le charbon :** c'est un combustible qui provient principalement des grandes forêts marécageuses de l'époque carbonifère, il y a 300 millions d'années, qui se sont progressivement décomposées. Déjà, à l'époque des Gaulois, le charbon qui se trouve à même le sol est exploité, notamment dans les forges. Mais l'exploitation reste très artisanale et limitée aux besoins de chauffe ponctuels et localisés. Ce n'est qu'à partir de la révolution industrielle que l'extraction du charbon devient une véritable industrie. L'invention de la machine à vapeur va permettre d'améliorer les techniques d'extraction (pompes et treuils plus puissants), la découverte du coke crée un marché de masse.

■ **Le pétrole :** il y a des millions d'années, les océans recouvraient bien des régions actuellement émergées. La vie végétale et animale était très différente. Les restes des minuscules organismes qui peuplaient ces mers ont, pour une infime partie d'entre eux, été piégés dans les roches sédimentaires pour participer à l'histoire minérale de la Terre. Sous certaines conditions favorables, la lente décomposition de ces organismes a généré un processus de sédimentation qui a donné des gisements pétrolifères après des dizaines, voire des centaines de millions d'années. Les réserves ne sont pas inépuisables, et en l'état des techniques actuelles d'extraction, nous savons extraire seulement 30 % en moyenne d'un gisement : les 2/3 des hydrocarbures découverts restent dans la nappe. En moins de deux siècles, l'homme a appris à explorer et exploiter cette ressource fossile. Notre quotidien en est aujourd'hui largement dépendant.

Les manuels de l'Institut français du pétrole des années 1960 mentionnaient déjà que les réserves de pétrole permettraient une consommation d'une quarantaine d'années jusqu'à l'horizon 2000. Aujourd'hui, les pronostics poussent encore d'une vingtaine d'années les échéances, grâce à l'évolution et à la rentabilisation des technologies. Mais d'une quarantaine d'années dans les années 1960, on passe aujourd'hui à une vingtaine, soit moitié moins. Cette tendance lourde doit inciter à la mobilisation pour faire évoluer les infrastructures économiques très lentes et difficiles à modifier car très capitalistiques : par exemple, un avion mis en circulation aujourd'hui est censé voler une vingtaine d'années, et c'est donc maintenant qu'il faut prendre les décisions qui façonneront le monde, dans quelques décennies, en matière d'économie du carbone.

Des progrès technologiques qui suscitent autant d'espoir que d'inquiétude

Au début du XIXe siècle, Napoléon disposait des mêmes technologies pour déplacer ses troupes jusqu'en Russie qu'Hannibal pour aller de Carthage à Rome durant l'Antiquité : les pieds et la force animale (cheval, éléphant). On voit donc que les techniques de locomotion n'ont pas beaucoup évolué en l'espace de deux mille ans. Et depuis ? Nous avons appris progressivement à dépasser les lois de la nature. Depuis la révolution industrielle, les connaissances de l'homme se sont étoffées de manière extraordinairement accélérée. L'humanité a davantage avancé durant les deux siècles derniers, en défiant les lois de l'apesanteur, en progressant sur des chantiers fondamentaux de la santé, ou en révolutionnant les technologies de communication, que pendant les deux mille années précédentes. Et nous avons pris l'habitude de croire que nous avons suffisamment dompté la nature pour la rendre infiniment moins hostile.

Mais les progrès de la chimie, les avancées dans des technologies aussi complexes que celle de l'atome, nos expériences aventureuses pour modifier le squelette génétique des espèces vivantes en considérant les gènes comme un ensemble à déconstruire et reconstruire selon nos souhaits (les OGM) doivent désormais nous pousser à une très grande vigilance.

■ Les organismes génétiquement modifiés (OGM)

Ce sont des organismes contenant un ou plusieurs gènes modifiés. Seuls les fruits des expériences sur les végétaux sont, pour certaines, en cours de commercialisation. Une limite de la nature a été franchie : au-delà de l'hybridation traditionnelle, pratiquée par les agriculteurs et les éleveurs depuis des millénaires, il s'agit désormais de mélanger des gènes appartenant à des espèces différentes, dans une logique de jeu de reconstruction génétique. La technique est révolutionnaire et ouvre d'immenses champs d'expérimentation scientifique. Mais le degré de connaissance et de maîtrise des phénomènes induits par des modifications génétiques ciblées dans l'espace (écosystème entourant l'OGM dans le cas d'une plante) et dans le temps (cycle de vie d'une plante génétiquement modifiée, par exemple) est très faible. Les utilisations à grande échelle, *a fortiori* commercialisées, méritent donc les plus grandes précautions.

Nous défrichons de nouveaux espaces de connaissances dont nous ne maîtrisons pas les conséquences pour notre santé et notre avenir collectif. Certains progrès de la chimie nous ont permis de développer des substances toxiques générant des maladies qui n'existaient pas il y a quelques années, ou accroissant certains risques cancérigènes. Les travaux sur les organismes génétiquement modifiés révèlent des surprises parfois positives – faciliter le développement agricole de pays du Sahel, grâce à des plantes très productives et dont la croissance demanderait très peu d'eau par exemple – mais souvent inquiétantes : des expérimentations sur des organismes génétiquement modifiés montrent notamment des plantes qui deviennent cancérigènes, des produits alimentaires qui détruisent les tissus de l'estomac, etc. Le sociologue Jacques Ellul[3] a réfléchi en profondeur au « progrès » technique, à sa façon de s'auto-accroître en suivant sa propre logique, d'épuiser les ressources naturelles, de créer des problèmes qu'il promet de résoudre par la suite grâce à de nouvelles techniques. Il nous alerte des dangers de croire que seules la science et la technique apporteront des solutions à un monde plus durable. En ce sens, face aux défis posés par le développement durable, la science apparaît à la fois comme le plus grand danger, si nous allons jusqu'à commettre des erreurs fatales, mais aussi comme l'atout le plus précieux de l'homme, qui a besoin de muter les structures de la société. Ainsi, les progrès de la chimie nous ont conduits à la situation complexe dans laquelle nous nous trouvons aujourd'hui, mais elle est également la discipline d'avenir qui pourra, espérons-le, trouver les solutions dont nous avons désormais besoin de manière urgente pour préserver notre planète et la laisser en l'état avec fierté aux générations futures.

Économie :
une prise de conscience récente

▪ Avant le XXᵉ siècle :
faire de l'économie, rien que de l'économie

Pendant des siècles, les scientifiques ou les théoriciens qui écrivent sur les thématiques de l'économie, de l'environnement ou

---

3. ELLUL J., *Le Système technicien*, Le Cherche Midi, 2004.

du social ont des préoccupations différentes. Ils ne cherchent pas à faire converger leurs pensées.

Les économistes « classiques » ou le système exclusivement économique

On appelle « économistes classiques » les économistes précédant le XXe siècle, dont les travaux constituent le socle majeur et incontournable de toutes les réflexions économiques. Ils ont profondément marqué les doctrines politiques notamment.

Fondamentalement, les économistes analysent le système du marché en cherchant à comprendre les mécanismes répondant à une logique du « plus on produit pour moins cher, mieux c'est », en phase avec l'intérêt particulier des acteurs économiques. La nature offre des ressources en abondance qu'il s'agit d'exploiter à moindre coût, pas de gérer dans le temps. Si l'on étudie les penseurs incontournables qui nourrissent la pensée économique contemporaine – Adam Smith, David Ricardo, Thomas R. Malthus, Jean-Baptiste Say, John Stuart Mill, Frédéric Bastiat – on restera invariablement sur une réflexion qui fait peu de cas de la nature. On pourra tout juste comprendre, entre les lignes, qu'il est nécessaire de ne pas trop surexploiter les terres et les ressources pour pouvoir en tirer des récoltes demain comme aujourd'hui : c'est une question de bon sens, partagée par de nombreux exploitants agricoles depuis des siècles !

François Quesnay (1694-1774)

Médecin à la cour du roi Louis XV et fils de paysans, François Quesnay se désole d'observer de nombreuses campagnes françaises laissées en friche parce que négligées des nobles, grands propriétaires fonciers de l'époque. Ceux-ci préfèrent dépenser leurs rentes à la cour plutôt que de faire fructifier leur domaine. François Quesnay s'applique à montrer combien il est important de valoriser les terres, d'investir dans l'agriculture, de redonner un souffle à la campagne tant elle est vitale au bon fonctionnement de l'économie. Par abus, certains voient dans cette pensée un début de préoccupation environnementale. La doctrine de François Quesnay est pourtant bien symbolique de son époque : faire entrer des recettes dans les caisses de l'État, fixer les populations rurales dans les campagnes, rappeler à l'aristocratie qu'elle tient fondamentalement son pouvoir de ses possessions terriennes, entretenir et intensifier la production agricole.

Pour les économistes « classiques », la nature est opulente : elle donne gratuitement et de manière quasi providentielle les ressources dont l'homme a besoin pour son développement. Ces économistes ont les yeux rivés sur les facteurs qui font la concurrence, le prix, la décision d'investissement des individus. Pour eux, la nature n'a pas de valeur en elle-même.

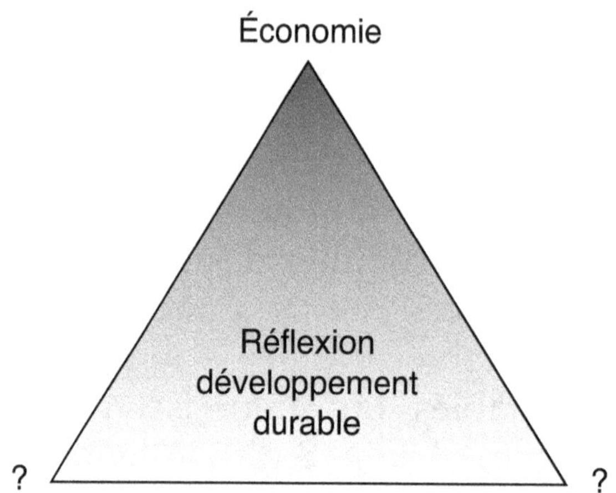

Le « bien-être collectif » et l'épanouissement des individus n'ont pas plus de valeur. Ce que redoutent ces économistes, ce sont les dérèglements sociaux consécutifs à une trop grande multiplication des hommes. Aussi, comme les populations, notamment ouvrières, ont tendance à croître tant que le salaire est suffisant pour nourrir des bouches supplémentaires, il faut tenir les salaires à un « point d'équilibre » afin d'éviter l'explosion démographique. Consommer encore et toujours plus, tel est le principal dessein de l'homme. Pour cela, les fonctions de production économique se réduisent à deux facteurs : le capital et le travail.

Au XIXe siècle, les grands noms de l'économie néoclassique comme Léon Walras, Vilfredo Pareto ou Stanley Jevons continueront à s'intéresser essentiellement aux prix et à la concurrence. Il s'agira d'optimiser le processus productif.

Les premiers écologistes : un certain refus du progrès

Les pionniers de l'écologie en rupture avec la société

Le souci de l'environnement n'est pas inscrit dans les gènes de notre société, qui s'est développée en tentant d'asservir toujours plus la nature pour répondre à des aspirations mercantiles. Le « progrès », censé apporter du bien-être à l'homme, va contre le respect de la nature. Quelques communautés religieuses font exception et se démarquent par un mode de vie qui a vocation à s'inscrire dans une recherche de symbiose avec les éléments naturels. On peut citer tout spécifiquement le mode de vie des moines cisterciens au Moyen Âge ou les communautés quakers à la fin du XVIIe siècle. Dans les deux cas, par conviction religieuse, les communautés font le choix de vivre autant que possible dans l'union avec la nature, tout en manifestant une profonde tolérance vis-à-vis des autres communautés humaines et religieuses. Le style est plutôt austère. La démarche ne cherche pas à faire de prosélytisme et à devenir un modèle de masse car les communautés sont plutôt repliées sur elles-mêmes. À chaque fois, le respect de la nature est une philosophie de la vie et du rapport entre soi – les siens – et la nature.

La révolution industrielle et le besoin de se préserver d'une catastrophe imminente

C'est le biologiste et libre-penseur Allemand Ernst Haeckel qui, en 1866, parle pour la première fois de l'écologie comme de « la science des relations de l'organisme avec son environnement, comprenant au sens large toutes les conditions d'existence ». Progressivement, des femmes et des hommes, critiques de la société moderne au nom de la défense d'une nature « vierge » et éternelle, vont s'organiser pour tenter de faire passer des messages. À l'époque de la révolution industrielle, deux figures de proue se dessinent pour porter la pensée écologiste : le forestier et l'aristocrate.

Dès le XIXe siècle, c'est l'idée de la catastrophe imminente qui prend le relais dans les esprits et motive certains individus à s'organiser. En France, le Muséum d'histoire naturelle est l'institution qui va porter les premiers mouvements protecteurs de la nature. Les forestiers, voyant les terribles dégâts causés par les inondations, facilitées par la déforestation, vont chercher à sensibiliser les gens au respect de la nature à partir du milieu du XIXe siècle. Constatant le rôle régulateur des forêts comme moyen de lutte contre les érosions, ils plaident pour que soient replantées des forêts, au risque de courir à la catastrophe. En 1854, la Société impériale de Zoologie et d'Acclimatation s'organise pour attirer l'attention des autorités publiques sur les dégâts causés par le progrès : les premières pollutions des teintureries textiles, des oiseaux décimés par les engrais chimiques, etc. Des lois forçant à la reconstitution des forêts sont votées dès 1860. Le forestier, soucieux de défendre ses forêts, est à l'origine du mythe de l'instrumentalisation de la nature au service de la santé.

Le mythe du technicien : quand la santé et la protection de l'environnement sont contradictoires...

On confond généralement les enjeux de santé avec ceux de la protection de l'environnement. Par exemple, l'eau glauque d'un marécage est porteuse de nombreux micro-organismes. Elle peut transmettre des maladies (infections intestinales, malaria) aux personnes qui la boivent ou vivent à proximité. En revanche, cette même eau est très favorable à la préservation de la biodiversité. La défense des intérêts de la santé publique ne va donc pas forcément avec la protection de l'environnement.

Dès la fin du XIXe siècle, des aristocrates, qui ont le temps et les moyens de s'informer, s'indignent de voir l'homme détruire la nature, notamment dans les colonies ou les nouveaux territoires où l'on remarque la disparition de certains animaux et la destruction de sites et de paysages magnifiques. À l'étranger, aux États-Unis notamment, les parcs nationaux se multiplient afin de conserver intactes certaines parcelles du capital naturel (début du XXe siècle). En pointe sur le sujet, John Muir, un immigrant écossais, y fonde le Sierra Club en 1892, qui reste aujourd'hui l'organisation écologiste la plus influente aux États-Unis, avec 1,3 million de membres et soutiens actifs en 2007. En France, quelques « sociétés » s'organisent dès la fin du XIXe siècle. La loi du 2 mai 1930 sur la protection des sites permet à différentes associations, telles la Société nationale de Protection des Paysages et des Colonies, ou la Société pour la Protection des Paysages et de l'Esthétique de la France, d'obtenir une reconnaissance de leurs activités militantes.

Focalisés sur le « progrès » et ses apports en termes de bien-être et confortés par l'apparente abondance des ressources naturelles, la préoccupation environnementale restera longtemps confinée à des cercles d'initiés. L'aristocrate contemplatif, en quête de beaux paysages, est à l'origine du mythe d'une nature qui doit rester vierge de toute souillure humaine. Elle est donc marquée par un certain conservatisme.

Le mythe de l'aristocrate : beauté des paysages et protection de l'environnement

On confond généralement la préservation de la nature avec la préservation du regard porté par les individus sur les paysages. Par exemple, si l'on jette un trognon de pomme dans une forêt tempérée, il sera facilement et rapidement absorbé par son environnement naturel. Ce geste – lorsqu'il est isolé et n'est pas répété chaque jour au même endroit par des centaines de promeneurs – n'est pas mauvais pour l'environnement. En revanche, il est dérangeant à la vue de ces derniers, qui trouvent un espace souillé. On confond alors la protection de l'environnement avec... la protection des yeux du promeneur ! La protection de la beauté du paysage ne va donc pas forcément de pair avec la protection de l'environnement.

Une pensée coupée de l'économie

Pour les écologistes, plus on prélève de capital sur la nature, plus c'est néfaste pour elle, et éventuellement pour les hommes. La pensée est concentrée sur l'environnement, elle s'intéresse au social de manière marginale. Elle n'est ni connectée à l'économie, ni aux interactions sociales.

Des premiers écologistes peu soucieux d'économie et de social

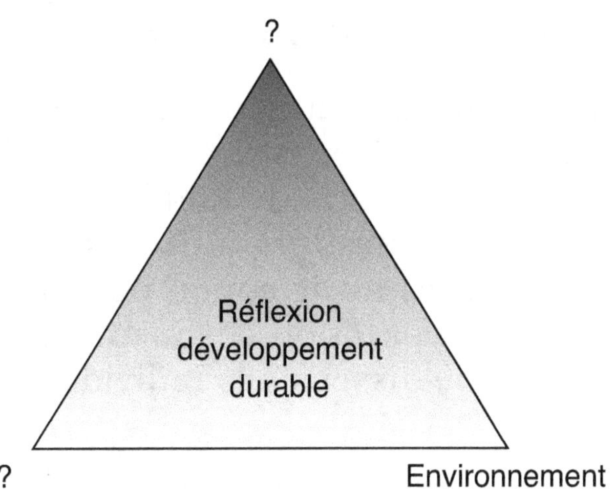

Les socialistes ou le désir d'égalité dans le système économique

Les premiers penseurs qui recherchent le bien-être de chacun, dans la société, sont des penseurs du « social ». Ils portent un regard critique sur les inégalités produites par la société, et sur son incapacité à permettre à tous de profiter des fruits de la croissance économique et du « progrès technique ». Rejetant le système capitaliste, voire une certaine forme de progrès jetant les paysans sur les routes pour en faire des ouvriers travaillant dans des conditions très dures dans les villes, les premiers penseurs socialistes d'avant Karl Marx rêvent d'une société différente. Citons tout spécifiquement les travaux de Charles Fourier et de Jean-Léonard Sismonde de Sismondi.

Charles Fourier (1772-1837) et les phalanstères

Charles Fourier[4] est l'ennemi déclaré des villes, de l'industrie et surtout du commerce. Il vit à une époque où la France s'urbanise rapidement. Il constate que la ville déshumanise les rapports entre les hommes. Selon lui, le commerce ne peut prospérer que dans la fraude et le mensonge. L'homme ne peut donc s'épanouir dans sa communauté qu'en vivant en petits groupes, sans avoir besoin de commercer pour vivre. Fourier développe une théorie de la vie en petite communauté, fondée sur la notion de « phalanstère » : le phalanstère est une association de travail et de vie formée par un nombre bien déterminé d'hommes et de femmes, qui ont des passions communes et sont décidés à vivre ensemble ; ils renoncent à l'échange commercial, vivent surtout du travail agricole et de préférence du jardinage, cette pratique et la culture de la terre étant les seuls moyens de subsister indépendamment de toute forme de commerce entre les hommes.

Sa pensée a fait des émules, séduits par le concept. Au XIXe siècle, Il y a eu différentes tentatives de création de phalanstères en France (en Ile-de-France, près de Rambouillet et de Houdan et dans l'Aisne) et aux États-Unis, au Texas notamment. Elles ont toutes échoué, après avoir connu des fortunes diverses, soit par manque de préparation des membres de la communauté, soit à la suite de dissensions individuelles.

---

4. FOURIER C., *Le Nouveau Monde industriel et sociétaire*, Flammarion, 2003.

> ## À l'origine du commerce équitable
>
> La pensée de Fourier a donné lieu à des tentatives d'application partielle de ses idées, comme le « commerce véridique et social », communautaire, humanisé et s'appuyant sur des relations dénuées de tout mensonge. Ainsi, en 1835, une souscription fut ouverte par des fouriéristes pour fonder une épicerie sociale au cœur de Lyon, dont les principes font beaucoup penser aux tentatives actuelles de revitalisation de certains quartiers défavorisés au moyen de magasins associatifs de commerce équitable. Ce fut un succès puisque, par la suite, cinq autres magasins furent ouverts en seulement quelques années.

Jean-Léonard Sismonde de Sismondi (1773-1842) révolté par la misère

Jean-Léonard Sismonde de Sismondi[5] est indigné face à la misère et à l'exploitation des femmes et des hommes engendrées par le capitalisme. Cette indignation est d'autant plus grande qu'elle naît d'un optimisme initial et d'une admiration pour Adam Smith. Jean-Léonard Sismonde de Sismondi déchantera vite face au spectacle de la misère de l'Angleterre à l'époque de l'industrialisation. Il analyse la concurrence comme un facteur qui pousse l'entreprise à toujours chercher à faire des économies, logique dans laquelle l'ouvrier, en bout de chaîne, est victime du système, soit parce qu'il est licencié pour être remplacé par une machine, soit parce qu'il doit accepter de faire des efforts sur son salaire pour permettre à l'entreprise de rester compétitive. Par conséquent, Sismondi est anti-industrialiste. Il veut voir le progrès ralentir et, pour ce faire, préconise de supprimer les récompenses aux inventions et aux manufacturiers, de maintenir le métier de l'artisanat contre la généralisation des usines, de suspendre toute action gouvernementale tendant au développement de l'industrie (selon lui, l'industrie est la cause de l'exploitation, et plus elle progresse, plus l'exploitation s'amplifie).

Karl Marx (1818-1883) ou la conceptualisation de l'exploitation économique

Karl Marx est un philosophe de formation. Lui-même issu d'une famille aisée, il se marie avec une femme de la haute aristocratie prussienne. Il est très inspiré par les réflexions de Charles Fourier

---

5. Chanson P., *Sismonde de Sismondi (1773-1842). Précurseur de l'économie sociale*, Institut d'études corporatives et sociales, 1944.

et autres penseurs comme Saint-Simon ou Proudhon. Pour Karl Marx, la réflexion philosophique doit devenir fondamentalement pratique ; elle est inséparable d'une transformation radicale de la société, transformation destinée à dépasser la sphère de l'aliénation humaine, c'est-à-dire celle de l'existence historique où l'homme (au travail) est privé de lui-même et de ses œuvres. Le concept d'aliénation est essentiel dans la pensée de Marx : l'être humain, en tant que personne qui doit travailler pour vivre, est dépouillé de son essence et confronté à son produit qui ne lui appartient plus (c'est le cas notamment dans le travail à la chaîne) et le domine.

Les travaux de Marx, en collaboration avec Friedrich Engels, donneront lieu à nombre de concepts socio-économiques qui vont largement structurer la pensée sur les questions sociales du XXe siècle. Il s'agit tout spécifiquement des concepts de forces de production (ensemble des moyens, notamment humains, dont la société dispose pour produire), de rapports de production (rapports sociaux noués dans le processus de production), et d'exploitation économique (relation économique fondamentale qui repose sur le fait que certains hommes, ne possédant pas les moyens de production, travaillent en partie gratuitement pour d'autres hommes propriétaires de ces moyens).

Le rejet de l'entreprise « classique » et le désintérêt pour l'environnement

Ces premiers penseurs sociaux posent les bases de la réflexion actuelle en matière de condition sociale dans le développement durable. Mais le rejet de l'économie de marché et du capitalisme implique la recherche d'une infrastructure alternative, ce qui a lieu avec les acteurs de l'économie sociale et solidaire, qui exercent aujourd'hui en France un rôle considérable (coopératives, mutuelles, associations), et dont les principes économiques fonctionnent, démontrant qu'il est possible de faire évoluer une organisation humaine inscrite dans un système d'économie de marché insufflant une certaine idée de l'égalité et de la solidarité entre les collaborateurs du projet.

L'environnement est néanmoins absent des réflexions de ces penseurs : les réflexions sur la condition sociale ne contiennent pas d'éléments relatifs aux impacts que pourrait avoir un

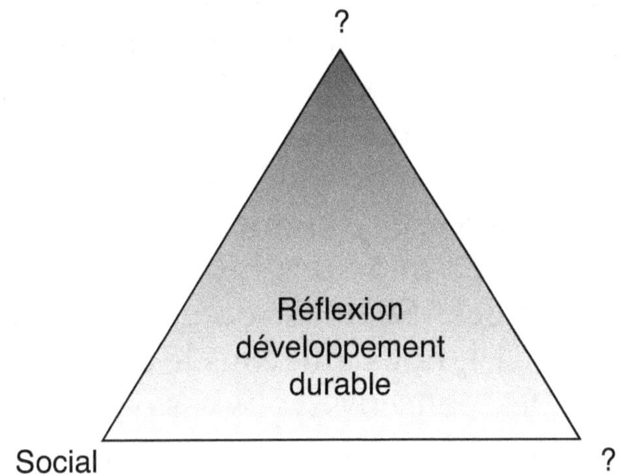

mauvais traitement de l'environnement sur les conditions de vie des hommes. Par exemple, dans les *Fondements de la critique de l'économie politique* (1858), Marx esquisse une réflexion sur le rôle de la domination de la nature par l'homme comme facteur d'aliénation de ceux-ci : chaque progrès de la mécanisation dans le monde agricole est une forme d'évolution qui permet d'appauvrir toujours plus la terre, mais également de rendre celui qui ne possède pas le capital mais sa simple force humaine de travail, toujours plus dépendant de celui qui le possède. Pour autant, Marx n'en déduit pas qu'il est nécessaire de reconstituer les ressources naturelles, admettant simplement que le mode de production capitaliste introduit une logique tendancielle de détérioration de l'environnement. Il n'en déduit pas non plus que le système peut se retourner contre les hommes – tous les hommes, quelle que soit leur classe, qu'ils soient travailleurs ou capitalistes, pour reprendre sa propre classification – du fait d'un appauvrissement généralisé des ressources. Il se focalise plutôt sur les solutions qui permettraient aux travailleurs de ne pas se laisser dépouiller de leurs attributs et de prendre le contrôle des moyens de production. En ce sens, sa réflexion est éminemment sociale, mais elle n'effectue pas la synthèse entre les enjeux économiques, sociaux et environnementaux de son temps. Il est vrai qu'au XIXe siècle, le développement de la classe ouvrière et les difficiles conditions de travail incitent les penseurs à se concentrer sur les enjeux sociaux et à délaisser les réflexions environnementales.

▪ Depuis le début du xxᵉ siècle : la notion d'externalité

Des observateurs visionnaires ont remarqué, dès la fin du xIxᵉ siècle, que notre monde ne pouvait pas continuer éternellement à se développer selon le modèle qu'il suivait. Ainsi, en 1909, le président des États-Unis, Théodore Roosevelt, lors d'un discours au Sénat américain, dit : « [avec] la croissance constante de la population et l'augmentation encore rapide de la consommation, notre peuple aura besoin de grandes quantités de ressources naturelles. Si nous, de cette génération, détruisons ces ressources (…), nous enlevons le droit à la vie des générations futures ». Des penseurs vont essayer de réconcilier les « trois piliers » en connectant les liens de cause à effet des différents éléments de la réflexion économique, sociale et environnementale.

Qu'est-ce que l'externalité ?

Alfred Marshall (1842-1880), économiste, met en évidence l'existence d'effets extérieurs positifs sur l'économie. Il prend l'exemple des utilités et désutilités que les entreprises se rendent entre elles. Par exemple, elles peuvent profiter d'un même bassin régional de main-d'œuvre, ou encore d'un journal professionnel. Il existerait des facteurs externes qui influenceraient positivement l'activité économique, que les économistes « classiques » n'avaient pas intégrés auparavant. La situation géographique ou politique dans laquelle se situe une petite entreprise donnée peut avoir une influence positive sur sa capacité à prospérer.

▪ L'externalité

L'externalité ou effet externe désigne une situation économique dans laquelle l'acte de consommation ou de production d'un agent influe positivement ou négativement sur la situation d'un autre agent non impliqué dans l'action, sans que ce dernier ne soit totalement compensé à payer pour les dommages/bénéfices engendrés. Ce sont des produits ou des charges extérieures au marché. L'économiste anglais James Meade a développé un exemple devenu classique pour illustrer la notion d'externalité. L'apiculteur profite de la proximité de l'arboriculteur et obtient un miel de meilleure qualité qu'il pourra vendre à meilleur prix et cela gratuitement. L'arboriculteur ne sera pas payé pour le service indirect qu'il a rendu à l'apiculteur. Il s'agit dans ce cadre d'une externalité positive. Mais l'arboriculteur profite aussi gratuitement de la pollinisation de ces arbres, ce qui améliore son rendement sans avoir recours à de coûteuses méthodes manuelles, et la pollinisation aléatoire des abeilles enrichit aussi la diversité génétique qui permet aux plantations de mieux résister à d'autres affections ou maladies. L'externalité est positive dans les deux sens.

La compensation financière des externalités négatives : le principe de « pollueur-payeur »

L'économiste Arthur Pigou (1877-1959) met par la suite en évidence que les effets externes peuvent aussi être négatifs. Il explique que la pollution est une déséconomie externe, dans la mesure où les dommages qu'elle provoque ne sont pas directement pris en compte par le marché. Les déséconomies externes constituent donc un coût social non compensé, imposé à la collectivité, en dehors de toute transaction volontaire. Cette notion traduit des conflits d'intérêt entre les agents économiques, sans que ces conflits ne s'expriment directement en termes monétaires. Les effets externes peuvent prendre quatre formes :

- les effets externes entre producteurs (par exemple, une usine polluant l'eau utilisée par une tannerie) ;
- les effets externes de producteur à consommateur (par exemple, la pollution d'un lac) ;
- les effets externes de consommateur à producteur (par exemple, des randonneurs qui cueillent des fleurs rares utilisées par un herboriste dans ses préparations médicinales) ;
- les effets externes entre consommateurs, qui peuvent être dus à la pollution ou aux phénomènes d'encombrement.

L'exemple du shampooing pollueur et payeur

Dans une usine de shampooings, la production des échantillons a un coût privé : les machines, les salariés notamment. Ces coûts sont naturellement intégrés dans la définition du prix de vente, de manière à créer une marge. En revanche, la production des échantillons de shampooing a également un coût porté sur l'environnement, qui n'est pas nécessairement intégré dans le coût privé de définition du prix : les éventuels rejets dans les canalisations et les systèmes d'assainissement, le fait d'employer des matériaux ou des énergies que des générations futures ne pourront pas utiliser, etc., tout cela a un coût qu'il convient d'intégrer d'une manière ou d'une autre dans la constitution des charges de l'entreprise. En créant une taxe, l'agent public peut alors formaliser le coût porté à la société et l'intégrer dans les charges aux côtés des coûts privés. Cette taxe pourra permettre, par exemple, de financer un nouveau traitement de l'eau pour ne pas polluer la rivière adjacente.

Puisque pour Pigou il faut tout rapporter à de l'échange en monnaie sonnante et trébuchante afin de disposer d'un étalon de mesure fiable et reconnu de tous dans la société, il propose de régler le problème en internalisant les externalités, c'est-à-dire en leur associant un quasi-prix : c'est la naissance du principe du « pollueur-payeur » ; ce principe distingue le coût privé du coût social, faisant porter sur les agents économiques à la fois un coût privé et un coût sociétal qu'il convient de compenser, par exemple en créant une taxe. Dans l'esprit de Pigou, l'internalisation d'externalités peut être aussi une opportunité valorisant le bon comportement du bienfaiteur, ce dernier pouvant, par exemple, espérer une ristourne sur des taxes à payer.

Le principe de marché comme résolution des problèmes d'externalité : le « marché de droits à polluer »

Coût privé et coût social

Ronald Coase (né en 1910, économiste et prix Nobel d'économie en 1991) n'est pas convaincu par cette distinction entre coût privé et coût social. Pour lui, dans le strict respect des lois de l'offre et de la demande sur un marché, les acteurs vont s'ajuster d'eux-mêmes, au fur et à mesure qu'ils comprennent qu'il est de leur intérêt de tenir compte de l'impact externe négatif de leurs productions et consommations. Il y a un intérêt économique à ce qu'une négociation s'instaure directement entre le pollueur et la victime de la pollution. L'État ne doit alors intervenir que dans le cas où le surcoût généré de compensation est supérieur au surcoût généré de l'administration du marché des transactions. C'est la naissance du principe de « droits à polluer sous compensation monétaire déterminée par le marché ». Ce principe pose que l'État peut aménager des espaces aidant le marché à se corriger de lui-même. L'instauration du protocole de Kyoto et du marché de permis d'émissions va dans ce sens. Les industriels, considérés comme de gros émetteurs de gaz à effet de serre, se retrouvent propriétaires de quelques permis leur allouant un quota de droits d'émissions de gaz à effet de serre reflétant approximativement leur niveau d'activité.

Un marché d'échange de permis a été mis en place, quottant en Bourse, au jour le jour, le prix de la tonne de CO_2. La réduction des émissions est alors à la charge de celui pour qui le coût de réduction est le plus faible : soit le coût de réduction correspondant aux investissements internes est supérieur au prix du permis

---

6. Une tonne de charbon brûlé laisse échapper 3,7 tonnes de CO_2.

■ Les gaz à effet de serre

Les gaz à effet de serre sont des composés chimiques contenus dans l'atmosphère où ils emprisonnent la chaleur. Ils retiennent une partie de la chaleur solaire selon le mécanisme dit « d'effet de serre ». Ces gaz, dont le principal est le dioxyde de carbone ou gaz carbonique (CO_2), sont présents naturellement en quantité minoritaire dans l'atmosphère (moins de 1 %). Outre le CO_2, les principaux gaz qui contribuent à l'effet de serre sont le méthane ou gaz naturel (CH_4), la vapeur d'eau (H_2O), l'ozone (O_3), l'oxyde nitreux (NO_2) et les fluorocarbones. Tous, sauf les derniers, sont présents dans l'atmosphère en quantité fixe, mais l'activité humaine en augmente la concentration. Les principaux accusés sont le CO_2, libéré lors de la combustion des énergies fossiles[6] et dans le cas de certaines activités industrielles, et le méthane, libéré par la végétation fermentée ou brûlée en l'absence d'oxygène (rizières, décharges publiques, ruminants, déforestation). Depuis le début de l'ère industrielle (milieu du XIXe siècle), les teneurs atmosphériques en CO_2 et en méthane ont augmenté respectivement de 30 et de 145 %. Parmi les autres gaz à effet de serre, on peut citer : le protoxyde d'azote (issu d'engrais azotés et de divers procédés chimiques) ; les gaz fluorés (gaz propulseurs dans les bombes aérosols, gaz réfrigérants des climatiseurs), émis aussi par diverses industries (mousses plastiques, composants d'ordinateurs) ; l'hexafluorure de soufre (gaz détecteur de fuites, utilisé également pour l'isolation électrique) ; les hydrocarbures perfluorés, émis notamment lors de la fabrication de l'aluminium.

---

sur le marché d'échange, auquel cas il est de l'intérêt de l'industriel d'acheter d'autres permis sur le marché, soit le prix des permis est plus cher que le coût de réduction, et il devient alors intéressant pour l'industriel d'investir sur ses propres processus pour réduire ses émissions de CO_2 et de vendre alors son propre quota sur le marché à d'autres industriels qui seraient, eux, en excédant d'émissions par rapport au niveau autorisé.

La mise en place du marché de gaz à effet de serre dans l'Union européenne

En application des accords de Kyoto[7] et de la directive 2003-87-CE du 13 octobre 2003, l'Union européenne a mis en place un « marché de droits à polluer » pour réguler les émissions de gaz à effet de serre. Le 1er janvier 2005 s'est ainsi ouvert au sein de l'Europe des vingt-cinq le marché de quotas d'émission. Ce dernier ne couvrait, pour sa première période de fonctionnement (2005-2007), que le CO_2 ainsi qu'un nombre de secteurs d'activité limités fortement émetteurs en CO_2 : raffinage pétrolier, production électrique, chauffage urbain, transport de gaz, sidérurgie, production de ciment et d'autres matériaux de construction (céramique, briques, tuiles), industrie du verre et de la pâte à papier. Des contributeurs très importants des enjeux climatiques

---

7. Sur ce sujet, se reporter au chapitre dédié au changement climatique.

n'ont pas été intégrés dans cette période de fonctionnement : il s'agit de la chimie, des transports en général et du chauffage (sauf les très grosses chaufferies collectives).

Les États membres – la France notamment – adoptent des plans nationaux d'allocation de quotas (PNAQ), dans lesquels ils fixent la quantité globale de quotas qui seront affectés aux installations établies sur leur territoire et visés par la directive (détermination du « plafond d'émissions »). L'exploitant de l'installation concernée reçoit ainsi, en début d'année, une quantité déterminée de quotas d'émissions de CO_2. Un quota représente l'émission d'une tonne de dioxyde de carbone. En fin d'année, l'exploitant devra restituer autant de quotas qu'il aura rejeté de tonnes de CO_2 au cours de l'année civile écoulée, quitte à acheter sur un marché les quotas manquants s'il a émis davantage de CO_2 que son allocation annuelle pouvait le lui permettre. Un second plan d'allocation des quotas pour la période 2008-2012 est défini, désireux de tirer les enseignements et d'intégrer de nouveaux mécanismes de compensation des pollutions, comme les mécanismes permettant de transférer ou d'investir dans des technologies contribuant à maîtriser les gaz à effet de serre des pays en développement, tout en renforçant la sévérité des allocations de quotas.

Si la création d'un tel marché a indéniablement le mérite de créer une réflexion managériale « carbone » chez les industriels concernés, force est de constater que la période donnée est très courte par rapport au temps nécessaire aux investisseurs pour arbitrer entre investissement et achat de titres sur les marchés. Le risque d'avoir des prix définis sur des marchés financiers qui s'emballent par phénomène spéculatif est possible et ne facilite pas la décision de long terme.

Politique : une action en construction

■ Une préoccupation tardive de la part des politiques

Malgré les signaux alarmants qui se sont manifestés à la fin du XIXe siècle et qui ont explosé au lendemain de la Seconde Guerre mondiale, ce n'est qu'à partir des années 1970 que la mobilisation politique a commencé à s'exprimer, quoique timidement.

> ## Quelques dates marquantes
>
> **1972** : naissance d'une mobilisation politique sur le sujet. Rapport du Club de Rome « Halte à la croissance » : « Chaque jour pendant lequel se poursuit la croissance exponentielle [...] rapproche notre écosystème mondial des limites ultimes de sa croissance. Décider de ne rien faire, c'est décider d'accroître le risque d'effondrement. » Création du PNUE (Programme des Nations unies pour l'environnement).
>
> **1979** : première conférence internationale sur l'homme et le climat (ONU).
>
> **1985** : convention pour la protection de la couche d'ozone.
>
> **1987** : protocole de Montréal sur les CFC. Rapport Brundtland.
>
> **1992** : sommet de la Terre de Rio. Programme d'action « Agenda 21 ».
>
> **1997** : conférence sur l'effet de serre de Kyoto.
>
> **2002** : sommet de la Terre de Johannesburg. Pacte mondial.

Dans l'action politique internationale, c'est l'inertie qui a long-temps prédominé. Tout d'abord, le faible consensus scientifique et économique sur les questions de développement durable a long-temps freiné la prise de décision collective : tant que les scienti-fiques n'étaient pas en harmonie sur les enjeux du changement climatique, les décideurs politiques n'ont pas eu à prendre de décision. Pendant ce temps, la terre a continué dangereusement à se réchauffer. Tant que le climat de guerre froide et les clivages gauche-droite ont généré des débats sans fin quant à savoir si le marché était capable de résorber les dysfonctionnements de lui-même, ou si l'intervention de l'État était fondamentale, les déci-deurs politiques n'ont, là encore, pas été en mesure de prendre des décisions collectives.

Le rapport « Halte à la croissance », qui date de 1972, est malheu-reusement toujours on ne peut plus d'actualité. L'élan qui portait la conférence de Rio de 1992, à un moment où la fin de la guerre froide ouvrait la porte à une meilleure capacité de concertation et de coordination internationale, n'a pas eu les effets escomptés. De même, la conférence de Johannesburg de 2002, malgré de beaux discours, n'a pas eu l'effet de relance nécessaire.

∎ L'influence des acteurs de terrain

C'est la politique de terrain, la politique locale, qui fait aujourd'hui pression sur la politique nationale et supranationale pour stimuler l'action. En effet, on constate depuis quelques années une réelle explosion du nombre d'initiatives locales en faveur du développement durable partout dans le monde – initiative « zéro déchet » dans telle ville de Normandie, initiative « panneaux solaires » dans telle province du Mali, initiative « chasse au gaspi énergétique » dans la baie de San Francisco... Toutes ces initiatives, souvent portées à l'origine par des réseaux associatifs, puis soutenues et amplifiées grâce à la bienveillance publique locale, contrastent de par leur dynamisme et leur ambition avec

Changement climatique : le bras de fer entre les États fédérés et l'administration Bush

Face à l'administration Bush qui refuse de se mobiliser sur le changement climatique, des avocats et des juristes investissent de plus en plus les tribunaux américains. Ces plaignants climatiques sont désormais souvent des États fédérés qui réclament le pouvoir de réglementer leurs émissions de gaz à effet de serre. Ces États ont gagné deux très importants procès en 2007 :

L'affaire de l'Agence pour la protection de l'environnement (EPA) : le 2 avril 2007, la Cour suprême des États-Unis a jugé le cas de l'EPA. L'EPA est une administration publique de niveau national commandée par l'administration Bush. Douze États parmi les plus puissants comme le Massachusetts, la Californie et New York, alliés à des ONG écologistes comme le Sierra Club ou les Avocats de l'Environnement, ont attaqué l'EPA, estimant que cette dernière ne se mobilisait pas assez pour lutter contre le changement climatique, l'EPA considérant à sa décharge qu'elle n'avait pas autorité pour imposer une réglementation visant la réduction des émissions de gaz à effet de serre aux États-Unis. Durant le procès, l'EPA était soutenue par des États pétroliers comme l'Alaska ou le Texas, ainsi que par des associations de l'industrie automobile. D'après le jugement prononcé, l'EPA est désormais bien embarrassée : son immobilisme tient seulement si elle établit que les gaz à effet de serre ne contribuent pas au changement climatique, ou si elle avance d'autres explications que les juges estimeront « raisonnables » pour justifier de son immobilisme.

La Californie fait « cavalière seule » pour définir des standards plus stricts que les niveaux fédéraux : face à l'immobilisme de l'administration Bush, l'État de Californie a voté, en 2004, une loi obligeant les fabricants automobiles à réduire de 30 % les émissions de CO_2 des voitures émises sur le marché d'ici à 2016. Onze États se décident à appliquer le standard californien en lieu et place du standard fédéral, moins strict. Face aux complications judiciaires de mise en pratique, la Californie va plus loin : elle engage, en 2006, un procès contre les six plus grands vendeurs d'automobiles de l'État (Chrysler, General Motors, Ford, Toyota, Honda, Nissan) afin de réclamer des dommages et intérêts en compensation des millions de dollars que les autorités devront dépenser pour s'adapter aux changements climatiques. Cette affaire a été classée sans suite en septembre 2007, mais augure d'une nouvelle génération de procès environnementaux dont nous ne sommes encore qu'aux balbutiements.

ce que les organisations publiques nationales et supranationales mettent parallèlement en place.

Force est de reconnaître, à la décharge de ces dernières, que la complexité de prise de décision est moindre, et qu'il est par principe normal que des acteurs de terrain puissent être plus réactifs pour définir des politiques concrètes mobilisant l'action publique face aux enjeux du développement durable. L'écart entre l'intensité de l'action locale et nationale reste toutefois étonnant, et ce, partout dans le monde. Dès lors, aujourd'hui, si la France ou l'Union européenne prend une décision politique largement relayée médiatiquement – et potentiellement à fort impact pour le développement durable – il y a fort à parier que les acteurs de terrain ont déjà pris des décisions similaires avec une bonne longueur d'avance dans leur mise en application. C'est sur le terrain, souvent au plus proche de chez nous, que le développement durable progresse. Identifiant alors les faiblesses et les contradictions portées par les politiques publiques nationales et supranationales, logiquement, ce sont bien souvent ces mêmes acteurs politiques locaux qui se mobilisent pour faire évoluer les positions des échelons publics supérieurs, quitte à les tancer sérieusement. À cet égard, les États-Unis sont un exemple intéressant.

On voit que se dessine désormais un climat juridique dans lequel les acteurs de terrain remettent en question le *statu quo* en place. Les acteurs politiques de terrain forcent les acteurs politiques nationaux et supranationaux à se positionner sur la manière dont ces derniers peuvent mobiliser leurs politiques publiques avec davantage de volontarisme sur les enjeux du développement durable.

Quel « alter » monde pour demain ?

Un autre monde est possible. Un autre monde est nécessaire. Pour autant, cet autre monde ne peut ni se construire à partir de rien, ni rayer d'un simple revers de main les structures sur lesquelles notre société actuelle s'est édifiée. Si un autre monde est donc à bâtir, il doit s'appuyer sur des fondamentaux qui peuvent faire leurs preuves dans notre économie actuelle lorsqu'ils sont utilisés dans une perspective de développement durable : le respect d'une certaine idée de l'économie de marché, et l'exercice sans cesse renouvelé de la démocratie.

■ Altermondialisation

L'altermondialisation ou « altermondialisme » est le nom d'un mouvement social qui, tout en se disant ne pas être opposé à la mondialisation, demande que des valeurs telles que la démocratie, la justice économique, l'autonomie des peuples, la protection de l'environnement et les droits humains fondamentaux soient prépondérantes sur la logique économique. Ce mouvement appelant à une mondialisation maîtrisée et solidaire est, en revanche, opposé à ce qu'il appelle la « mondialisation néolibérale ». Le slogan « un autre monde est possible » illustre bien le sens du mouvement, qui cherche des alternatives, globales et systémiques, à l'ordre financier et commercial international, en contestant notamment l'organisation interne, le statut et les politiques des institutions comme l'Organisation mondiale du commerce (OMC), le Fonds monétaire international (FMI), l'Organisation de coopération et de développement économique (OCDE), le G8 et la Banque mondiale. Toutefois, il ne faut pas confondre l'altermondialisme avec l'anti-mondialisme ! Des raccourcis rapides ont été faits dans les médias pour rassembler sous une même dénomination les opposants à toute forme de mondialisation (les nationalistes, les protectionnistes, les communautaristes, les fondamentalistes, etc.) et ceux défendant une autre forme de mondialisation, plus soucieuse de valeurs environnementales et sociétales.

■ Le portefeuille et la mobilisation collective

Les enjeux financiers et sanitaires

On peut constater que finalement, puisque les individus, les citoyens et les pouvoirs politiques n'ont pas, naturellement, la fibre du développement durable, et qu'ils se comportent tous de manière totalement irresponsable vis-à-vis de la planète et de ses habitants, il existe deux préoccupations qui font toutefois se modifier « naturellement » les comportements : lorsque le prix à payer pour une ressource ou un service devient trop élevé, notamment à cause d'une faible considération du développement durable (prix du baril de pétrole, prix de l'eau ou de la collecte municipale des déchets, etc.) ; quand les conséquences de pratiques néfastes vis-à-vis du développement durable sont nuisibles pour notre santé, et que l'expression démocratique et publique de la crainte ou de la désapprobation fait infléchir des positions (risque de cancer, par exemple).

Ainsi, des scientifiques ont commencé à évoquer le risque de « trou » dans la couche d'ozone dès 1974 : deux experts américains, M. Molina et F. Sherwood Rowland, formulent pour la première fois la théorie de l'appauvrissement de la couche d'ozone sous l'impact des CFC (*Chlorofluorocarbones*). Apparus en 1938, les CFC sont contenus dans nombre de produits de la vie de tous les jours : réfrigérants, solvants, gaz propulseurs de nombreux aérosols. J. Farman, du *British Antarctica Survey* (BAS), annonce en 1985 qu'un « trou » temporaire mais important (jusqu'à 50 % de pertes) apparaît chaque printemps dans la couche d'ozone au-dessus de l'Antarctique depuis 1979, et se résorbe au début de l'automne. Malgré de faibles déplorations de forme et l'activisme des ONG, les citoyens, les entreprises et les représentants politiques ne prennent aucune décision.

Durant les années 1980, des études scientifiques successives montrent combien la dégradation de la couche d'ozone nuit gravement à la santé et à la nature : brûlures superficielles, conjonctivites, cataractes, augmentation des cancers et accélération du vieillissement de la peau, maladies du système immunitaire, diminution des rendements et de la qualité des cultures, disparition du plancton (premier maillon de la chaîne alimentaire aquatique). En 1987, le protocole de Montréal est signé entre les États. Il conduit à l'élimination progressive des gaz responsables du trou dans la couche d'ozone : là encore, on se fiche collectivement des effets de la couche d'ozone sur l'environnement ; ce n'est que lorsque sa disparition menace la santé, quand les scientifiques peuvent mener des recherches librement et quand des populations peuvent manifester que les gouvernements se voient contraints d'écouter les experts et de traduire les attentes des populations en faisant évoluer la législation.

Les vertus de la mobilisation collective et de sa prise en compte

La réflexion sur le développement durable peut rapidement s'avérer complexe : comment penser à toutes les causes et toutes les conséquences sociétales d'un projet, d'un produit ou d'une pratique, en gardant à l'esprit la recherche d'une vision de long terme ? Le porteur de projet (État, collectivité, entreprise, individu) doit disposer d'une connaissance large des enjeux, de manière à prendre en compte, dans sa réflexion, tant les éléments les plus évidents que les signaux faibles les moins pertinents de prime abord, mais susceptibles d'avoir un réel impact sur le long terme. La recherche scientifique indépendante des choix de l'État, ainsi que la capacité des citoyens à s'organiser en associations de consommateurs ou en ONG activiste défendant des clauses sociales ou environnementales, permettent de nourrir les réflexions, les regards croisés ou les contradictions, pour une meilleure prise en compte des enjeux du développement durable, bien que les lobbies industriels restent puissants et peuvent freiner considérablement les réflexions scientifiques ou réglementaires, même en présence d'une mobilisation citoyenne. On peut ainsi s'étonner du faible engouement pour les véhicules électriques malgré l'existence de technologies stabilisées et suffisantes pour répondre à de nombreux besoins en mobilité. Il est donc dans l'intérêt du consommateur de bénéficier d'informations sur les produits qu'il achète, indépendamment de celles données par son fournisseur. Il est également dans l'intérêt des entreprises de réunir ses collaborateurs autour d'une table avec des ONG et des syndicats, afin d'écouter les préoccupations montantes et de détecter, en interne, les pistes de progrès permettant de contribuer plus activement au développement durable[8].

Les limites de la mobilisation collective

La principale limite de la mobilisation collective reste le risque d'instrumentalisation des individus à des fins qui peuvent les dépasser. La question posée est celle de l'asymétrie d'informations et le risque d'avoir des militants associatifs prendre fait et cause pour des principes dont ils connaissent mal les tenants et les aboutissants. L'intervention d'experts est donc également indispensable, *a fortiori* lorsqu'ils sont indépendants et n'ont aucun intérêt particulier dans les projets discutés. Des questions sensibles comme le nucléaire ou les OGM rappellent sans cesse combien il est crucial, pour s'asseoir autour d'une table et échanger, de disposer d'une culture commune et de même niveau, susceptible de justifier les prises de position contradictoires, et de ne jamais laisser l'ignorance et l'incompétence décider à la place des « sachants ».

---

8. Lire à ce sujet BADDACHE F., *Entreprises et ONG face au développement durable : l'innovation par la coopération*, L'Harmattan, 2004.

La réflexion sur le développement durable doit également intégrer les enjeux économiques, sociaux et environnementaux. Néanmoins, la plupart des acteurs susceptibles d'échanger des idées souffrent d'un profond cloisonnement culturel, avant tout préoccupés par des intérêts exclusivement sociaux, économiques ou environnementaux. La définition de solutions doit donc les forcer à s'extraire de leur propre vision du monde et à accepter de croiser leurs points de vue. Il s'agit de définir collectivement une vision inclusive pour un développement durable soucieux de tenir compte des expertises et des intérêts de chacun.

Les vertus de l'économie de marché

Un capitalisme utile mais coupable ?

On peut penser que le capitalisme, système économique fondé sur la propriété des moyens de production et dont les mécanismes se fondent sur le principe d'accumulation continue du capital, est lourdement responsable de la situation dramatique dans laquelle nous sommes actuellement. En un sens, c'est vrai : c'est la recherche de profits qui a sous-tendu à peu près toutes les innovations et les ruptures technologiques qui nous ont amenés jusqu'au confort du temps présent. C'est la recherche de profits qui a poussé le riche propriétaire romain à défricher et à multiplier les terres agricoles autour de sa villa, pour vendre toujours plus d'huile d'olive ou de vin à l'Empire. C'est la recherche de nouvelles voies d'approvisionnement et de nouveaux débouchés commerciaux qui a poussé les Européens à faire preuve d'audace et de créativité pour développer des technologies de navigation et partir à la conquête des mers. C'est enfin parce que le bois devenait rare et cher que des inventeurs ont cherché à expérimenter des techniques de substitution s'appuyant sur des combustibles abondant comme le charbon et le pétrole.

Aujourd'hui, la pression des marchés financiers sur les entreprises est telle que ces dernières sont condamnées à gérer le court terme dans des logiques susceptibles de maximiser les dividendes versés aux actionnaires, au lieu de prendre des décisions de gestion à long terme, capable à la fois de mieux prendre en compte les enjeux du développement durable, mais également d'asseoir une gestion permettant à l'entreprise de nourrir ses performances financières par de meilleures performances sociales et environnementales. En ce sens, effectivement, si le capitalisme a pu jouer un rôle moteur dans le développement de l'esprit et du confort du genre humain, il a été un contributeur important qui a poussé notre société à cette situation actuelle de développement non durable.

La bonne gestion économique, fidèle alliée du développement durable

Pour mieux comprendre les vertus de la bonne gestion économique dans une perspective de développement durable, le mieux est de prendre un contre-exemple de système en phase avec des logiques de marché, sans souci de gestion : l'ex Union soviétique.

L'expérience de l'économie soviétique planifiée est originale. C'est une tentative à grande échelle de construction d'un système économique ne s'appuyant par sur des logiques de marché. La gestion ne s'incarnait pas, comme dans un système d'économie de marché, par un souci de rencontre entre une offre et une demande, mais par le respect d'un plan. Une administration centrale avait la charge de planifier le développement de l'économie, les unités de production avaient le devoir d'exécuter les commandes et de respecter la production des quantités demandées. Le système soviétique permettait, officiellement, un fonctionnement de l'économie déconnecté de toute notion de marché, même s'il a toujours existé un marché informel permettant d'effectuer des transactions sous le manteau. En ce sens, le système aurait pu éviter certains excès du capitalisme, en légitimant une économie axée sur le long terme, sans volonté de retour sur investissement immédiat.

Pour autant, ce système soviétique a-t-il pu mieux prendre en compte le développement durable qu'une économie de marché classique ? Bien malheureusement, non. L'économie soviétique a même été particulièrement désastreuse dans une perspective de développement durable. Déjà parce que le système a implosé de lui-même, preuve de son incapacité à générer un développement durable, le système lui-même étant non durable. Ensuite, force est de constater que si le système de marché a eu le défaut de croire pendant des siècles que les ressources naturelles étaient suffisamment abondantes pour être exploitées « à l'infini », le système « sans marché » a été, lui, encore plus aveugle et gaspilleur de ressources. En érigeant le productivisme aveugle de ses débouchés – pour produire sans limites des stocks de marchandises à l'identique et inutiles, puisque déconnectés des besoins des usagers – et en fondant toute l'économie sur une industrie lourde, fortement capitalistique, comme flambeau d'une économie moderne, l'économie planifiée soviétique a été encore plus irresponsable vis-à-vis de l'environnement, ayant pour seule ambition de produire, sans se soucier de la demande ni du coût réel de production.

L'absence de marché a pu entretenir l'illusion de l'existence de ressources naturelles infinies. L'économie planifiée, ne tenant compte ni des besoins des destinataires des produits fabriqués, ni des contraintes de production (raréfaction d'une ressource, gaspillage dans la conception), a donc bloqué les mécanismes qui incitent l'acteur économique à adapter et à optimiser sa production en fonction des besoins des destinataires.

En ce sens, le système de marché possède des gènes qui sont un peu plus vertueux, car si les consommateurs veulent des produits à forte teinte écologique et sociale, les producteurs se doivent d'adapter leur production pour continuer à vendre (prise en compte de l'opinion des acheteurs). En outre, l'existence d'une concurrence et d'une tension sur les prix doit théoriquement inciter les producteurs à optimiser les coûts, notamment en chassant le gaspillage, en économisant les ressources qui ont tendance à se raréfier, ou en innovant pour adapter l'économie aux contraintes et enjeux de société comme le développement durable.

Une économie de marché interventionniste et participative

L'interventionnisme public

Afin de répondre aux attentes de ses clients et d'innover pour améliorer la rentabilité des processus de production et de mise à disposition des produits sur les marchés, les entreprises peuvent jouer un très grand rôle dans l'édification d'une économie de marché de l'ère du développement durable. Elles disposent en effet des connaissances et des capitaux indispensables. Reste la question de la motivation : la démarche et les efforts seront-ils positivement appréciés des marchés financiers ? Les clients sont-ils vraiment en attente de produits de l'ère du développement durable ?

En faisant des efforts en ce sens, l'entreprise ne risque-t-elle pas de perdre en compétitivité sur les concurrents ?

Pour créer un espace économique sur des règles du jeu motivant les entreprises à investir pleinement les réflexions du développement durable, l'État français, mais aussi et surtout les instances européennes voire mondiales, ont un rôle majeur à jouer :

- En faisant évoluer les structures des marchés financiers – en intégrant notamment des questions sociétales (analyse de la politique sociale et environnementale, gouvernance, relations avec les clients et les fournisseurs, prise en compte des droits humains notamment) – les entreprises pourront valoriser leur démarche de développement durable dans une perspective de long terme, en donnant aux analystes d'autres outils que des grilles strictement financières pour juger de la bonne gestion d'une entreprise.

- En renforçant l'éducation et la sensibilisation de tous les individus, les attentes et les pratiques de consommation évolueront pour mieux intégrer les préoccupations du développement durable.

- En modifiant la législation et en faisant évoluer la fiscalité, des entreprises pourraient être poussées à l'innovation en payant moins d'impôts que les autres lorsqu'elles contribuent activement au développement durable, par exemple. De la part des autorités politiques, ce serait une manière intelligente d'offrir des réductions d'impôts aux entreprises tout en obtenant des contreparties d'investissement de leur part, dans l'intérêt de la société.

Il faut s'appuyer sur l'économie de marché actuelle pour créer un espace économique soucieux d'intégrer le développement durable au cœur des règles du jeu et bâtir un « alter » monde possible et durable.

La participation des parties prenantes dans les décisions économiques

Le développement durable doit être la préoccupation de tous car il concerne tout le monde. La société civile a un rôle de gouvernance à jouer dans le suivi des activités à risque (chimie, nucléaire notamment). Au-delà, elle doit peser dans la réflexion de l'État. Elle doit pouvoir être consultée.

Le Grenelle de l'Environnement, tenu en 2007[9], a posé les bases pour un enrichissement des prérogatives d'une assemblée constitutionnelle consultative placée auprès des pouvoirs publics, comme le Conseil économique et social, de manière à la doter d'un espace de réflexion dédié aux questions du développement durable, intégrant les parties prenantes nécessaires comme des ONG écologistes, aux côtés d'autres organisations (organisations syndicales et professionnelles, associations familiales, organismes de la coopération et de la mutualité, et des conseillers nommés par le gouvernement). C'est un progrès incontestable.

■ **Partie prenante**

Une partie prenante est un acteur concerné par une décision ou un projet. À un niveau micro-économique, le consommateur est partie prenante des composants utilisés dans son shampooing, même s'il ne sait souvent pas décrypter leur liste chimique. De la même façon, le client est partie prenante clé de l'entreprise. À un niveau macro, en revanche, l'exemple du nucléaire est intéressant : les associations qui luttent contre le développement ou le maintien du nucléaire comme source d'énergie s'en prennent souvent aux entreprises qui construisent des centrales nucléaires ou produisent de l'électricité à partir du nucléaire. Mais elles se trompent de cible. Ces sociétés ne sont que des parties prenantes de l'enjeu nucléaire. La vraie cible, ce sont les pouvoirs publics, qui décident de développer de l'énergie nucléaire dans tel ou tel pays. S'il n'y avait pas de décision publique de l'État en faveur du nucléaire, il n'y aurait pas de marché industriel. Les sociétés concernées ne sont que des parties prenantes des enjeux, mais elles ne portent pas les enjeux à elles toutes seules !

---

9. Voir partie « Pouvoirs publics et développement durable » pour un bilan sur le Grenelle de l'environnement.

Chapitre 3

Les principaux défis à surmonter

Le changement climatique

Une conséquence de notre « économie du carbone » : l'effet de serre

Le consensus scientifique : « le climat va changer »

L'atmosphère de la Terre retient en partie la chaleur que lui apporte le soleil. Sinon, la température à la surface de la Terre serait de l'ordre de − 18 °C, température moyenne ne permettant pas la vie humaine. L'effet de serre est donc naturel. Toutefois, notre activité humaine – et tout spécifiquement l'utilisation massive des énergies fossiles comme combustible énergétique de notre économie – nous a poussé à rejeter dans l'air, en deux siècles, ce que la Terre avait patiemment stocké et fossilisé en elle pendant des millions d'années. Notre activité humaine exerce donc une influence sur les grands équilibres naturels de la Terre. Voici ce que l'on sait grâce à la multiplication récente des études scientifiques[10] :

---

10. Lire par exemple DUCROUX R. et JEAN-BAPTISTE P., *L'Effet de serre : réalité, conséquences et solutions*, CNRS éditions, 2004. JOUZEL J. et DEBROISE A., *Le climat : jeux dangereux. Quelques prévisions pour les siècles à venir*, Dunod, 2004.

- Les concentrations de gaz carbonique dans l'atmosphère ont atteint des niveaux jamais vus depuis 420 000 ans, et évoluent depuis 200 ans à une vitesse jamais enregistrée depuis 20 000 ans.

- La Terre a connu d'elle-même des changements climatiques (période chaude et humide des dinosaures, période glacière des fameux mammouths, etc.). Mais la vitesse du phénomène observé (plus de 0,5 °C en un siècle sur le globe) et attendu (de 1,4 °C au mieux à 5,8 °C au plus, en moyenne globale en 2100) est cent fois plus élevée que ce que la planète a généré d'elle-même (quelques degrés en 10 000 ans chaque fois).

- Selon les scientifiques, il est très probable (de 90 à 99 % de probabilité) que le dérèglement climatique provoque des vagues de chaleur plus longues et plus intenses, avec une élévation particulière des températures nocturnes.

- Il est également très probable (de 90 à 99 % de probabilité) que des précipitations de plus en plus intenses, et, surtout, de plus en plus variables d'une année sur l'autre s'ensuivront, notamment dans les latitudes moyennes comme les nôtres.

Le rapport Stern

Le rapport Stern sur l'économie du changement climatique est un compte rendu de l'effet du changement climatique et du réchauffement global sur la planète, rédigé par l'économiste Nicholas Stern pour le gouvernement du Royaume-Uni. Publié en octobre 2006, ce rapport de plus de 700 pages est le premier document sur le réchauffement climatique financé par un gouvernement mené par un économiste et non par un météorologue. Ses principales conclusions sont que 1 % du PIB investi maintenant dans des actions volontaristes en matière de réduction des gaz à effet de serre suffirait à atténuer fortement les effets du changement climatique. Selon ce rapport, ne rien faire reviendrait à prendre le risque d'une récession représentant jusqu'à 20 % du PIB mondial.

■ PIB

Le PIB est le produit intérieur brut. La croissance du PIB permet de mesurer la production de biens d'équipement et de biens de consommation. Cet indicateur est largement utilisé, même s'il est dépassé : il permet de mesurer la richesse produite ou possédée dans un pays donné, mais il fournit une répartition très faussée de la répartition de cette richesse entre les habitants. En effet, il ne tient pas compte du développement humain (alphabétisation, santé, etc.), il ignore la distinction entre activités productives et destructives (une personne bloquée dans un embouteillage et qui brûle du carburant sans rouler génère du PIB puisqu'elle fait tourner l'activité des pompistes ; une marée noire génère également du PIB puisqu'elle engendre des activités et des transactions commerciales – dépollution, reconstruction, activités hôtelières de bénévoles présents sur le site quelques jours…), etc. Différents indices, qui n'ont pas encore la valeur institutionnelle du PIB, se développent comme l'IBEED (bien-être économique durable) ou l'IDH (répartition des richesses, alphabétisation, espérance de vie).

Ce que l'on observe au jour le jour : « ça commence à chauffer »

Les séries statistiques dont nous disposons sont encore insuffisantes pour attribuer tel ou tel événement météorologique extrême (tempête, inondation, canicule…) au dérèglement climatique. Mais les faits observés viennent très fidèlement valider les modèles scientifiques. Par exemple, la canicule de 2003 a, selon Météo France, « dépassé de très loin tout ce qui a été connu depuis 1873 par son intensité et sa longueur », sachant que l'été le plus chaud depuis 1873 était… en 1998, c'est-à-dire à une date très proche de 2003.

Ce que l'on peut craindre[11]

Comme toujours, il est fort probable que les pays les moins développés et les écosystèmes les plus vulnérables souffrent le plus des changements climatiques[12] : augmentation de la sécheresse entraînant une chute des rendements agricoles dans les zones arides, et donc des risques de famine, passage sous le niveau de la mer de zones côtières, d'îles, d'archipels, etc.

---

11. Lire par exemple VILLENEUVE C. et RICHARD F., *Vivre les changements climatiques*, Multimondes, 2007.
12. Se reporter à HAUGUSTAINE D., JOUZEL J. et LE TREUT H., *Climat : chronique d'un bouleversement annoncé*, Le Pommier, 2004. LAMARRE D., FAVIER R., BOURG D. et MARCHAND J.-P., *Les Risques climatiques*, Belin, 2005.

L'élévation du niveau des mers

Une eau un peu plus chaude occupe un peu plus de volume qu'une eau un peu plus froide : c'est une loi physique. Compte tenu de la masse d'eau contenue dans les océans, cela va provoquer une montée des eaux, qui sera également nourrie par des calottes de glace polaires et des glaciers continentaux qui vont continuer à fondre. Selon la moyenne des estimations, le niveau s'élèverait d'environ 50 centimètres d'ici à 2100. Certains deltas, lagunes et régions littorales pourraient être submergés. Des pays comme les Îles Maldives, dans l'océan Indien, auraient donc de graves difficultés à lutter contre l'avancée des mers. En France, la Camargue et le rivage à lagunes du Languedoc seraient immergés.

Des pluies qui tomberaient selon un rythme différent

En France, il pourrait pleuvoir plus l'hiver et moins l'été. L'enneigement et l'état des glaciers évolueraient. Les courants océaniques comme le Gulf Stream seraient également affectés. Le climat se manifesterait de manière plus extrême : inondations et tempêtes l'hiver, vagues de chaleur et sécheresse l'été.

Par exemple, dans le bassin versant du Rhône, les variations de températures et de précipitations ont des conséquences sur l'évolution des débits des cours d'eau. Des chercheurs ont étudié les modifications possibles des eaux du Rhône et de ses affluents, la Durance et la Saône, en climat perturbé (doublement du CO_2 dans l'atmosphère) à l'horizon 2050. Les résultats montrent que, dans le sous-bassin de la Haute-Durance, des fontes précoces des neiges provoqueront une avancée de la période de forte crue de juin à mai, des périodes de basses eaux beaucoup plus prononcées en juillet et août, et une augmentation significative des débits automnaux.

Les études se poursuivent pour évaluer les conséquences sur la ressource en eau potable, les pratiques d'irrigation agricole, la gestion des barrages hydroélectriques. Ces résultats seront utiles aux décideurs locaux pour la mise en place de mesures d'adaptation.

Des bouleversements écologiques en conséquence

Forcément, la nature va évoluer en fonction pour tenter de s'adapter. Ces changements auront des conséquences de grande ampleur sur les paysages, la vie animale et végétale, l'évolution des sols et des ressources en eau. En Méditerranée, on observe déjà l'arrivée de nombreux poissons tropicaux africains et indiens, dont les barracudas le long des côtes françaises ! Les poissons de rivière (barbeaux, chevaines, ablettes...) sont eux aussi concernés, d'où une fragilisation de certaines espèces. Le pin maritime se déplacerait vers le Nord de la France. Dans nos Alpes, les corbeaux viennent s'installer toujours plus haut grâce à des températures plus clémentes à la belle saison, faisant fuir les rapaces, par exemple.

On sait que des changements s'opèrent, mais les marges d'incertitude sont encore telles dans les modélisations scientifiques que l'on a beaucoup de difficultés à les imaginer concrètement à ce jour. En effet, pour prévoir ces changements, les experts construisent des modèles numériques complexes capables de reproduire les observations actuelles (données climatiques, hydrologiques, etc.) et de simuler les évolutions futures. Différents scénarios sont envisagés selon les variations à venir des émissions de CO_2. Aujourd'hui, on peut donc faire des prévisions globales au niveau de la planète, mais avec une marge d'incertitude qui reste importante. Pour une région donnée, le travail est encore plus ardu. Quelques modélisations prospectives commencent toutefois à apparaître.

La modification des activités économiques

De nombreuses activités économiques (pêche, agriculture, sylviculture, tourisme...) vont évoluer, avec des répercussions notamment sur l'espace rural : pour certaines productions céréalières, les rendements seront plus importants ; pour d'autres, ils pourront diminuer. On a déjà constaté qu'au cours du siècle dernier le réchauffement a eu un effet sur les dates de floraison et de maturité de certains végétaux. Dans les vignobles, la maturité de certains cépages a avancé d'un mois en cent ans. La qualité du raisin pourrait être altérée du fait du raccourcissement de sa période de maturation.

Un impact sur la santé

Les études démarrent à ce sujet, c'est pourquoi on en est davantage au stade des spéculations : la prévision de l'impact du changement climatique sur la santé s'avère un exercice d'une grande difficulté. Des effets bénéfiques pourront coexister avec les effets négatifs. Les modifications du climat et les bouleversements écologiques associés permettent néanmoins de proposer certaines hypothèses plausibles.

Déjà, les pathologies pouvant entraîner un excès de mortalité suite au changement du climat : les maladies cardiovasculaires et cérébrovasculaires. Mais d'autres pathologies sont susceptibles de voir leur occurrence augmenter : les maladies de l'appareil respiratoire (en relation avec l'évolution de la qualité de l'air), les lithiases, les naissances prématurées et les troubles psychiques. Parmi les effets indirects, on peut prévoir l'augmentation du risque d'intoxication alimentaire et de contamination par les systèmes de climatisation.

Le changement de climat étant propice à de nombreux vecteurs de maladies (tiques, moustiques, phlébotomes), notamment certains insectes tropicaux, on peut s'attendre à l'extension géographique de certains d'entre eux, à l'allongement de leur vie et à un développement plus rapide des infections. Le risque de développement de ce type de maladies, tant en métropole que dans les DOM-TOM, va donc probablement croître. On peut ainsi prévoir qu'une augmentation des températures et des précipitations développera la borréliose et le paludisme au Sénégal, au Mali ou au Niger, ou encore que cela facilitera l'émergence de l'épidémie du choléra dans le Bassin méditerranéen.

Notre mode de vie en question

Depuis environ deux siècles, nous avons développé une économie qui se fonde massivement sur l'utilisation de matières à forte teneur en carbone (charbon, pétrole notamment). Nous savons comment transformer ces matières en sources d'énergie ou en produits qui simplifient la vie de tous les jours. C'est ainsi que nous roulons, nous nous chauffons, nous consommons sans prendre conscience que notre mode de vie exige que nous libérions dans l'air des quantités considérables de carbone en l'espace seulement de quelques années, tandis que la planète les stocke en elle depuis des millions d'années. Cela provoque fatalement des dérèglements.

- *En électricité* : à la maison ou au bureau, nous avons des centrales thermiques qui brûlent des énergies fossiles pour produire l'énergie dont nous avons besoin. Cette activité libère des gaz à effet de serre.

- *En transports* : nous brûlons de l'essence, particulièrement lorsque nous voyageons en voiture ou en avion. Cette activité contribue activement à l'effet de serre.

- *En papier* : pour toutes nos activités courantes, nous devons savoir que la fabrication de papier contribue activement à l'effet de serre, surtout du fait des procédés industriels de la papeterie.

- *En matériaux de construction* : lorsque nous faisons des travaux chez nous, nous devons prendre conscience que la conception du ciment, de parpaings ou de tuiles est également une activité industrielle dont les procédés de fabrication émettent beaucoup de gaz à effet de serre.

Ainsi, en France, la répartition des postes émetteurs de gaz à effet de serre est la suivante :

Les principaux postes d'émission de gaz à effet de serre dans l'économie française

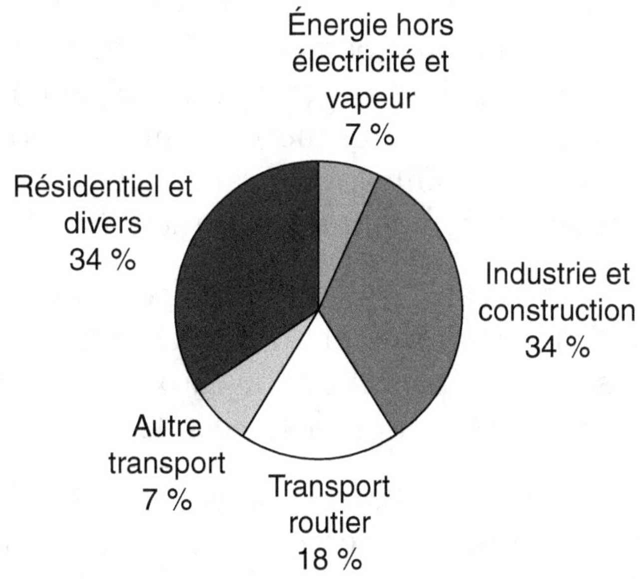

Source : MEDAD (ministère de l'Écologie, de l'Énergie, du Développement durable et de l'Aménagement du territoire), 2007.

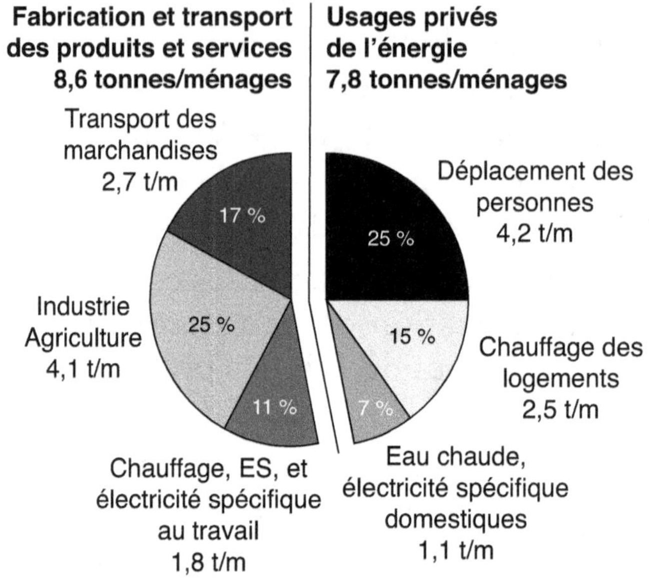

D'après la mission interministérielle de l'effet de serre (MIES), un ménage français émet en moyenne 16,4 tonnes de CO_2 par an par ses consommations directes (usage privé) et induites indirectement (fabrication et transport des produits et services). On peut remarquer la part prépondérante liée aux déplacements directs (voiture, avion…) et au transport des marchandises nécessaires à la consommation (fruits, légumes, etc.) : 42 % des émissions totales ! Le changement climatique n'est donc pas seulement l'affaire des entreprises « polluantes » ou des pouvoirs publics : il est l'affaire de tous !

Une problématique qui concerne avant tout les pays riches

Avec 20 % de la population mondiale, les pays riches émettent 50 % des gaz à effet de serre. La Chine a dépassé la production totale de CO_2 des États-Unis en 2006. Les États-Unis de l'administration Bush ne se seront aucunement mobilisés sur la question du changement climatique, alors que cela aura été pendant des années cruciales. Pour autant, ces faits ne doivent pas nous détourner de nos propres responsabilités. La France, et plus généralement l'Union européenne, contribuent massivement à l'effet de serre.

Face à des phénomènes aux conséquences potentiellement dramatiques pour la Terre, l'homme et toutes les espèces vivantes, les actions à tenter sont multiples. À des niveaux différents, toutes vont dans le même sens : la réduction des rejets de gaz à effet de serre.

Chaque tonne de CO_2, qu'elle soit émise à New York, Paris ou Pékin, contribue de la même façon au réchauffement global. C'est donc une véritable mobilisation planétaire qui doit être décrétée : engagements internationaux, législations nationales, recherche de réponses techniques dans toutes les branches de l'activité humaine, modification des comportements individuels.

Et les détracteurs du changement climatique ?

Différents centres de recherche américains, comme le *Fraser Institute* ou le *George C. Marshall Institute,* mettent en doute les travaux scientifiques menés sur le changement climatique. Ils sont secondés par des professeurs et des scientifiques comme Patrick J. Mickaels (professeur de sciences environnementales à l'Université de Virginie), Björn Lomborg (professeur associé de statistiques à l'Université d'Aarhus, Danemark), ou, en France, par Claude Allègre (géochimiste et membre de l'Académie des sciences). Leurs travaux relativisent l'impact de l'activité humaine sur le changement climatique, voire doutent de la réalité d'un changement climatique. À chaque fois, ils sont solidement critiqués par la communauté scientifique. Toutefois, ces détracteurs soulignent un point essentiel : ce n'est pas parce que le changement climatique est une problématique majeure qu'il doit concentrer toutes les attentions au détriment d'autres enjeux du développement durable. Par exemple, si le développement des solutions au captage de carbone se fait au détriment de la protection de la biodiversité, l'objectif de réduire les émissions de gaz à effet de serre s'accompagnera du risque de dégradation des conditions de vie de la faune et de la flore environnantes. Pour autant, le changement climatique ne doit pas devenir une obsession collective induisant l'application de solutions générant d'autres problèmes environnementaux, sociaux ou économiques.

Objectif : la réduction de moitié des émissions mondiales avant la fin du siècle

Les gaz à effet de serre qui s'accumulent dans l'atmosphère sont ceux qui excèdent la capacité d'absorption des puits de carbone océaniques et continentaux.

■ Le puits de carbone

Dans notre environnement, le carbone est présent sous la forme de gaz carbonique dans l'atmosphère et l'océan, de composants de molécules organiques (plantes, animaux, microbes), vivants ou morts, ou sous forme de matière solide (calcaire, charbon). La circulation permanente du carbone est une composante naturelle de la nature. Par exemple, les arbres stockent du carbone lorsqu'ils grandissent et fabriquent de la masse. Des échanges du même genre ont lieu constamment entre l'atmosphère et la végétation ou l'océan de surface, ou bien entre l'océan profond et la vie marine. On appelle donc « puits de carbone » les espaces composés des océans, forêts et sols qui captent et stockent du carbone de l'atmosphère par le biais de processus physiques et biologiques tels que la photosynthèse. En l'absence d'émissions de carbone par l'homme, la capacité d'absorption dépasserait les émissions. Mais avec nos activités (combustion de l'énergie fossile, production de ciment, déforestation...), le solde des échanges entre les émissions et les absorptions montre que les puits sont saturés : nous émettons plus de gaz à effet de serre que les puits de carbone ne sont capables d'en absorber.

Pour stabiliser cette concentration à un niveau jugé « acceptable » par les scientifiques, il faudrait réduire le niveau des émissions en dessous du niveau de 1990, et cela avant 2100 ; « acceptable » signifiant qu'à ce niveau de gaz à effet de serre dans l'atmosphère, l'impact sur la vie humaine serait infiniment plus limité qu'au-delà de ce niveau. Cela reviendrait à réduire environ de moitié les émissions actuelles des activités humaines sur la terre. Cela permettrait de contenir l'élévation de la température de la terre à un niveau réduisant les risques de dysfonctionnement de grande ampleur (notamment des mers qui monteraient d'environ cinq mètres, recouvrant ainsi une large portion des littoraux). Comme il s'agit d'un phénomène cumulatif, plus nous agirons tard, plus il sera difficile de revenir à un niveau d'émissions absorbable par la biosphère, plus les concentrations dans l'atmosphère seront élevées, et plus les dégâts seront importants.

Le saviez-vous ?

Seuls 50 % des gaz à effet de serre émis sont actuellement absorbés par les éléments naturels (océans, biomasse). Cela revient à dire que nos activités actuelles libèrent des gaz à effet de serre qui s'accumulent, pour 50 % d'entre eux, dans l'atmosphère, nourrissant ainsi l'effet de serre.

Une augmentation de 2 °C de la température moyenne à la surface de la terre nous amènerait à des niveaux jamais atteints depuis plus de 100 000 ans, avec des conséquences qui dépasseraient les facultés d'adaptation des hommes, des animaux et des végétaux...

Le protocole de Kyoto : un premier pas nécessaire

Une démarche volontaire des États

Pour atteindre l'objectif d'une réduction de moitié des gaz à effet de serre d'ici à la fin du siècle, les différents États se sont réunis à Kyoto en 1997 pour convenir d'un protocole de réduction concerté.

Il s'agit d'une réduction de 5,5 % des émissions de gaz à effet de serre des pays industrialisés par rapport à 1990, qui se traduit, pour l'Europe, par une baisse de 8 %, dont une stabilisation des émissions françaises. Le protocole de Kyoto a été ratifié par l'Union européenne et chacun de ses États membres, ainsi que par l'ensemble des pays industrialisés, à l'exception de l'Australie (qui met néanmoins en place une politique de maîtrise de ses émissions, proportionnées à son engagement chiffré) et des États-Unis (dont de nombreux États ont cependant entamé des actions explicites de réduction de leurs émissions, contournant ainsi la politique de l'administration Bush).

Pour contenir le dérèglement climatique en cours et respecter son engagement au titre du protocole de Kyoto, l'Union européenne se dote progressivement d'un programme européen de lutte contre le changement climatique : directive sur l'efficacité énergétique des bâtiments, programme « énergie intelligente pour l'Europe », programme « Marco Polo » pour le développement du cabotage maritime par exemple.

Une nouvelle préoccupation pour les entreprises de l'Union européenne : le permis d'émissions

Ce dispositif apporte deux révolutions majeures au niveau de l'entreprise. Tout d'abord, il impose aux entreprises de considérer les émissions de gaz à effet de serre comme une partie intégrante des activités, appartenant au passif ou à l'actif en fonction des performances. Désormais, les gaz à effet de serre intègrent la réflexion économique et doivent progressivement être pris en compte dans l'entreprise, au même titre que les machines, le personnel et les locaux. Ensuite, le dispositif peut inciter les entreprises à investir dans des technologies réduisant les niveaux d'émissions de gaz à effet de serre, dès lors qu'elles constatent qu'il peut revenir moins cher d'investir dans une nouvelle machine plutôt que de devoir acheter des permis à des prix fluctuants sur un marché boursier. Le recul concernant le prix de la tonne de carbone échangé sur les marchés financiers est encore nettement insuffisant aujourd'hui pour dessiner des tendances lourdes. Mais si les niveaux de prix se stabilisent dans le temps, ils entreront nécessairement dans la décision d'investissement des entreprises ; si les prix se stabilisent à des niveaux trop élevés, le mécanisme risque même d'être abandonné pour des raisons politiques, compte tenu des conséquences, notamment sur le prix de l'électricité.

Un protocole nettement insuffisant face aux enjeux climatiques

Le protocole de Kyoto est évidemment une avancée majeure. Il est le fruit d'une concertation internationale difficile à mettre en place. Il engage, pour la première fois, les différents États dans des mesures volontaristes en réponse à une menace environnementale majeure pour l'avenir de l'humanité. Mais ce premier pas est nettement insuffisant. Il ne peut aujourd'hui être considéré que comme une étape nécessaire de rodage. Si l'on ne va pas plus loin dans les engagements dans les toutes prochaines années, il n'aura servi à rien.

L'égoïsme (l'irresponsabilité ?) des États en question

Les intérêts des États et des entreprises ont largement pesé dans la définition des objectifs de Kyoto. Ainsi, le protocole n'a pu entrer en vigueur qu'en février 2005, après que la Russie eut lourdement monnayé son adhésion. On peut aussi regretter le manque de portée d'un protocole qui n'est pas signé par les États-Unis (ils représentent à eux seuls 25 % des émissions de la planète et 40 % des émissions des pays riches). Les pays en développement jouent la carte du droit de copier le mode de développement des pays riches et polluer : ils souhaitent des transferts technologiques et ne s'engagent pas, pour l'instant, dans le moindre dispositif contraignant de réduction des gaz à effet de serre, à l'exception de l'Argentine qui a fait un pas en faveur d'un engagement volontaire sur ces questions.

Un protocole qui ne s'intéresse qu'à 1/3 du problème

Le protocole de Kyoto ne traite que de certaines émissions de gaz à effet de serre provoquées par les activités industrielles (environ 1/3 des émissions totales). Il n'aborde ni la question du résidentiel, ni celle du secteur économique tertiaire (les bureaux), ni celle des transports, alors que ces activités représentent environ 2/3 des émissions de gaz à effet de serre.

Un manque de visibilité au-delà de 2012, c'est-à-dire demain

L'application du protocole de Kyoto impose des contraintes aux industriels « du Nord », actuellement les plus pollueurs, mais pas aux industriels « du Sud », qui sont pourtant en plein développement, comme la Chine, l'Inde ou le Brésil. Les industriels du Nord ont, par exemple, le droit de respecter leurs quotas d'émissions de gaz à effet de serre en transférant des technologies aux pays du Sud, au lieu d'investir dans des solutions technologiques à meilleur rendement carbone, ou d'acheter des permis d'émissions sur le marché d'échange de quotas. Au fur et à mesure du développement de ces pays du Sud, il est bien évident que la contrainte va devoir s'élargir aux industriels du Sud, au risque de créer une distorsion importante de concurrence tout en ne résolvant pas le problème du changement climatique.

En outre, rien n'est dit de la procédure au-delà de 2012 : les entreprises n'ont pas de visibilité sur la valeur qu'auront les permis au-delà de cette date. Or, pour opérer des choix d'investissement à long terme (on ne change pas un procédé industriel du jour au lendemain, simplement parce que la Bourse fixe un prix exorbitant à la tonne de CO_2 au jour le jour), les décideurs ont besoin d'avoir une visibilité plus longue. Ils restent donc dans l'attente de décisions qui se dessineront seulement après 2012. De l'inertie, toujours de l'inertie…

Encore d'importantes tractations en prévision…

Pour aller plus loin, maintenant que le protocole de Kyoto est entré en vigueur, il est bien évident que la participation des pays en développement au progrès général dans la diminution des émissions de gaz à effet de serre est l'enjeu majeur des futures négociations. Ces pays suivent l'exemple des régions industrialisées : ils veulent avant tout se développer. C'est donc aux pays riches de les aider à trouver la voie d'un développement différent du nôtre, c'est-à-dire nettement moins générateur de gaz à effet de serre.

La prise de position des États-Unis sera également déterminante. Les négociations des Nations unies sur le climat à Bali (Indonésie) de décembre 2007 aboutissent à une feuille de route pour deux ans, en vue de réduire les émissions de gaz à effet de serre. Le sommet de Copenhague de décembre 2009 sera également décisif pour décider des suites à donner au protocole de Kyoto : périmètre économique d'application, pays contributeurs, durée de vie au-delà de 2012 notamment.

La France et le changement climatique

Tous les pays de l'Union européenne se sont engagés à réduire leurs émissions de gaz à effet de serre. La France, pour sa part, doit les stabiliser par rapport à 1990. En effet, l'existence d'un important parc nucléaire permet de limiter considérablement les émissions de gaz à effet de serre liées à la production d'énergie :

contrairement au thermique à flamme, le nucléaire ne produit pas de gaz à effet de serre.

La Mission interministérielle de l'effet de serre (MIES) est chargée de veiller à l'application des engagements. Elle prépare également les positions que la France doit défendre au niveau international. En janvier 2000, la France a adopté un Programme national de lutte contre le changement climatique (PNLCC), réactualisé régulièrement. Ainsi, fin 2006, un plan Climat réactualisé a été lancé pour compléter le dispositif existant et mieux permettre à la France de tenir ses engagements pris lors du protocole de Kyoto, en stabilisant sur la période 2008-2012 ses émissions de gaz à effet de serre à leur niveau de 1990. Certaines mesures visent à engager leur réduction par quatre à l'horizon 2050 ; d'autres doivent encore permettre d'assurer une réduction de six à huit millions de tonnes de CO_2 par an, qui s'ajoutent aux trente-trois millions de tonnes économisées annuellement par le programme de 2004. Ces mesures portent sur l'information et l'étiquetage, la réduction de la mobilité urbaine, la poursuite des grands chantiers de transports alternatifs, les biocarburants, l'efficacité énergétique des bâtiments, notamment anciens. Enfin, le plan contient des mesures en matière de fiscalité écologique : la mise en place d'une taxation du charbon et la proposition de créer une taxe carbone aux frontières de l'Union européenne seront défendues au niveau européen.

La mobilisation de la société face au changement climatique

Heureusement, tout ne se passe pas au niveau des États !

Le troisième groupe de travail du GIEC commence son rapport par ce constat : « Les émissions de gaz à effet de serre ont augmenté de 70 % entre 1970 et 2004, passant de 28,7 à 49 milliards de tonnes de CO_2, équivalent par année en rapport direct avec l'augmentation de la population (+ 69 %), mais un peu inférieur à l'augmentation des revenus (+ 77 %). » Cela illustre l'évolution de l'intensité énergétique de l'économie, qui n'a cessé de diminuer jusqu'en 2000, année où la tendance s'est inversée. En d'autres termes, au fur et à mesure que le prix du baril de pétrole s'est mis à augmenter, les entreprises, les particuliers et les collectivités ont progressivement cherché à améliorer l'efficacité énergétique de leurs investissements. En souhaitant réduire les factures pétrolières, ces acteurs contribuent *de facto* à la réduction des émissions de gaz à effet de serre, même sans le savoir.

■ **Le GIEC (Groupe d'experts intergouvernemental sur l'évolution du climat)**

Le GIEC a pour mission d'évaluer, sans parti pris et de façon méthodique, claire et objective, les informations d'ordre scientifique, technique et socio-économique qui sont nécessaires pour mieux comprendre les fondements scientifiques des risques liés au changement climatique d'origine humaine, cerner plus précisément les conséquences possibles de ce changement, et envisager d'éventuelles stratégies d'adaptation et d'atténuation. Ses évaluations sont principalement fondées sur les publications scientifiques et techniques, dont la valeur scientifique est largement reconnue. Le GIEC a reçu le prix Nobel de la paix en 2007, conjointement avec Al Gore, pour leurs efforts de faire connaître les enjeux du changement climatique.

Vivre les changements climatiques

Claude Villeneuve et François Richard[13], biologistes à l'université du Québec à Chicoutimi, envisagent l'avenir avec optimisme. En effet, si les changements climatiques sont provoqués par l'activité humaine, cela veut également dire que l'humanité détient la solution : il n'y a pas de fatalité. Notre défi n'est alors pas de renier le passé, mais de construire quelque chose de neuf, en fédérant le meilleur de ce que l'homme peut donner et en s'appuyant sur la force la plus précieuse dont nous disposons : l'intelligence. La clé de la tâche se résume alors en quatre mots : communication, éducation, mobilisation et action.

Le remplacement des énergies fossiles

Le remplacement des énergies fossiles (pétrole, gaz, charbon) est une problématique particulièrement épineuse tant les intérêts économiques sous-jacents sont importants, et tant il est difficile de définir un volant alternatif d'énergies renouvelables propres,

---

13. VILLENEUVE C. et RICHARD F., *Vivre les changements climatiques*, Multimondes, 2007.

capables de répondre aux besoins énergétiques massifs et divers de nos sociétés[14].

La fin annoncée des énergies fossiles

90 % de l'énergie consommée dans le monde en 2002 provenait de gisements de combustibles fossiles : pétrole, gaz, charbon. Le transport consomme à lui seul 50 % du pétrole produit chaque année. Nous sommes donc dans un véritable casse-tête dont les solutions sont loin d'être évidentes.

Un contributeur net à l'effet de serre

Tout d'abord, en écho avec ce qui a été dit précédemment, il est évident que notre mode de consommation, et notamment l'utilisation de notre voiture tous les jours, nous pousse à être d'importants consommateurs d'énergies fossiles. C'est que la combustion des énergies fossiles a lieu à différents niveaux : quand on mange un yaourt, par exemple, il faut regarder de près la distance nécessaire à sa fabrication et à son arrivée dans l'étalage : des milliers de kilomètres ! Imaginez les gaz d'échappement ! La réduction progressive des énergies fossiles dans notre vie quotidienne est donc une première contribution aux enjeux du changement climatique.

Des stocks en quantité limitée

Les stocks des énergies fossiles sont en quantité limitée. Ils sont donc épuisables. Or, la consommation de ces énergies ne cesse de croître, les rendant de plus en plus difficiles et coûteuses à exploiter, ce qui en augmente le prix, du fait notamment du développement récent et rapide de pays comme la Chine : la demande chinoise a plus que triplé depuis 2002. On observe

---

14. Lire notamment sur le sujet : VERNIER J., *Les Énergies renouvelables*, PUF (Que sais-je ?), 2005. WINGERT J., *La Vie après le pétrole : de la pénurie aux énergies nouvelles*, Autrement, 2005. BOBIN J., HUFFER E. et NIFENECKER H., *L'Énergie de demain : techniques, environnement, économie*, EDP Sciences, 2005. LHOMME J.-C., *Les Énergies renouvelables*, Delachaux et Niestlé, 2005. LAPONCHE B., *Maîtriser la consommation d'énergie*, Le Pommier, 2004.

une envolée du prix du carburant à la pompe, notamment du fait d'une tension entre l'offre et la demande partout dans le monde. Pour autant, les réserves d'énergies fossiles semblent encore importantes : 40 ans pour le pétrole, 60 ans pour le gaz et 400 ans pour le charbon en 2004. Aujourd'hui, 2/3 d'une nappe de pétrole ne sont pas encore exploités parce que les technologies qui pourraient éventuellement être employées pour extraire davantage coûteraient trop cher.

La montée continuelle des prix dans le temps a ainsi l'avantage de rendre des technologies qui étaient coûteuses il y a quelques décennies progressivement rentables, comme l'exploitation pétrolière *off-shore*. La recherche d'innovations techniques permet notamment d'extraire plus de pétrole dans les différentes nappes. Elle est stimulée au fur et à mesure que les prix montent et viennent rentabiliser les investissements. Le progrès technologique permet ainsi d'espérer augmenter un peu les stocks prévisionnels dans les années à venir. On ne sait donc pas dans quels délais nous ne pourrons plus consommer massivement des énergies fossiles. Mais on sait avec certitude qu'un jour ou l'autre, les stocks seront épuisés, alors que les énergies renouvelables sont, par définition, inépuisables et présentes abondamment.

Des stocks situés dans des zones à risque politique

Nous ne savons pas encore combien de temps nous pourrons continuer à nous reposer quasi totalement sur les énergies fossiles, mais nous pouvons d'ores et déjà nous inquiéter du fait que, pour répondre à nos besoins, nous devons essentiellement importer nos stocks soit du Moyen-Orient, soit de la CEI constituée autour de la Russie, soit de l'Afrique (Algérie, Angola notamment). Le Moyen-Orient détient environ 70 % des réserves connues de pétrole, et les pays de l'ancienne Europe de l'Est, de la CEI et du Moyen-Orient réunis détiennent 80 % des réserves connues de gaz. Nos approvisionnements en énergies fossiles s'effectuent donc principalement auprès de pays très instables politiquement (instabilités politiques, guerres).

Les problèmes environnementaux posés par l'industrie des énergies fossiles

Même si les entreprises occidentales ont fait d'importants efforts récemment pour améliorer la qualité des infrastructures dans un meilleur respect de l'environnement, il reste que l'extraction des énergies fossiles (stations *off-shore* notamment) pose des problèmes pour l'environnement : prospection, forage, construction de l'ensemble des infrastructures nécessaires à l'extraction du pétrole, à son stockage et à son transport. L'acheminement des matières (par cargo ou par pipe-line principalement) soulève des questions concernant la sécurité des modes de transport. On pense très concrètement aux risques de rupture de coque, au naufrage des pétroliers ou au dégazage sauvage en mer, provoquant à chaque fois des marées noires (les dégazages polluent dix fois plus que les marées noires[15]). On pense également aux fuites des tuyaux qui parcourent des centaines de kilomètres à travers les régions désertiques, ou aux risques d'explosion des gazoducs : les matières fossiles s'échappant des tuyaux provoquent des pollutions (nappes phréatiques, espaces naturels) dont sont victimes les populations riveraines, mais aussi la faune et la flore. Les opérations de raffinage et de transformation des matières fossiles extraites de la terre en combustible ou en produit dédié à la consommation courante ou industrielle génèrent des pollutions. La distribution, c'est-à-dire l'activité qui consiste à acheminer les produits transformés vers les points de vente (par exemple, le carburant transporté jusqu'aux pompes à essence), est une activité qui nécessite beaucoup de transports. Or, les transports sont étroitement liés au changement climatique. Cette activité de distribution à large échelle est donc problématique pour l'environnement.

Toutefois, l'amélioration des technologies, comme la technique du forage horizontal dirigé qui évite de creuser une tranchée pour poser une canalisation, ou la recherche de solutions comme l'élimination des torchères et la valorisation économique des gaz issus de l'extraction pétrolière, réduit la nuisance environnementale lorsque ces technologies sont

---

15. Lire notamment DENHEZ F., *Les pollutions invisibles : quelles sont les vraies catastrophes écologiques ?*, Delachaux et Niestlé, 2005.

applicables à un coût jugé acceptable. L'augmentation du prix du baril de pétrole est une bonne chose : elle facilite ainsi l'adoption de technologies favorables à la protection de l'environnement et le déploiement de politiques territoriales plus respectueuses des populations locales.

Malgré tout, l'essentiel reste que la consommation des énergies fossiles génère des déchets – les pollutions de l'air et les gaz à effet de serre tirés des combustions – et des nuisances pour la santé qu'il s'agit de maîtriser : si la qualité de l'air s'améliore depuis une quinzaine d'années, il demeure que la pollution automobile tue davantage que les accidents de la route : 400 000 Européens meurent de manière prématurée chaque année à cause de la pollution atmosphérique, tandis que 40 000 meurent d'un accident de voiture.[16]

Les conditions éthiques et sociales de production : le double standard

Il y a eu de nombreux scandales au cours des vingt dernières années, concernant tout spécifiquement les relations entre les grandes industries d'extraction de pétrole ou de gaz, les gouvernements et les populations du Sud. Ils portaient notamment sur le manque de transparence concernant les taxes, revenus, « royalties » et autres transactions qui auraient pu avoir lieu entre les compagnies et les gouvernements, sur l'ingérence de quelques compagnies dans les affaires des États dans lesquels elles travaillaient, ou encore sur le traitement des populations locales dans les travaux de construction de pipe-lines ou de stations d'extraction ou de transformation.

Pour les ONG, comme celles rassemblées au sein de la coalition « Publiez ce que vous payez ! »[17], cela pose de graves problèmes, notamment le manque de retombées de ces activités économiques pour le développement des populations locales : pauvreté

---

16. Source : Union européenne, commission chargée des transports.
17. Pour de plus amples informations, consulter le site *www.publishwhatyoupay. org*.

persistante, conflits armés, violation des droits de l'homme, instabilité politique. Les ONG demandent une publication transparente des fonds en jeu dans les transactions entre les compagnies et les États, de manière à pouvoir détecter, le cas échéant, les détournements de fonds qui ne serviraient pas l'intérêt des populations locales. Cette publication transparente est déjà obligatoire dans les pays développés, notamment pour l'extraction du pétrole en mer du Nord.

Des énergies dont l'utilisation reste un luxe dans de nombreux pays

Le raffinage, la distribution, et même l'utilisation de produits utilisant des énergies fossiles restent un luxe dans de nombreux

Le Sénégal : quand le carburant est un frein au développement

Le Sénégal est un pays en développement qui ne possède pas de ressources naturelles comme le pétrole. Il est obligé de tout importer. Mais cela coûte très cher : les prix du carburant ne sont pas très différents des prix observés en Europe. Ce manque d'accès au carburant freine donc considérablement le développement du pays.

La pêche rendue difficile du fait des prix du carburant : les pêcheurs sénégalais ont de moins en moins les moyens de sortir en mer pour pêcher, ce dont ils ont besoin pour vivre. Le prix du carburant devient tellement élevé que cela est moins rentable d'aller pêcher en mer. Durant les sorties, l'utilisation du moteur est souvent réduite au strict minimum, ce qui rend les manœuvres souvent bien plus dangereuses, avec des risques réels pesant sur la vie des pêcheurs.

L'électricité : des coupures permanentes du fait de la vétusté des centrales thermiques. Le Sénégal est équipé en centrales thermiques qui produisent l'électricité, essentiellement à partir de combustion d'énergies fossiles. Les installations sont vétustes. Les circuits d'approvisionnement en combustible fonctionnent très mal : le Sénégal, comme toute l'Afrique de l'Ouest, est livré une fois que le carnet de commandes des pays occidentaux est saturé. Les Sénégalais connaissent donc de fréquentes (et longues) coupures de courant. Elles peuvent paralyser la vie économique pendant des journées entières !

L'énergie solaire ? Dans ce genre d'environnement, l'énergie solaire pourrait être une solution avantageuse. Elle rendrait les Sénégalais davantage autonomes. Elle pourrait lever le frein au développement que représentent à ce jour les énergies fossiles. Il reste les questions posées par le coût du déploiement des dispositifs solaires à grande échelle, de la responsabilité du Sénégal autant que de la communauté internationale. Le développement des technologies solaires permettant notamment la motorisation des véhicules et la production énergétique de masse répondant aux besoins industriels reste également en suspens.

pays du Sud. Il y a donc permanence, voire aggravation, du non-développement économique et social de pays et de régions qui ne peuvent avoir accès aux formes modernes d'énergie, et notamment l'électricité. Aujourd'hui, environ 2 milliards de personnes n'ont pas accès à l'électricité. Les investissements pour y parvenir sont trop lourds.

Quelles énergies renouvelables pour répondre aux besoins de masse ?

Le Conseil de l'Europe, tenu en mars 2007, a fixé pour l'Union européenne un objectif « de 3 x 20 » :

- la réduction volontaire des émissions de CO_2 de 20 % pour les pays de l'Union européenne ;
- l'amélioration de l'efficacité énergétique de 20 % ;
- l'acceptation d'un objectif contraignant de 20 % des énergies renouvelables dans la consommation globale. Ce dernier point offre des perspectives économiques intéressantes pour la prochaine décennie. Il conduit naturellement à un accroissement des recherches vers les énergies dites « renouvelables », qui utilisent des flux inépuisables d'énergie d'origine naturelle (soleil, vent, eau, croissance végétale…) pour répondre à nos besoins.

Quel est le point commun entre notre besoin en carburant, pour faire rouler notre voiture, et notre besoin en électricité pour éclairer notre maison ? Aucun. Nous avons des besoins différents qui mobilisent des énergies différentes (pétrole dans un cas, nucléaire dans l'autre). C'est pourquoi les substituts renouvelables sont divers. Il s'agit de trouver des solutions technologiques s'appuyant sur des énergies renouvelables : l'énergie nécessaire au transport d'une voiture sera traitée différemment de l'énergie qui permet de produire l'électricité répondant à nos besoins courants au domicile ou sur le lieu de travail.

Les énergies renouvelables, et particulièrement l'électricité produite à partir de l'éolien et du solaire, connaissent depuis le début des années 1990 un développement important. Les politiques et les programmes de soutien mis en place au Nord, sur fond d'effet de serre, et au Sud, pour répondre à une demande conséquente mais dispersée, en sont les principaux moteurs. Leur extension à un nombre toujours plus grand de pays, la montée en puissance d'industries plus structurées, et l'émergence de technologies matures devraient assurer la continuité de ce développement.

L'énergie solaire

L'énergie solaire peut être convertie en chaleur ou en électricité. À ce titre, elle permet de s'orienter vers l'autonomie énergétique à l'échelle de l'habitat, voire du quartier.

L'architecture solaire passive

Afin de profiter « passivement » de la chaleur et de la lumière du soleil, il faut aménager les bâtiments en fonction des apports solaires. Le principe du chauffage solaire passif est assuré par des ouvertures vitrées orientées vers le soleil et par une isolation convenable qui évite les risques de déperdition calorifique. Il faut aussi stocker la chaleur dans les murs pour continuer à chauffer le bâtiment lorsque le soleil ne brille plus, et la rediriger vers les zones qui n'en bénéficient pas grâce à la thermocirculation (mouvement naturel de l'air chaud qui monte) ou des ventilateurs. Les vitrages doivent être conçus pour capter au maximum le soleil l'hiver, sans surchauffer la maison l'été. Certains architectes maîtrisent bien ces techniques, qui permettent de faire d'importantes économies au jour le jour, une fois le logement habité.

On peut utiliser l'architecture solaire passive dans le chauffage de l'habitat collectif et individuel : écoles, résidences pour personnes âgées, bâtiments administratifs, bureaux, maisons, appartements, etc.

Chauffage et eau chaude solaires

En concentrant le rayonnement du soleil sur des surfaces planes à l'aide de capteurs, il est possible d'accumuler une chaleur suffisante pour produire de l'eau chaude ou chauffer des locaux.

Les domaines d'application sont les suivants : mise hors gel de salles de sport, séchage de produits agricoles (fourrage), planchers chauffants, eau chaude sanitaire au niveau d'une maison ou d'un immeuble, piscines publiques, etc.

Les centrales électriques thermiques solaires

En captant la chaleur du soleil et en la concentrant vers un point pour atteindre de très hautes températures, il est possible de concevoir de grandes centrales électriques. Selon les mêmes principes que les centrales thermiques fonctionnant au charbon ou les centrales nucléaires, il s'agit d'exploiter cette chaleur pour actionner le mouvement de turbines dont la rotation génère de l'électricité. Différentes tentatives ont permis de concevoir quelques centrales électriques thermiques solaires depuis les années 1970, à l'instar de la centrale solaire Thémis de Font-Romeu dans les Pyrénées. Toutefois, elles ne sont viables que dans les régions connaissant un fort ensoleillement. Elles se développent donc principalement en Inde, dans le pourtour méditerranéen ou encore en Californie.

Grâce à ce système, la production d'électricité peut varier de quelques mégawatts à des dizaines de mégawatts ; elle est dédiée aux besoins résidentiels et tertiaires d'un petit territoire ou à la chauffe d'eau au niveau individuel. Ce marché connaît une progression à deux chiffres depuis le début des années 2000.

L'électricité solaire photovoltaïque

L'effet photovoltaïque a été découvert par le physicien Becquerel en 1839. Il permet la conversion directe du rayonnement solaire en électricité lorsque les photons (particules de lumière) parviennent à mettre en mouvement les atomes de certains matériaux. Les installations photovoltaïques se présentent sous la forme d'un panneau rectangulaire, un « module photovoltaïque », au voltage et à la puissance désirés. Pour lever la réticence de certains propriétaires à couvrir leur toit de panneaux solaires, les industriels ont développé des « tuiles solaires » qui se fondent mieux dans le paysage.

L'intérêt croissant des grands groupes pétroliers pour cette filière participe à la dynamique de ce secteur. On peut imaginer qu'avec quelques progrès technologiques, il sera possible d'imaginer une voiture électrique se rechargeant à l'aide de l'énergie solaire : des prototypes ont encore été présentés durant le salon technologique d'Aïshi, au Japon, en 2004. En 2006, le photovoltaïque raccordé au réseau représente 30 mégawatts. La surface totale des panneaux solaires est en augmentation à trois chiffres depuis 2005, connaissant par exemple une croissance de 131 %

entre 2006 et 2007. Ces panneaux devraient offrir une puissance installée de 7 000 mégawatts d'ici à 2020, selon le Syndicat des énergies renouvelables.

Cette énergie peut être utilisée pour les petits appareils (montres, calculettes, chargeurs de piles, etc.). La majorité des générateurs autonomes permet l'alimentation des habitations isolées, des zones rurales des pays en voie de développement, des relais de télécommunication, des systèmes professionnels variés (balises en mer, mesures météo, parcmètres, signalisation autoroutière…).

L'énergie éolienne

L'énergie éolienne mondiale maintient depuis 1997 un rythme de croissance annuelle moyen de 30 %. En Europe, toutes les prévisions de développement faites autour de la filière ont été en deçà de la réalité. Ainsi, l'objectif affiché par le Livre blanc de la Commission européenne d'installer 40 000 mégawatts éoliens d'ici à la fin 2010 sera probablement atteint avec trois ou quatre années d'avance, notamment grâce à l'essor des installations *off-shore* (en pleine mer), par exemple en Allemagne.

Les éoliennes ont en général une sorte d'hélice à deux ou trois pales, tournant autour d'un axe horizontal. Pour augmenter la puissance des éoliennes, le diamètre des pales a progressivement augmenté au fur et à mesure que leur matériau s'allégeait (polyester métal, fibre de carbone), étant donné que la puissance d'une éolienne est proportionnelle à la surface balayée par l'hélice. L'éolienne ne démarre qu'à partir d'une certaine vitesse du vent, et elle s'arrête pour ne pas s'emballer en cas de bourrasque. Plus le vent est irrégulier en intensité ou en direction, plus le rendement de l'éolienne est faible.

La réglementation sur la construction des éoliennes est stricte en France : pas de construction dans les parcs naturels, ni à moins de 400 mètres d'une habitation, ni à moins de 100 mètres d'une route, d'une voie ferrée ou d'une ligne électrique, ni à proximité de riverains qui font une pétition contre le projet pour conserver le paysage ou par peur de nuisances sonores – c'est le syndrome bien connu de nombreux maires et collectifs de riverains *nimby* (*not in my backyard*, « pas chez moi »).

Compte tenu des spécifications techniques et réglementaires, la France disposerait du meilleur gisement éolien d'Europe après le Royaume-Uni. D'ici 2020, elle a pour objectif de déployer une puissance installée d'environ 25 000 mégawatts (environ 8 000 éoliennes). Le développement est fulgurant : il n'y avait que 100 mégawatts installés en 2002, et déjà environ 3 000 mégawatts étaient en production au début 2008. Selon les scénarios médians du RTE (établissement gestionnaire du réseau de transport d'électricité en France), l'éolien pourrait représenter 10 % de la consommation nationale d'électricité française en 2020.

Le « petit éolien » (production de quelques dizaines de watts à quelques kilowatts) dessert des pompages d'eau ou l'électrification de sites isolés. Le « gros éolien » (jusqu'à 3 mégawatts) est raccordé au réseau électrique. Regroupé en batteries, il permet de fournir en électricité les habitations d'un petit territoire. Une éolienne de 2 500 kilowatts peut produire chaque année jusqu'à 3 millions de kilowatts/heure, soit environ la consommation de 700 foyers, bien qu'une partie plus ou moins importante de cette énergie soit gaspillée lorsqu'elle n'est pas produite en même temps que les besoins de consommation : l'électricité ne se stocke pas, et c'est là une difficulté majeure de manipulation et de prévision de cette énergie.

L'énergie hydraulique

L'hydraulique est une des premières énergies domestiquées par l'homme (moulins au fil de l'eau, bateaux à aubes, etc.). L'hydroélectricité, c'est-à-dire la production d'électricité à partir de la force de l'eau, est apparue au milieu du XIXe siècle. 15 % de l'électricité française est d'origine hydraulique, dont 1,5 % de petite hydraulique. Du grand barrage à la micro-centrale de quelques kilowatts, la filière sait faire preuve de souplesse afin de s'adapter aux situations géographiques et aux besoins divers.

Le « gros hydraulique » (jusqu'à 500 mégawatts) se compose des grands barrages hydrauliques réalisés essentiellement dans les années 1950, notamment dans les Alpes. Les « petites centrales hydrauliques » (quelques centaines de watts à une dizaine de mégawatts) se compose de petits barrages locaux, qui appartiennent généralement à des propriétaires indépendants. Les gisements en petites centrales pourraient permettre un développement de l'ordre de 2 000 mégawatts d'ici à 2020.

La géothermie

Davantage employée pour produire de la chaleur que de l'électricité, la géothermie utilise la chaleur du sous-sol. Avec une température moyenne ou faible, on chauffe des locaux, alors qu'une température élevée permet de produire de l'électricité par vapeur interposée. Son développement dépend de la situation géographique du bâtiment que l'on souhaite connecter.

La géothermie peut être utilisée pour le chauffage et peut même produire de l'électricité pour les habitations individuelles ou les bâtiments collectifs. Par exemple, dans les années 1960, on avait fait le choix d'intégrer un système de géothermie pour chauffer les locaux du bâtiment Radio France à Paris.

La biomasse

La biomasse (masse des végétaux) réunit le bois, la paille, les rafles de maïs, le biogaz et les biocarburants.

Le bois-énergie et les cultures dédiées

Le bois-énergie est l'énergie renouvelable la plus utilisée : il représente 14 % de la consommation énergétique mondiale. Issu des déchets de la forêt ou des industries du bois, il est brûlé pour produire de la chaleur. Le bois-énergie est la première source d'énergie renouvelable en France, 80 % de l'énergie étant produite par des appareils domestiques. Le marché des foyers fermés, inserts, poêles, cuisinières et chaudières domestiques, connaît un développement important, le parc étant en croissance de plus de 10 % chaque année depuis 2002, d'après le syndicat des énergies renouvelables.

Le bois-énergie peut être utilisé pour les chaudières biocombustibles : chauffage et électricité par cogénération.

Le biogaz

Le biogaz est issu de la fermentation des déchets organiques. Sa combustion produit de la chaleur, mais également de l'électricité par cogénération.

Le biogaz est un biodigesteur ou un méthanisateur dans le cas du traitement des déchets organiques. Il peut donc être utilisé pour les transports, le chauffage et l'électricité.

Les biocarburants

Le développement des biocarburants est souvent corrélatif aux cycles de variation des prix du baril de pétrole. Par distillerie ou estérification, il s'agit de produire un carburant à partir de la fermentation végétale. Aujourd'hui, l'éthanol (betterave, blé...) et le biodiesel (colza, tournesol...) offrent des avantages environnementaux appréciables dans le contexte de la lutte contre l'effet de serre. La priorité dans les prochaines années pourra être de privilégier les biocarburants tirés des résidus de la production agricole (résidus de maïs ou de canne à sucre non transformés), et non la production *ad hoc* de récoltes dédiées exclusivement à ce type de production (à l'instar du colza).

Demain : la pile à hydrogène ?

L'hydrogène est un vecteur énergétique stockable qui ne génère ni polluants ni émissions de gaz à effet de serre à l'endroit où il est utilisé. Pour toutes ces raisons, d'importants espoirs sont placés dans ce vecteur. À terme, l'hydrogène pourra permettre de produire de l'électricité nécessaire aux immeubles de bureaux, aux usines, aux domiciles privés, ou encore alimenter les voitures.

■ Le principe de la pile à combustible

Le principe n'est pas nouveau puisqu'il a été découvert en 1839, réactualisé dans les programmes spatiaux des années 1960, et qu'un regain d'intérêt est vivace pour cette technologie depuis les années 1990. Il s'agit de convertir directement de l'énergie chimique en énergie électrique. Deux électrodes sont séparées par une électrolyte. À l'anode, on amène le combustible (le plus souvent de l'hydrogène présent dans l'air et qui se contente d'une température à peu près ambiante, et parfois du méthanol, mais pour lequel la réaction exige une haute température, de 800 à 1000 °C) dans la pile. La cathode est alimentée en oxygène (ou plus simplement en air, enrichi ou non en oxygène). La réaction libère de l'eau et produit simultanément un courant électrique. Contrairement aux piles qui sont jetées après utilisation ou aux accumulateurs, qui demandent du temps pour être rechargés, il suffit de quelques minutes pour refaire le plein de combustible.

Toutefois, la route vers « l'économie de l'hydrogène » connaît encore de nombreux obstacles techniques et économiques. Pour que la filière hydrogène se développe dans les prochaines années, il faudra lever de nombreux verrous technologiques dans le domaine des piles à combustible, alimentées à l'hydrogène ou au gaz naturel (avec transformation locale en hydrogène), que ce soit pour les applications d'électricité et de chaleur dans les installations fixes, pour les transports collectifs ou individuels, ou pour les produits nomades.

Bien que l'hydrogène se trouve en abondance dans la nature, il n'existe pas à l'état naturel : il est presque toujours lié à d'autres atomes comme le carbone (méthane) ou l'oxygène (eau). Pour être produit, il faut l'extraire de l'eau, des hydrocarbures ou de la biomasse comme les algues. Les technologies ne sont pas encore au point dans cette étape d'extraction de masse, soit parce qu'elles ne permettent pas de sortir du casse-tête énergétique (en extrayant de l'hydrogène et en utilisant du pétrole, par exemple), soit parce que le degré d'avancement des technologies n'apporte pas encore de rendement énergétique suffisant. Comme tous les gaz, le déplacement et le stockage de l'hydrogène doivent respecter certaines procédures de sécurité, qui rendent encore difficile l'embarcation à bord de véhicules, notamment.

La pile à hydrogène permet de produire de l'électricité et de répondre ainsi aux besoins du résidentiel comme du transport. Les développements et recherches en cours permettent d'envisager les premiers marchés pour la production d'électricité et de chaleur d'ici à 2012. En fait, les voitures peuvent déjà rouler en série à l'hydrogène : Leonardo Di Caprio, Cameron Diaz ou Brad Pitt en font la promotion active aux États-Unis, en se déplaçant aux rendez-vous officiels à bord de grosses berlines BMW roulant à l'hydrogène dès qu'il y a des caméras !

▪ Trouver des solutions en puisant dans la diversité des technologies disponibles

Des besoins gigantesques et malheureusement en croissance

Il n'est jamais aisé de parler d'énergie « bon marché » lorsqu'on sait que de nombreuses personnes ont des difficultés à payer leur facture d'électricité. Toutefois, force est de reconnaître que depuis les années 1970 et le moment où le prix du pétrole a commencé à flamber, tandis que la France lançait d'importants plans de construction de centrales nucléaires, on a pu constater : d'une part, la réduction des consommations de pétrole ; les constructeurs automobiles eux-mêmes ont réduit la consommation moyenne de carburant des moteurs de voiture d'environ 50 % en vingt ans. D'autre part, l'explosion de la consommation d'électricité ; depuis 1973, la consommation d'électricité a augmenté deux fois plus vite que la consommation générale d'énergie en France. La modération énergétique et la chasse au « gaspi » restent donc les premières solutions à adopter.

Le saviez-vous ?

La consommation énergétique globale des Français s'est accrue de 50 % depuis 1973, et pourrait encore augmenter de 10 à 20 % d'ici à 2010.

Consommation de l'énergie en France depuis 1973

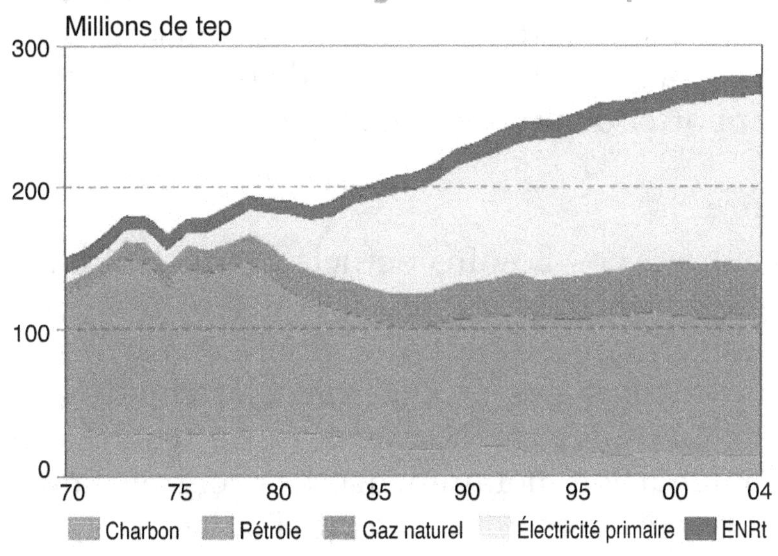

1 : Corrigée du climat.

Millions de tep

	1973	1979	1985	1990	2000	2002	2003	2004
Charbon	28	32	24	19	14	13	14	13
Pétrole	121	114	82	89	96	94	93	93
Gaz naturel	13	21	23	26	37	40	40	40
Électricité primaire	8	17	62	83	109	114	115	117
ENRt	9	9	10	12	13	13	13	13
TOTAL	**180**	**193**	**201**	**230**	**269**	**275**	**274**	**276**
dont usages non énergétiques :								
CMS	0,2	0,2	0,2	0,2	0,2	0,1	0,2	0,1
Pétrole	9,1	9,5	9,1	10,3	13,0	13,2	13,4	13,2
Gaz naturel	1,7	2,4	2,5	1,9	2,2	2,2	2,2	2,2
TOTAL	**10,9**	**12,0**	**11,7**	**12,4**	**15,4**	**15,6**	**15,8**	**15,6**

Source : Observatoire de l'énergie.

Le rôle incontournable des énergies fossiles
pour répondre à nos besoins

L'électricité

En France, l'électricité représente aujourd'hui 22,3 % de la consommation finale énergétique, contre 9,7 % en 1973, pour atteindre 480 térawattheures (TWh) en 2007. Cela ne tient pas compte des pics de consommation, notamment durant les grandes vagues de froid ou de canicule. Pendant ces pics, il est nécessaire de disposer d'une réserve de production suffisante, et elle doit être d'autant plus importante que le parc de production ne peut être disponible dans sa totalité en continu (maintenance et contraintes techniques d'exploitation, notamment). Cela ne tient pas compte non plus des cycles de maintenance des parcs de production (centrales hydraulique, thermique, nucléaire, etc.). Il peut arriver qu'il y ait des pics aux moments où une partie du parc est nécessairement en situation de maintenance, et ne peut donc pas apporter de production électrique.

Le nucléaire

Pour répondre à nos besoins actuels, le nucléaire semble être une technologie incontournable si l'on veut à la fois produire en quantités suffisantes l'électricité dont nous avons besoin tout en évitant d'appuyer nos productions électriques sur des technologies émettant des gaz à effet de serre (centrale thermique à pétrole ou charbon, notamment). Les centrales nucléaires ne produisent pas de gaz à effet de serre. D'ailleurs, une tranche de centrale nucléaire de dernière génération représente une capacité de 1 500 mégawatts, à un moment où l'on peut attendre d'un très gros barrage hydraulique une capacité de 500 mégawatts, tandis que le « très gros éolien » arrive à 3 mégawatts. Il s'agit, pour un pays comme la France, d'envisager non pas la suppression du nucléaire dans un proche avenir, mais, plus raisonnablement, d'en réduire la part dans le cocktail des sources énergétiques permettant de garantir des approvisionnements fiables dans la durée.

Le pétrole ou l'inertie des constructeurs automobiles

La voiture électrique pourrait avoir de nombreux avantages sur la voiture « à pétrole » telle que nous la connaissons actuellement.

Déjà, elle nous permettrait de nous déplacer sans nous appuyer sur des énergies en stock fini. Mais les constructeurs automobiles ont tendance à penser que « tant qu'il y a du pétrole, il n'y a pas lieu de s'inquiéter ». Pour preuve : cela fait déjà plus de vingt ans que la question du pétrole en quantité limitée revient à chaque salon automobile et que les prototypes électriques se succèdent sans succès ! Ensuite, parce que la propulsion électrique aurait l'avantage de ne plus produire de gaz à effet de serre avec de l'électricité produite à partir des énergies renouvelables et du nucléaire. Ce point est d'autant plus crucial que le transport, rappelons-le, est responsable d'1/3 des émissions globales de gaz à effet de serre, sans même évoquer les particules polluantes émises, et dont la concentration en milieu urbain est très dangereuse pour la santé.

L'automobile porte une lourde responsabilité sur ces questions. Il est vrai que la généralisation des voitures électriques occasionnerait sans doute d'importantes mutations dans le monde économique de l'automobile : les moteurs électriques exigent infiniment moins d'entretien que les moteurs thermiques, ce qui est très intéressant pour le portefeuille des automobilistes, mais l'est nettement moins pour les réseaux de concessionnaires et de garagistes. En outre, les voitures électriques capables de se recharger en roulant n'auraient plus besoin de s'arrêter dans les stations-services, ce qui privilégie, bien sûr, les automobilistes au détriment des pompistes. On comprend donc les réticences des acteurs économiques à faire évoluer un produit qui fait vivre du monde...

L'industrie automobile : les procès climatiques vont se multiplier

En 2007, des organisations non gouvernementales hollandaises, allemandes, françaises et britanniques n'ont cessé de s'emparer de la voie juridique pour lutter contre le changement climatique. Leur cible privilégiée : l'industrie automobile. En s'inspirant du Fipol – fonds alimenté par les industries pétrolières, qui permet d'indemniser les victimes des marées noires – ces procès visent à faire payer les contributeurs du changement climatique pour les torts subis par les victimes (canicules, investissements urbains pour s'adapter aux changements climatiques locaux, etc.).

Ainsi, ce qui se passe depuis vingt ans est de l'ordre du vaudeville. Alors qu'il est évident qu'il n'est pas « durable » de faire reposer l'économie des transports sur des véhicules motorisés par des technologies « non durables », très polluantes et, pour une large part, responsables du changement climatique, de nombreux constructeurs automobiles ont persévéré pendant des décennies dans le maintien et l'amélioration à la marge des technologies en place, au lieu de concentrer leurs efforts sur le cœur du problème qu'est le moteur thermique : efforts de réduction des consommations, diminution importante des pollutions, tentatives de substitution du combustible d'origine pétrolière par du combustible d'origine non pétrolière (« GNV », « GPL », biocarburant). Sur ces points, les progrès ont été significatifs depuis les années 1970. Mais le développement des technologies de rupture est resté virtuellement au point mort : c'est le cas pour l'électrique et l'hydrogène, notamment.

Il est vrai que la pression financière pousse davantage les industriels à une vision de court terme permettant de tirer le maximum des technologies en place plutôt qu'au développement de stratégies industrielles de long terme, où la recherche et le développement pourraient banaliser des technologies de rupture. Cette logique de « fuite en avant » explique mieux pourquoi les constructeurs occidentaux préfèrent aujourd'hui développer du véhicule thermique bas de gamme, permettant d'intensifier les volumes vendus en rendant l'automobile neuve accessible aux habitants des pays moins développés de la planète, plutôt que de consacrer les ressources au développement de véhicules électriques de masse, risquant de mettre en péril une bonne partie de l'activité économique des concessionnaires, garagistes et pompistes, et qui ne seront accessibles, dans un premier temps, qu'à quelques consommateurs riches et intellectuellement sensibles à la démarche.

Néanmoins, en matière de stratégie industrielle, on peut douter de la pertinence de la démarche actuelle des constructeurs automobiles sur le moyen terme. Déjà, on ne peut que regretter le manque de responsabilités de tels choix : une fois que les classes moyennes et riches des pays en développement auront une voiture qui roule à l'essence comme les nôtres, on sera dans une situation encore plus dramatique par rapport aux enjeux climatiques.

Ensuite, on ne peut que douter d'une logique tirant vers le bas la création de valeur permise par les industriels : les Chinois ou les Indiens se mettent désormais eux-mêmes à construire des voitures bas de gamme, et il n'est pas certain que les Occidentaux soient toujours les plus forts pour réduire continuellement les prix... C'est pourquoi on ne peut finalement que regretter de manquer de politique industrielle publique française ou européenne, qui

Les automobiles propres

La voiture hybride (électrique, carburant) : déjà une réalité. Toyota a mis sur le marché sa Prius à la fin des années 1990. Ce véhicule plutôt haut de gamme permet de rouler alternativement à l'électrique ou au carburant, les batteries électriques se rechargeant pendant ce temps. Sans rien changer aux habitudes des automobilistes, ces voitures permettent de réduire considérablement les émissions de gaz à effet de serre en ville et les consommations de carburant. Les quelques modèles ont été en rupture de stock dès leur mise en vente ! D'autres constructeurs ont décidé de se procurer le brevet et de développer leurs propres véhicules hybrides. Le créneau semble donc porteur et promis à une concurrence intéressante pour les consommateurs.

La voiture à air comprimé : de belles perspectives concrètes en Inde. Le moteur à air comprimé est un moteur à cinq temps. Un échange d'air entre chambres permet d'activer le jeu du piston : le premier cylindre aspire l'air extérieur à travers un filtre et l'envoie dans la chambre de compression où, au même moment, un jet d'air comprimé est introduit dans cette chambre et aussitôt relâché dans le cylindre d'expansion ; l'air pousse le deuxième piston, qui va actionner la roue du moteur, et c'est parti... Le réapprovisionnement en air comprimé prend trois minutes dans une station-service, comme un carburant normal, ou bien il demande quatre heures de branchement sur une prise électrique classique pour compresser l'air dans le véhicule lui-même. Les voitures ont une autonomie de l'ordre de 200 kilomètres et permettent de rouler aux vitesses autorisées. Tata Motors, le géant automobile indien, a acheté une licence. Des modèles seront donc vraisemblablement commercialisés en grande quantité en Inde dans les prochaines années.

La voiture totalement électrique, est-ce vraiment impossible ? Bolloré et Dassault – qui ne sont pas historiquement des spécialistes de la construction automobile – ont démontré que la capacité des batteries de nouvelle génération peut porter l'autonomie des voitures électriques de 80 à 200 kilomètres. C'est une avancée majeure, qui prouve que le « saut technologique » n'est plus très loin dès lors qu'il existe une volonté industrielle affichée. Équipées de panneaux solaires sur le toit ou de dynamo dans les roues, on pourrait même imaginer des voitures capables de fabriquer et de stocker elles-mêmes l'électricité nécessaire dans leurs batteries !

serait par exemple capable de soutenir le développement technologique d'un véhicule propre dans le cadre d'une stratégie de développement économique de long terme.

Quelques pays européens ont pu créer, à une époque, un « groupement d'intérêt économique » pour concevoir des Airbus. Le projet a été indéniablement un succès. À quand l'impulsion publique susceptible de poursuivre une telle stratégie pour construire un véhicule européen propre, mutualisant les savoirs des acteurs (constructeurs et scientifiques), rendant possible un investissement que les marchés financiers ne peuvent accepter sur le court terme, et dont la mise sur le marché serait soucieuse d'accompagner les mutations économiques du terrain (économie de la maintenance, de l'après-vente et de la pompe) ?

En attendant, tous les secteurs sont touchés par la hausse du pétrole. L'association de consommateurs Consommation logement et cadre de vie (CLCV) a indiqué, début 2008, que « le point limite est dépassé » pour les ménages modestes : un salarié gagnant 1 350 euros net par mois et faisant 50 kilomètres par jour pour se rendre à son travail consacre désormais 10 à 15 % de son revenu mensuel aux transports. Le syndicat des transporteurs routiers Unostra prévoit, début 2008, une prochaine « avalanche de dépôts de bilan » au niveau des PME de la profession. Fin février 2008, l'action de Rhodia a décroché en Bourse de 20 % lorsque son directeur général a annoncé qu'il ne pourrait tenir ses objectifs, faute de répercuter en temps réel les hausses de tarifs de l'énergie et des matières premières dans ses prix de vente.

Aucune énergie renouvelable n'est une solution parfaite

Pour répondre à nos besoins énergétiques, il n'y a donc pas une solution parfaite et simple qu'il suffirait d'appliquer. Déjà, parce que les technologies des énergies renouvelables ne sont pas encore pleinement satisfaisantes. Ensuite, parce qu'à des besoins énergétiques divers (chauffage, éclairage, transport...) correspondent des solutions diverses. Enfin, parce qu'une autre façon de prendre le problème, c'est de se demander non pas uniquement comment répondre à nos besoins énergétiques mais plutôt comment réduire nos besoins énergétiques tout en conservant un certain confort de vie. Le débat fait rage. Il est complexe, chargé d'émotionnel et d'intérêts économiques.[18]

Le nucléaire, c'est efficace mais risqué

Il faut se rendre à l'évidence : le nucléaire est la solution (par défaut) qui permet de produire de l'électricité en très grande quantité. En outre, il a le double avantage de ne pas s'appuyer sur les énergies fossiles de type pétrole ou charbon, et de ne pas produire de gaz à effet de serre. Mais le nucléaire ne peut être envisagé que comme une solution de transition dans une perspective de long terme.

Déjà, le nucléaire n'est pas une « énergie renouvelable » puisqu'il s'appuie sur du combustible uranium, que l'on trouve en gisement dans les mines. Dans la réflexion de recherche d'énergies nourrissant une société à l'ère du développement durable, le nucléaire n'est donc une réponse technologiquement satisfaisante qu'en logique de transition.

Ensuite, même si l'exploitation du parc nucléaire est de très haute qualité en France, entre autres, il n'en demeure pas moins qu'il est difficile d'imaginer un monde où l'on encouragerait tous les pays, notamment les moins développés, à s'équiper massivement en nucléaire. Pour des raisons géopolitiques tout d'abord : le nucléaire civil est une porte d'entrée pour développer ultérieurement des armements. Pour des raisons de sécurité ensuite : l'exemple de Tchernobyl montre qu'il faut disposer d'infrastructures et d'équipes de haute qualité pour assurer une maintenance correcte des centrales et éviter les accidents. Or, désormais, des pays aussi divers que l'Afrique du Sud, la Namibie ou la Libye entendent créer ou développer du nucléaire civil chez eux dans les prochaines années. La question se pose alors de savoir si ce

---

18. Il est intéressant, à ce titre, de consulter les informations disponibles au travers du débat national sur les énergies orchestré par le ministère de l'Économie, des Finances et de l'Industrie (*www.debat-energie.gouv.fr*), ainsi que le débat parallèle mené par quelques ONG de premier plan (*www.vrai-debat.org*), pour mesurer l'importance qu'il y a à se détacher de l'émotionnel et des intérêts économiques, afin de bénéficier d'une vision claire, simple et pragmatique des orientations énergétiques nécessaires et possibles.

développement présente des risques en termes de prolifération nucléaire. Selon Marie-Hélène Labbé, chercheur au CNRS et auteur de l'ouvrage « Le grand retour du nucléaire », la réponse est oui, car « sans une culture de sûreté, le risque d'accident ne peut être écarté ». Elle fait valoir que le nucléaire n'est pas une industrie comme les autres et que l'apprentissage de la sûreté est un long cheminement auquel ne peut procéder qu'un « État solide, doté de moyens financiers importants et d'une réglementation spécifique ».

Enfin, parce que les déchets nucléaires sont un problème. Avec la technologie actuelle, il est possible de recycler 96 % des déchets produits par l'activité nucléaire dans les centrales. C'est bien. Mais les 4 % restants sont un casse-tête. On peut les vitrifier. On peut les enfouir aussi profondément qu'on le désire dans la terre. On peut même les envoyer sur la Lune. Ils sont là pour des centaines, voire des milliers d'années.

L'éolien, c'est sympathique mais ce n'est pas la panacée

L'éolien ne répond pas à tous les besoins. Déjà parce que les capacités de production restent très faibles par rapport aux besoins. Ensuite parce que cette solution n'est viable que dans des environnements ventés toute l'année. On constate, en effet, que pendant les pics de froid en hiver, d'un côté les consommations électriques explosent (chauffage et éclairage, notamment), mais d'un autre côté, le ciel est bleu et il n'y a pas de vent du tout en plaine. Les éoliennes ne peuvent donc pas fonctionner pour produire de l'électricité dans ce type de configuration. Comme l'électricité ne se stocke pas, on ne peut pas non plus s'appuyer sur des parcs d'éoliennes pour amener de l'énergie les jours de vent en prévision des jours sans.

L'hydraulique de petite configuration, pourquoi pas ?

Le petit barrage au fond du jardin permettant de produire sa propre électricité au jour le jour est une solution qui répond à certains besoins. Il existe, en France, de très nombreux sites qui ne sont pas exploités. Cela permettrait pourtant de réduire les besoins en énergie fossile. La nouvelle économie énergétique pourrait dépendre de sources décentralisées de petite taille et non plus de quelques grands réseaux centralisés.

Le solaire reste utile pour des usages très ciblés

Le solaire ne produit pas beaucoup d'énergie à l'échelle des besoins de la France. En revanche, à l'échelle d'une maison, d'un immeuble ou même d'un équipement spécifique, il peut être très efficace. En rendant les individus davantage autonomes dans leur production énergétique, l'énergie solaire est une technologie qui permettrait de réduire considérablement les besoins massifs de production. Elle a également un avantage pédagogique : chaque consommateur connaît, au jour le jour, la quantité d'électricité dont il dispose. Il est donc amené à faire preuve d'une relative sobriété dans ses consommations pour « gérer ses batteries ». Cette chasse au « gaspi » est un levier majeur nécessaire pour bâtir une société du développement durable.

L'économie de l'hydrogène n'est pas un rêve

Demain, c'est-à-dire dans quelques années – pourquoi pas d'ici 2030 ? – l'hydrogène pourrait devenir le combustible dominant. Il pourrait remplacer le pétrole comme le pétrole a remplacé le charbon, et comme le charbon a remplacé le bois. L'hydrogène peut être stocké, utilisé selon les besoins. Il pourrait devenir progressivement le socle d'une économie énergétique s'appuyant en appoint sur le solaire et l'éolien. Cette source d'énergie, sans pollution, sans gaz à effet de serre, disponible en quantités « infinies » sur notre Terre, pourrait donc résoudre nombre de nos problèmes énergétiques.

Aujourd'hui, l'idée fait beaucoup rire les techniciens et de nombreux hommes politiques, qui n'y voient qu'une douce chimère, un peu comme on pouvait rire dans les années 1970 à l'idée qu'un jour chacun pourrait posséder un ordinateur portable chez lui, téléphoner virtuellement de n'importe où avec un minuscule appareil portatif. Un peu comme Charles de Gaulle a pu, en son temps, lorsqu'il était président de la République, négliger de recevoir le Premier ministre japonais, qui n'était « qu'un petit vendeur de radios ».

Que reste-t-il pour faire la transition vers une économie de l'hydrogène ? Pas grand-chose, si ce n'est la volonté politique. Le « saut technologique » est presque franchi. En effet, on arrive déjà à faire voler un avion au-delà de la vitesse du son avec de l'hydrogène ; on sait à peu près comment faire rouler une voiture ;

on sait comment produire de l'électricité. En revanche, on ne sait pas trop encore comment assurer une sécurité maximale, pour éviter de rouler avec une bonbonne susceptible d'exploser.

Le passage à une économie de l'hydrogène suppose des investissements massifs pour continuer à stimuler la recherche. Là, il y a deux poids deux mesures en France entre le nucléaire et toute autre énergie d'avenir. On ne peut donc que regretter l'importance des investissements consentis sur le projet ITER, tandis que l'hydrogène, qui pourrait offrir des solutions énergétiques commercialisables à très court terme, manque d'une impulsion publique forte. Le Commissariat à l'énergie atomique (CEA) français vient toutefois de mettre au point une micro-pile à hydrogène, de la taille d'un briquet, capable d'alimenter les mobiles et les téléphones portables… Un bon début.

■ **ITER (*International Thermonuclear Experimental Reactor*)**
Le projet ITER consiste à construire un réacteur expérimental de nouvelle puissance. Les États participants sont prêts à investir dix milliards d'euros sur trente ans pour la recherche fondamentale qui permettrait, éventuellement, d'aboutir à une production énergétique commerciale autour de 2080.

Le casse-tête des déchets

■ Des montagnes de déchets : où et comment stocker ?

Un véritable souci

Depuis les révolutions industrielles, en particulier, notre société est progressivement devenue une société du jetable où l'on fabrique des produits qui sortent du naturel (chimie, plastiques, métaux…) et que l'on souhaite rejeter dans le naturel. Mais la nature n'est pas capable d'absorber d'elle-même ce qui n'est pas naturel : c'est le cas pour les sacs plastique, les voitures, les téléphones portables, etc.

Cela fait des années que l'on parle de ce problème. Certains
riverains, qui voient des déchetteries déborder au-delà de leurs
limites, s'inquiètent. Mais l'immense majorité d'entre nous reste
très peu consciente ou responsabilisée vis-à-vis de cette question.
Depuis qu'il est mis en place par les communes (par certaines
seulement), le tri pour le recyclage a peu à peu amélioré la gestion
quotidienne des ordures ménagères. Malgré cela, force est de
constater que nous produisons davantage de déchets d'année en
année à titre individuel !

Quantité de déchets par habitant et par Français depuis 1965

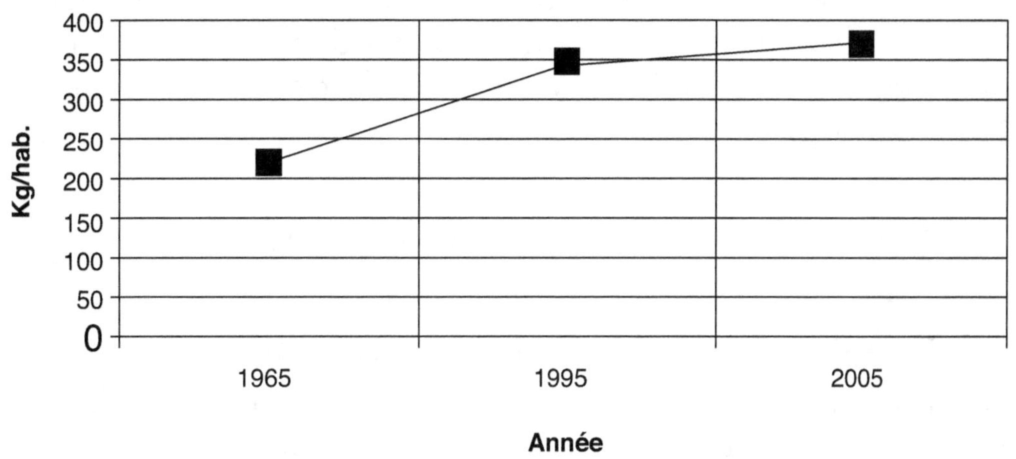

Source : MEDAD.

Et ce n'est pas tout : 88 % du poids total des déchets que nous jetons
à la poubelle ne sont pas recyclés. Soit ils finissent à la décharge
et viennent s'accumuler, compte tenu des problèmes de satu-
ration que nous connaissons actuellement, soit ils sont incinérés. Malgré l'amélioration récente des normes des centrales

---

19. Voir STAHEL W. R., *The Functional Society: The Service Economy*, Greenleaf,
2003.

d'incinération – « rien ne se perd, tout se transforme » – il faut garder à l'esprit que le meilleur déchet reste celui que l'on ne produit pas. D'une manière générale, nous devons prendre conscience de la portée de nos actions, de l'importance pour l'environnement et pour notre propre santé, de ne pas jeter nos déchets n'importe où, car la nature, nos voisins ou d'autres personnes sur la planète porteront longtemps une trace indélébile de notre irresponsabilité individuelle.

Le saviez-vous ?

Une pile de montre-bracelet (petite pile ronde au mercure) pollue 1 m³ de terre pendant 50 ans. De même, un gobelet en plastique met 10 ans pour être dégradé par la nature. Une bouteille de verre demande environ 4 000 ans...

Même si nous n'en prenons pas conscience, notre facture liée à la collecte et au traitement des déchets est aussi là pour nous rappeler notre responsabilité. Plus cela coûte cher à la collectivité de ramasser, de stocker, d'essayer de recycler nos déchets, plus les coûts augmentent : la facture des déchets, que l'on paye chacun chez soi, a déjà plus que doublé depuis 1992 un peu partout en France.

Les industriels progressent... mais ont besoin du soutien des consommateurs

Des lois qui incitent les industriels à s'améliorer

Sous la pression réglementaire, les industriels ont considérablement progressé, tout particulièrement depuis le début des années 1990. Le carcan juridique et réglementaire français et européen est complexe. Il se renforce d'année en année. Encore très récemment, la commission européenne a fixé de nouveaux objectifs de recyclage pour 2008, chargeant notamment les industriels de faire évoluer de 25 à 55 % la proportion de déchets d'emballages, qui doivent désormais être recyclés.

Quelques textes de loi

1975 : loi sur les déchets (apparition de la notion de pollueur-payeur) précisant que « toute personne qui produit ou détient des déchets susceptibles de porter atteinte à la santé de l'homme est tenue d'en assurer l'élimination dans des conditions propres à éviter tout effet nocif ».

1992 : loi sur les déchets précisant que le propriétaire d'un déchet est celui qui l'a produit, et ce durant toute la durée de vie d'un produit.

Convention de Bâle, dont la France est signataire, et qui entend contrôler les mouvements transfrontières de déchets dangereux, limiter ces déchets et assurer leur élimination dans le respect de l'environnement.

1994-1995 : lois sur le recyclage obligeant les industriels à réemployer les papiers, les cartons, les plastiques d'emballage en les recyclant ou en les transformant en énergie.

2005 : décret sur les déchets d'équipements électriques et électroniques obligeant les constructeurs et distributeurs à récupérer et à revaloriser les appareils ménagers, les équipements informatiques et de télécommunications, le matériel grand public, le matériel d'éclairage, les outils électriques et électroniques, les jouets, les équipements de loisir et de sport, les dispositifs médicaux, les instruments de surveillance et de contrôle, les distributeurs automatiques.

2006 : la Charte de l'environnement confère des droits à l'individu (droit à vivre dans un environnement sain), au même titre que ceux stipulés dans la Déclaration universelle des droits de l'homme.

Au-delà de la loi, les entreprises attendent les clients

Les industriels français ont commencé à réduire à la source leur production de déchets, spécialement depuis les années 1990. Ils se sont aussi engagés à limiter les emballages des produits vendus aux consommateurs, mais les résultats sont mitigés. En effet, si les consommateurs continuent à percevoir qu'un yaourt n'est propre à la consommation que lorsqu'il est emballé et suremballé, les industriels ont certes un rôle de pédagogie à jouer pour faire évaluer ces perceptions, mais ils ont bien besoin de continuer à pratiquer le suremballage pour continuer à vendre dans le même temps.

En outre, les industriels tentent de contenir leur production de déchets grâce à l'écoconception, une démarche récente consistant à intégrer, dès les premières études d'un produit, son « parcours » jusqu'à sa fin de vie : est-ce qu'en utilisant tel plastique plutôt que tel autre pour l'emballage, on pourra faire des tee-shirts avec les flacons une fois jetés aux ordures ? Est-ce que j'ai vraiment besoin d'utiliser autant d'eau pour fabriquer mon produit ? Etc.

■ L'écoconception

L'écoconception correspond à l'intégration des aspects environnementaux dans la conception ou la reconception des produits. Il s'agit de prendre en compte les exigences environnementales – réglementation, image de marque, contenu du produit – ainsi que les conséquences environnementales du produit – consommation des ressources pour sa fabrication, émissions atmosphériques, production des déchets, valorisation du produit en fin de vie.

■ Les solutions : des plus simples aux plus complexes

Réduire les besoins de chacun en déchets

À titre individuel, nous n'avons pas le réflexe de réduire le volume de nos poubelles. La prolifération des sachets individuels et la culture du tout-jetable constituent un drame majeur pour l'environnement, aussi stupide qu'évitable : a-t-on vraiment besoin d'acheter des doses individuelles pour son alimentation (fromage, café, goûter des enfants, produits cosmétiques…) ? L'air de rien, cela génère artificiellement bien plus de déchets que ceux dont nous avons besoin, car les emballages pèsent déjà 30 % du poids et 50 % du volume de nos poubelles !

Donner une nouvelle vie aux déchets

Acheter et jeter jusqu'à plus soif

On achète, on use et on jette. Sans se poser de questions. Et pourtant… Nous ne nous rendons même pas compte des quantités de déchets générées par les produits que nous achetons avant même que nous ne puissions entrer en contact avec eux. Par exemple, avant de remplir la poubelle, le papier que nous mettons dans notre imprimante a consommé de la cellulose, et sa transformation en papier a généré des gaz à effet de serre.

En outre, nous vivons dans un système qui nous pousse à acheter sans cesse les dernières nouveautés, sans nous soucier de leur réelle utilité par rapport à ce que nous possédons déjà, ni même de leur qualité. Ce qui compte, c'est l'effet coup de cœur, et le prix.

Et le jour, le mois, l'année suivante, on recommence la même chose, en jetant du coup l'ancien modèle. Nous faisons cela avec nos vêtements – qui doivent suivre la dernière mode – ou avec notre voiture – nous nous précipitons au dernier salon de l'automobile pour découvrir les nouveaux gadgets tendance. Nous le faisons même avec notre téléphone portable, dès que l'on dispose de suffisamment de points pour aller se racheter un modèle intégrant de nouvelles fonctionnalités dont on ne soupçonnait généralement pas, quelques jours plus tôt, qu'elles pourraient nous être d'une quelconque utilité. Tout cela génère des tonnes et des tonnes de déchets. C'est l'économie du « tout-jetable ». L'économie dans laquelle nous achetons et jetons à volonté. L'économie dans laquelle nous remplissons nos poubelles sans nous fixer de limites.

Sortir de l'économie du « tout-jetable »

Nous devons conserver la dimension plaisir qui anime nos achats. Nous devons continuer à acheter selon nos envies, nos coups de cœur et sous l'impulsion d'un prix nous permettant de penser que nous faisons une bonne affaire. C'est dans nos gènes. Mais pour cela, nous devons cesser de construire et d'acheter des produits qui n'ont d'autre horizon que la poubelle une fois que nous n'en voulons plus. Nous devons « fermer la boucle » en passant d'un modèle économique linéaire allant de la matière première à la décharge à un modèle « en boucle » de réutilisation et de recyclage à grande échelle des produits.

Quelques exemples de consommation « en boucle »

- Acheter des écorecharges : certaines lessives ou savons liquides s'achètent désormais sous format d'écorecharge, idéalement en gros volumes. Cela réduit les déchets, *a fortiori* lorsque les produits nettoyants sont eux-mêmes à 100 % biodégradables : une fois utilisée, la lessive est tout autant un déchet que son emballage.
- Les vêtements réalisés à partir de bouteilles en plastique : avec deux bouteilles en plastique, on peut fabriquer un tee-shirt de très bonne qualité, et dont seul un œil expert peut identifier l'origine tant la fibre semble comparable à du coton. Plus il y aura de personnes qui s'habilleront avec des vêtements qui revalorisent les déchets, plus les industriels en fabriqueront, et plus les bouteilles en plastique auront une chance de connaître une nouvelle vie après avoir été mises à la poubelle.

Des réflexions portent désormais de plus en plus sur la notion d'économie de la fonctionnalité, dans laquelle il s'agit de repenser la consommation en fonction de l'usage et non plus en fonction de la possession. Pour répondre au besoin de mobilité des individus, par exemple, il s'agira de définir des modalités économiquement attractives et satisfaisant totalement le consommateur pour qu'il sorte de la logique « j'achète une grosse voiture familiale qui me sert une fois l'an pour partir en vacances et je la conduis seul le reste de l'année pour aller au travail », pour intégrer une logique « tous mes besoins de mobilité (trajets domicile-travail, week-ends et vacances, utilitaires) peuvent être comblés par une pluralité de moyens à ma disposition (mise à disposition d'un véhicule interchangeable selon mes besoins, développement des combinés train/voiture pour les longs trajets...) ».

Repenser les territoires pour intégrer l'écologie industrielle

En théorie

Du côté des industriels, il peut également exister des synergies à exploiter, sur un territoire donné, pour récupérer les déchets de son voisin et en faire sa propre matière première. Après tout, profiter de ce que produisent ou rejettent les autres plantes ou animaux pour mieux se développer soi-même, c'est le principe fondamental des écosystèmes naturels. L'écologie industrielle décrit une société dans laquelle tous les flux de matières et tous les cycles de production, d'échange et de consommation, sont repensés, en vue d'utiliser au minimum les ressources premières et de valoriser au maximum les déchets générés[20].

En pratique

Il est de l'initiative des entreprises, ou mieux, des collectivités responsables du développement de leur territoire, d'identifier d'autres sociétés aux activités complémentaires de manière à se développer ensemble, les rejets et déchets des unes fournissant les matières premières ou de l'énergie aux autres.

---

20. Lire à ce sujet ERKMAN S., *Vers une écologie industrielle*, Charles Léopold Mayer, 1998.

Prenons l'exemple de réhabilitation d'une ancienne base militaire en parc éco-industriel : *Eco-Industrial Park of Devens*, Massachusetts, États-Unis[21] : l'initiative de la zone industrielle de Devens, située au nord-ouest de la ville de Boston, est liée à un projet de réhabilitation d'une ancienne base militaire de l'armée américaine. Dès 1991, peu après le départ de l'armée (qui assurait la majeure partie des emplois locaux), les communes voisines ont dû faire face à une situation de déclin économique. L'agence de développement économique du Massachusetts (*MassDevelopment*), en charge du redéveloppement de la zone, a choisi de consulter la population locale concernant les activités futures du parc. Cette dernière a répondu à plus de 90 % que la protection de l'environnement et la conservation des ressources naturelles devaient être le fil directeur du réaménagement de cette zone afin de rompre avec les nuisances des activités précédentes. *MassDevelopment* a ainsi mandaté la *Devens Enterprise Commission (DEC)* pour appliquer les principes du développement durable et de l'écologie industrielle dans la gestion du parc.

Aujourd'hui, ces facteurs influencent fortement le profil de la zone et des industriels présents. En service depuis 1996, ce parc accueille soixante-quinze entreprises de secteurs variés : les hautes technologies, la logistique, le secteur manufacturier... qui participent à la mise en œuvre du *Devens Industrial Ecology Project,* dont l'objet est « d'améliorer les relations parmi les entreprises sur le site, d'améliorer le développement économique de la région et de préserver les ressources naturelles existantes pour les générations à venir ». Le principal outil de ce projet est le programme *Eco Star,* conçu par un comité local composé de représentants de la DEC, d'entreprises du site, d'organisations non gouvernementales et de la ville voisine d'Ayer. Le but d'*Eco Star* est de promouvoir le développement durable dans la zone de Devens. Les partenaires d'*Eco Star* sont une communauté d'entreprises, des organisations à but non lucratif et des citoyens qui œuvrent ensemble pour : faire progresser le développement

---

21. Extraits de l'étude de DURET B., *Premiers retours d'expérience en écologie industrielle : études de cas en Europe et en Amérique du Nord,* réalisée avec le soutien du CREIDD (UTT), R&D EDF, Auxilia et ICAST.

durable à travers des partenariats de long terme, renforcer l'amélioration continue et l'innovation, mettre en place une intendance environnementale, être au service de la communauté, devenir un modèle d'écologie industrielle…

Ce programme n'est pas obligatoire et encourage la mise en réseau et l'engagement environnemental. Les entreprises qui acceptent d'y participer doivent respecter un certain nombre de standards parmi une liste de vingt-cinq, tels que la mise en synergie avec un autre industriel de la zone, des échanges d'informations avec la communauté voisine, ou, plus simplement, des mesures de préservation de l'eau ou de diminution des emballages.

Les besoins en eau douce

L'eau, un besoin vital

Très peu d'eau douce à notre disposition

Les équilibres de la planète ont été immuables pendant des milliers d'années. Le stock d'eau douce présent sur la Terre, que ce soit sous forme de glace, de nappe souterraine, de cours d'eau ou de lac, n'a donc pas évolué depuis tout ce temps. On peut estimer qu'environ 2,5 % de l'eau présente sur la planète est de l'eau douce. Si l'on ne compte pas les glaciers, icebergs, neiges persistantes et autres stocks d'eau qui ne sont pas consommables par les hommes et les écosystèmes, on en arrive à estimer qu'environ 0,01 % du volume d'eau sur la planète est de l'eau douce.

En revanche, tandis qu'à la Préhistoire (temps des chasseurs-cueilleurs) il y avait à peine quelques millions d'habitants sur la Terre, notre population a explosé entre-temps, puisque nous sommes désormais plus de 6,7 milliards. Nous exerçons ainsi forcément une pression toujours plus forte sur les stocks d'eau qui eux n'ont pas évolué depuis des millénaires !

Prêts à nous entretuer pour l'eau

L'eau est évidemment indispensable à la vie humaine : plus de 50 % du corps humain est composé exclusivement d'eau. Ce n'est donc pas un hasard si, depuis des millénaires, les femmes et les hommes se battent entre eux pour conserver les points d'eau. Aujourd'hui encore, les identifier sur une carte, *a fortiori* dans les régions peu pourvues, permet de comprendre de nombreux conflits. Le Moyen-Orient reste un exemple malheureusement pertinent.

L'eau, un facteur de conflits au Moyen-Orient

On pourrait presque résumer la longue histoire de l'Égypte antique à une guerre quasi permanente des Égyptiens contre les peuples voisins pour la possession des rives du Nil. C'est en tout cas ce qu'il ressort des combats rapportés contre les Libyens, les Nubiens ou les Hittites, qui viennent occuper sans permission les rivages du Nil, ce qui oblige les pharaons égyptiens à guerroyer pour conserver les terres, voire à provoquer les ennemis chez eux pour constituer un glacis de sécurité autour des rivages du Nil...

De manière beaucoup plus contemporaine, la superposition des cartes des points d'eau avec les cartes des territoires revendiqués par les Israéliens et les Palestiniens donne des informations très intéressantes concernant les déterminants du conflit.

Nous sommes dans l'illusion que l'eau est présente en abondance, déjà parce que les océans recouvrent l'immense majorité du globe, ensuite parce que nous vivons dans un pays où le climat semble suffisamment propice pour que l'eau ne soit pas un problème. Mais nous nous trompons complètement : l'eau est une ressource faussement abondante.

■ L'eau propre et potable, un truc de riches

Dans les pays riches, l'eau est jetée par les fenêtres

Malgré ce constat alarmant, nous n'avons qu'à ouvrir un robinet pour disposer à volonté d'eau potable qui coule à la température de nos rêves. Je prends un bain pour me relaxer le samedi matin, j'astique ma voiture dans les moindres recoins à grands jets le dimanche après-midi, je laisse couler au goutte-à-goutte le robinet de la cuisine toute la semaine depuis un mois parce que je n'ai pas le temps de changer un joint... Notre quotidien est opulence et gaspillage vis-à-vis de l'eau.

> **Le saviez-vous ?**
>
> Il faut 20 litres d'eau potable par personne et par jour pour survivre. Actionner une chasse d'eau peut consommer 20 litres, et prendre une douche consomme rapidement 50 litres.

Au XXe siècle, la consommation d'eau dans le monde a été multipliée par 7 alors que la ressource en eau potable a considérablement diminué. Ainsi, en France, nous tirons 60 % de nos besoins en eau potable des nappes souterraines, tandis que nous les avons laissées se dégrader considérablement année après année, notamment du fait des activités agricoles intensives (les nitrates).

Et pourtant, la facture d'eau ne cesse de croître car les coûts de traitement et de revalorisation des eaux usées en eau potable coûtent de plus en plus cher. C'est un premier signal qui doit nous inciter à modifier nos comportements, au moins de manière à maîtriser la facture d'eau.

Mais un autre indicateur est encore plus alarmant : les nappes phréatiques ne se remplissent plus. Durant des étés entiers, par décret préfectoral, chacun est prié de ne pas arroser son potager avant tard le soir, a l'interdiction de laver sa voiture dans le jardin ou de remplir une piscine, sous peine de payer une amende de 1 500 euros. Il n'est d'ailleurs pas nécessaire de pointer du doigt le pourtour méditerranéen pour expliquer la situation. On trouve de tels arrêtés préfectoraux même en Ile-de-France[22].

> **Le saviez-vous ?**
>
> Au cours des 20 prochaines années, on s'attend à une diminution de 1/3 en moyenne de l'eau disponible par personne dans le monde[23].

Dans les pays en développement, l'eau pose des problèmes majeurs

Pendant ce temps, la situation dans les pays en développement est autrement plus critique. L'eau potable devrait être un droit

---

22. Pour se renseigner sur les enjeux de l'eau près de chez vous : *www.eaufrance.com*.
23. Source : rapport mondial sur l'eau, 2007.

intangible. Or, c'est un privilège. Dans les villes des pays en développement, l'eau n'est pratiquement jamais potable : 90 % des eaux usées urbaines n'y sont pas traitées. Dans les campagnes, la collecte de l'eau est une opération journalière qui prend beaucoup de temps – pour aller au puits, dans les marigots, dans des fleuves pollués, etc. Ce manque d'eau est dramatique puisque c'est une cause majeure de maladies graves, voire de mortalité (vers intestinaux, paludisme se développant dans les eaux stagnantes, bilharziose, trachome, typhoïde, diarrhée, choléra).

Le saviez-vous ?

Un Américain consomme 2 fois plus d'eau qu'un Européen... qui consomme 150 fois plus d'eau qu'un Haïtien. 1/3 de la population mondiale ne bénéficie pas de l'eau potable, et 400 millions d'enfants sont privés du minimum vital d'eau potable dont ils ont besoin, à savoir un seau de 20 litres d'eau propre chaque jour. 1,1 milliard de personnes sont dans cette situation alarmante, si on inclut les adultes. Près de 2,5 milliards de personnes n'ont pas d'installations adéquates d'assainissement. Selon la croissance de la population et les décisions politiques, les pénuries d'eau concerneront, vers 2050, 7 milliards de personnes dans 60 pays (hypothèse haute), ou 2 milliards dans 48 pays (hypothèse basse).

La préservation de la biodiversité

De quoi parlons-nous ?

La biodiversité est un terme de plus en plus employé. Il désigne l'intégralité de toutes les espèces vivantes de la planète.

■ La biodiversité

La biodiversité est la variété et la variabilité de tous les organismes vivants de la Terre. Cela inclut la variabilité génétique à l'intérieur des espèces et de leurs populations, la variabilité des espèces et de leurs formes de vie, la diversité des complexes d'espèces associées et de leurs interactions, et celle des processus écologiques qu'ils influencent ou dont ils sont les acteurs (dite « diversité écosystémique »).

Pourquoi se soucier de la biodiversité ? Par envie de protéger les crocodiles et les bébés phoques que nous exterminons et qui n'ont rien demandé ? Pourquoi pas. Mais bien plus profondément, la biodiversité est une immense bibliothèque de connaissances sur la vie animale, végétale, et donc humaine. Connaître la nature autour de nous, c'est progresser dans la connaissance de notre propre vivant. Par exemple, sur des sujets comme la santé ou l'alimentation.

Une richesse méconnue

La nature possède d'immenses secrets qui pourraient peut-être un jour nous permettre de faire sauter des verrous de notre connaissance, vaincre des cancers, nourrir toute la planète, éliminer des pollutions que nous ne savons pas désactiver, etc. Et nous connaissons extrêmement mal l'étendue de la biodiversité de la planète : 90 % des espèces végétales et animales ne sont pas connues de l'homme à ce jour !

C'est pourtant en s'inspirant de la nature que nous avons pu nous ressourcer, développer de nouvelles technologies, repousser les frontières de la connaissance. On peut rêver et espérer que la prochaine révolution industrielle ne sera pas fondée sur ce que l'on saura extraire de la nature, mais sur ce que l'on saura apprendre de la nature.

Un patrimoine qui fond comme neige au soleil

Le saviez-vous ?

La France fait partie des pays au monde qui détiennent le plus haut niveau de biodi-versité, grâce à son territoire hexagonal, aux DOM-TOM et à son domaine maritime.

Un constat alarmant

Deux espèces disparaissent chaque heure dans le monde ! Un papillon, une fleur, un ensemble élémentaire de cellules au fond de l'océan. En Europe comme en Amazonie, cette réalité s'exerce partout[24] : des espèces qui étaient connues dans les campagnes

---

24. Lire notamment CHARTIER D., *La biodiversité est-elle encore naturelle ?*, Sillepse, 2005. DUBOIS P., *Vers l'ultime extinction ? La biodiversité en danger*, La Martinière, 2004.

et même dans les villes françaises ont progressivement été dépeuplées, voire éliminées. Les oiseaux, comme les hirondelles, ont pratiquement disparu des villes. Les papillons nocturnes comme les sphinx tête de mort restaient assez courants dans nos campagnes il y a encore vingt ans, et sont devenus des espèces rares, figées dans les beaux livres de photos. Les étoiles de mer se trouvaient facilement en marchant quelques mètres au large dans la Méditerranée il y a encore dix ans ; aujourd'hui, c'est devenu une expédition.

Notre mode de vie en cause

En ville, il est clair que la concentration urbaine, associée à la multiplication des pollutions, n'a pas aidé au maintien d'une biodiversité riche. Dans les zones rurales, en revanche, on peut invoquer principalement la déforestation, l'agriculture et la pêche intensive, l'assèchement de zones humides, le trafic animalier et les activités d'extraction minière pour expliquer ce rapide appauvrissement de la biodiversité.

Nous détruisons les habitats naturels des espèces : elles ne peuvent plus se loger ni se nourrir. Dans notre agriculture intensive, nous diffusons des produits toxiques, pesticides, engrais et autres substances chimiques dont nous ne savons pas toujours jusqu'à quel point elles peuvent être cancérigènes pour nous. En tout cas, ce que l'on sait, c'est que la vie animale ne supporte pas ces produits : on a vu des hirondelles mourir d'avoir mangé des papillons qui avaient volé tout juste au-dessus d'un champ « qui se faisait traiter », tellement les papillons étaient imbibés de pesticide… On a asséché des zones humides pour rendre l'eau propre à la consommation ou pour construire la villa d'Untel ou d'Untel, « située dans un site absolument magnifique ». On a ainsi exterminé de nombreuses composantes de la nature en détruisant des espaces où la vie grouille, où la vie repose sur un équilibre unique, où nous aurions pu, humblement, porter nos yeux et nous ressourcer, voire nous en inspirer dans nos modes de vie.

> ## Le saviez-vous ?
>
> Les travaux de l'empreinte écologique[25] montrent que nos modes de vie (alimentation, transports, logement, poids sur la collectivité) exigent davantage de la planète qu'elle n'est capable d'offrir. En ce sens, si tous les Terriens vivaient comme les Américains, il faudrait 7 planètes ! Pour vivre comme des Européens, il faudrait encore 3,5 planètes ! Et pour vivre comme des Africains, il suffirait de 0,45 planète...

Les populations « faibles » enracinées dans leur milieu naturel

Les espaces naturels sont aussi le lieu de vie de populations qui ne peuvent que disparaître si leur milieu naturel se dégrade trop : c'est le cas des Amérindiens, de certaines tribus africaines ou des Aborigènes d'Australie, par exemple. Mais cela concerne également toute la ruralité, qui peine à survivre dans les pays occidentaux : en Mayenne, en Aveyron.

Beaucoup de sociétés traditionnelles n'envisagent pas le territoire comme un simple lopin de terre couvert de végétaux et peuplé d'animaux, mais comme un espace de vie multidimensionnel qui, outre la faune et la flore, inclut la spiritualité, une cosmologie et des droits particuliers. La maîtrise des territoires doit alors être saisie dans un sens large, holistique, avec une compréhension de sa production socioculturelle. Ces communautés possèdent une culture, des savoirs et des modes de vie qui sont profondément enracinés dans un milieu naturel complexe. Nous avons d'ailleurs beaucoup à apprendre d'eux : tous les laboratoires s'accordent à penser qu'avec la disparition des cultures amérindiennes depuis l'arrivée des Européens en Amérique du Sud, nous avons détruit des connaissances pharmaceutiques que nous n'arriverons probablement jamais à reconstituer. De leur côté, les ethnologues affirment que ces peuples ont accumulé des connaissances très précises sur leur environnement, qu'il serait dangereux, voire inconscient, de ne pas conserver, quand le changement climatique s'apprête à frapper de plein fouet la planète.

---

25. Ces travaux ont été popularisés par le WWF. Pour plus d'informations : *www.wwf.fr/empreinte_ecologique/index.htm.*

D'après le programme LINKS (*Local and Indigenous Knowledge Systems*) de l'Unesco, beaucoup de ces savoirs traditionnels trouvent aujourd'hui leur pertinence, en ce sens que ces sociétés ont développé des stratégies face à l'imprévisibilité de leur environnement. Par exemple, les Foulani de Mauritanie sont experts dans l'art de découvrir les eaux souterraines ; ils savent décrypter les informations apportées par les arbres, la faune et les herbes. Ils arrivent ainsi à détecter les endroits et la profondeur à laquelle il faut creuser pour avoir accès à une nappe.

Les inégalités Nord-Sud

Un monde à deux vitesses

Depuis des années, on découvre à travers nos téléviseurs, dans le confort douillet de nos habitations, des statistiques effrayantes sur l'état de misère et de sous-développement des pays du Sud. C'est lointain. C'est abstrait. On agira un autre jour. Pendant ce temps, « eux » restent dans l'envie de l'Occident, où la vie semble plus facile. Mais à l'heure où le terrorisme va chercher des volontaires dans des couches pauvres des pays du Sud, souvent peu instruites et sans avenir, pour aller se faire sauter dans des avions ou des trains dans les pays occidentaux, on ne peut pas ne pas penser que parfois à l'envie n'a pas succédé la haine, et que la haine a été suffisamment mauvaise conseillère pour nourrir le désarroi et concourir à prendre les voies aussi stupides qu'innommables du terrorisme. Toujours est-il que les statistiques transmises *via* notre téléviseur deviennent plus concrètes. Elles ont eu le temps de former des monstres. Ils ont trouvé des chemins pour venir nous toucher dans nos vies d'habitants de pays riches. On ne peut pas concevoir un développement durable permettant de nous réconcilier avec notre planète si nous ne sommes pas capables, simultanément, de trouver des solutions pour réduire considérablement les inégalités Nord-Sud.

■ **Les « pays du Sud »**

Ce terme vague regroupe tous les pays en développement d'Amérique latine, d'Afrique, du pourtour méditerranéen, d'Asie et d'Océanie. Lorsqu'on parle de « pays du Sud », on cherche à englober tous ceux qui n'ont pas le niveau de développement et de richesse de certains pays européens, asiatiques (Japon, Taïwan ou Singapour), de l'Amérique du Nord ou de certains pays de l'Océanie comme l'Australie et la Nouvelle-Zélande.

On peut classer les pays du Sud en trois grandes catégories :

1. Ceux qui pèsent économiquement et politiquement, au moins au niveau régional (Brésil, Inde, Chine). Malgré une forte croissance économique permettant à une minorité importante des habitants de vivre dans des conditions comparables à la majorité des habitants des pays du Nord, il demeure en leur sein de grandes poches de pauvreté et des inégalités croissantes. Par exemple, le Brésil compte environ 1/3 de sa population qui bénéficie d'un niveau de vie assez comparable à la majorité des Français. Mais les 2/3 restants vivent dans une grande pauvreté et souffrent de malnutrition.

2. Ceux qui possèdent des ressources naturelles intéressantes pour l'économie mondiale (pétrole, diamants, etc.). Souvent instables politiquement et très corrompus (République Démocratique du Congo, Angola, Nigeria...), l'essentiel des richesses est détourné des populations pour servir les intérêts des élites et des grands groupes industriels et financiers.

3. Ceux qui ne possèdent pas de ressources en quantité substantielle et ne font pas l'objet d'intérêts particuliers (Bangladesh, Madagascar, Sénégal...). « Oubliés » de l'économie mondiale, ce sont les plus pauvres parmi les pauvres.

Un développement humain très inégal

La mondialisation financière comme celle de la production a accru les déséquilibres tant entre pays riches et pauvres qu'à l'intérieur des pays mêmes : le Programme des Nations unies pour le développement (PNUD) le rappelait dans un rapport de l'année dernière : les 1,3 milliard d'habitants des pays les plus pauvres sont 86 fois moins riches que les Nord-Américains. Ce rapport mentionnait le chiffre 22 il y a 20 ans[26].

Le saviez-vous ?

56 % de la population mondiale vit actuellement dans la pauvreté. 1,2 milliard de personnes vivent avec moins de 1 euro par jour, et 2,8 milliards vivent avec 2,10 euros par jour. Tels sont les chiffres alarmants récemment publiés par la Banque mondiale dans son enquête menée sur une période de dix ans.

---

26. Lire notamment Bairoch P., *Le Tiers Monde dans l'impasse*, Folio actuel, 1992. Engelhard P., *L'Afrique miroir du monde*, Arléa, 1998.

La malnutrition

Manger, c'est la source de la vie. Dans les pays du Sud, 800 millions de personnes ont faim, dont 200 millions d'enfants. Par conséquent, 10 % des enfants meurent de malnutrition avant l'âge de cinq ans.

La santé

Pouvoir se soigner est indispensable pour profiter de la vie le plus longtemps possible. Or, dans les pays du Sud, ce sont des maladies infectieuses (parfois bénignes en France) qui sont responsables de 90 % de la mortalité (sida, paludisme, tuberculose notamment). Dans la plupart des pays d'Afrique subsaharienne, le sida est un tel fléau que l'espérance de vie, qui avait atteint 59 ans au début des années 1990, pourrait régresser en 2005 jusqu'à 45 ans : c'est quasi celle de 1950. On assiste à une chute de près de 15 ans ! 83 % des médicaments sont dédiés exclusivement aux pays riches.

L'éducation

Bénéficier d'une instruction, c'est se donner les moyens de faire quelque chose de sa vie. Pourtant, 20 % de la population mondiale est analphabète. En Afrique, 40 % des enfants travaillent.

Le statut des femmes

99 % des revenus mondiaux appartiennent aux hommes. 33 % des femmes dans le monde sont victimes de violences conjugales. 80 % des Africaines n'utilisent pas de contraception. Elles ont 88 fois plus de probabilité de mourir d'une complication de grossesse ou d'accouchement que les Européennes. L'indépendance des femmes est donc un levier majeur du développement durable : une femme qui sait s'informer, gagner son argent et exercer ses droits civiques est une femme qui peut comprendre les enjeux du développement durable et contribuer plus activement à la recherche de solutions.

La dignité humaine et les droits fondamentaux

La Déclaration universelle des droits de l'homme est un texte fondateur auquel doit pouvoir se référer tout habitant de la planète. On en est très loin. Amnesty International publie très régulièrement des rapports alarmants sur le non-respect des Droits de l'homme, partout dans le monde. Ainsi, dans nombre d'entreprises mondiales, les autorités compétentes ne respectent pas les quatre principes fondamentaux de l'Organisation internationale du travail (OIT) :

- la liberté d'association et la reconnaissance effective du droit de négociation collective ;
- l'élimination de toute forme de travail forcé ou obligatoire ;
- l'abolition effective du travail des enfants ;
- l'élimination de la discrimination en matière d'emploi et de profession.

La Déclaration des droits de l'homme de 1948 est universelle : n'importe quel être humain de la planète doit pouvoir s'y référer. Elle n'est pas une invention des Occidentaux pour des Occidentaux : la commission initiale des Droits de l'homme de l'Organisation mondiale des Nations unies comprenait dix-huit membres de divers horizons politiques, culturels et religieux. Il n'y a aucun contexte culturel, politique, économique qui puisse justifier un exercice de quelque autorité que ce soit qui ne s'y plie pas. D'ailleurs, en France et dans tous les pays occidentaux, les organisations de défense des Droits de l'homme continuent de dénoncer très régulièrement les nombreuses discriminations ethniques et sexuelles, les actes de racisme ordinaire, l'absence du respect des droits des plus démunis[27].

La surpopulation mondiale

Plus nous sommes nombreux sur la planète, plus il est difficile de contenir les enjeux environnementaux et sociaux qui fondent la démarche du développement durable. Or, la population mondiale a déjà été multipliée par six en un siècle. Nous sommes déjà plus de 6,7 milliards d'habitants, et la population mondiale devrait encore augmenter de 50 % d'ici une quarantaine d'années.

Le saviez-vous ?

En 2050, 85 % de la population mondiale sera concentrée dans les pays du Sud.

---

27. Pour plus d'informations, consulter le site *www.amnesty.asso.fr ou www. fidh.org*.

La faute à qui ?

Les responsabilités sont difficiles à identifier. Surtout, l'essentiel n'est pas d'accuser le passé, mais d'en tirer des conclusions pour mieux combattre aujourd'hui et demain les inégalités, et permettre à tous les peuples du monde de contribuer au développement durable.

Le saviez-vous ?

En 1980, les 1,3 milliard d'habitants des pays pauvres étaient 22 fois moins riches que la population américaine. En 2005, ils le sont 86 fois moins.

« Notre » faute

Rappelons que dans l'Histoire, c'est tout de même l'Europe qui est partie à la conquête des mers et des continents pour trouver de nouveaux débouchés commerciaux, de nouvelles terres, de nouvelles richesses. Les Amérindiens n'ont rien demandé quand ils ont vu débarquer les Portugais et les Espagnols. Les Africains n'en demandaient pas tant quand ils se sont retrouvés enrôlés dans le commerce d'esclaves.

■ Le commerce d'esclaves

Les Arabes faisaient déjà traditionnellement du commerce d'esclaves noirs depuis l'Antiquité. En Europe, le servage a été une forme d'esclavage – l'exil en moins – qui a persisté en Russie jusqu'à la fin du XIXe siècle. Les Européens ont industrialisé le système pour répondre à d'importants besoins de main-d'œuvre en Amérique. À chaque fois, des Africains eux-mêmes collaboraient pour capturer et faire le commerce de nations jugées « ennemies » ou « inférieures ». On évalue à douze millions le nombre d'esclaves africains débarqués en Amérique. Pour un esclave débarqué, on estime que cinq mouraient durant le trajet.

Les pays européens ont par la suite vassalisé ou colonisé toute la planète. On disait que l'on diffusait « la civilisation ». On a surtout organisé une vaste économie mondiale servant nos propres intérêts commerciaux, pratiquant le principe du « double standard ». À la colonisation a succédé la coopération dans les années 1960. À la coopération a succédé la mondialisation depuis les années 1990. Le terme de l'échange n'a pourtant pas évolué dans le sens d'une plus juste répartition des richesses sur la planète[28].

---

28. Lire notamment BORIS J.-P., *Commerce inéquitable : le roman noir des matières premières*, Hachette Littératures, 2005.

Pendant tout ce temps, nous avons en plus multiplié les prêts et aidé nombre de ces pays à se retrouver dans des situations où le développement est devenu virtuellement impossible : en 20 ans, les pays du Sud ont déjà remboursé six euros pour un euro emprunté auprès de nos banques et de nos institutions financières. Et on leur en demande encore quatre ! En 2002, ces pays, qui ne bénéficient généralement pas d'infrastructures permettant un service minimum de santé, de logement, d'éducation pour le plus grand nombre, devaient pourtant consacrer en moyenne 38 % de leur richesse au remboursement de la dette publique.

Aujourd'hui, l'économie mondiale pollue et crée des richesses principalement au service des pays riches. La Chine en est un exemple emblématique.

Des pays occidentaux qui délocalisent leur pollution en Chine

Le chiffre a fait l'effet d'une bombe : depuis 2006, la Chine est devenue le premier émetteur de gaz à effet de serre du monde. Elle a dépassé les États-Unis avec trois années d'avance sur les prévisions de l'Agence internationale de l'énergie. Des recherches du *Tyndall Centre for Climate Change Research* ont toutefois calculé que 23 % des émissions de carbone de la Chine étaient liées à ses exportations nettes.

Depuis le milieu du XXe siècle, le courant structuraliste, porté par des économistes comme Lewis, Meier, Myrdal, Nurkse, Perroux, Prebish, Rosenstein-Rodan, Seers ou Singer, soutient d'ailleurs que le processus de développement dans une partie du monde appauvrit les autres par l'intermédiaire du libre-échange mondial. Ainsi, Myrdal[29] affirme que le libre-échange favorise les pays « avancés » et ruine les activités des pays « pauvres », en les poussant dans des spécialisations primaires désavantageuses. Ces réflexions ont conduit à la résolution 623 des Nations unies, en 1952, laquelle a notamment permis d'organiser une régulation publique mondiale en établissant des prix internationaux corrects et équitables pour les produits primaires (café, coton, cacao, etc.). Nous portons donc forcément une responsabilité dans les inégalités Nord-Sud.

---

29. MYRDAL G., *Une économie internationale*, PUF, 1958.

« Leur » faute

Certaines politiques de développement réussissent[30]. Depuis la fin de la Seconde Guerre mondiale et les décolonisations successives, certains « pays du Sud » ont su tirer leur épingle du jeu et s'inscrire avec vigueur dans un élan de développement et de réduction des écarts avec les pays du Nord. On pense à l'Amérique latine (Mexique, Brésil), à de nombreux pays d'Asie Pacifique (Malaisie, Singapour, Thaïlande, et désormais, de plus en plus de « géants » comme la Chine et l'Inde). La Chine compterait d'ailleurs aujourd'hui, selon le magazine américain *Forbes*, plus de milliardaires en dollars que les États-Unis.

Un mouvement de rattrapage est enclenché. Dès lors, Hélé Béji, philosophe francophone tunisienne, dresse un bilan amer de nombreux États post-coloniaux. Elle constate : « Nous n'avons pas pris garde que, du peuple des dominés, pouvait sortir de nouveaux dominateurs »[31]. Une analyse cruelle dans laquelle nombre de peuples du Sud passeraient du temps à fonder leur identité sur les humiliations passées, des droits de l'homme traduits en « droits des croyants », des principes démocratiques mal intégrés et devenus des régimes brutaux et cupides, des élites qui n'ont d'autre choix que de fuir ou d'accepter de collaborer à un système qui ne permet pas le développement. L'impasse.

Puisque certains pays du Sud semblent mieux réussir que d'autres à réduire les écarts de développement, c'est donc aussi qu'ils s'y prennent mieux. C'est donc aussi la faute des pays du Sud, lorsqu'ils n'arrivent pas à amorcer un décollage. Par exemple, ce sont les pays du Sud eux-mêmes qui ont mis fin à la régulation publique établissant des prix corrects et équitables sur les productions agricoles, comme le café ou le cacao, dans les années 1970 et 1980. Lorsque les cours se sont par la suite effondrés – notamment parce que les pays du Sud se livrent une concurrence féroce sur ces marchés – ces pays se sont eux-mêmes

---

30. Étudier les travaux du laboratoire français C3ED (Centre d'économie et d'éthique pour l'environnement et le développement) pour trouver de nombreuses contributions d'enseignants et de chercheurs sur les politiques mises en œuvre dans la perspective d'un développement durable de la planète : *www.c3ed.uvsq.fr.*

31. Béji H., *Nous, décolonisés*, Arléa, 2008.

tirés une balle dans le pied en établissant et en alimentant une spirale de chute des cours et d'appauvrissement.

Les pays du Sud, rassemblés en coalition G77, portent également une lourde responsabilité dans l'échec du Sommet de Johannesburg de 2002 : ils n'ont pas cédé sur les droits sociaux, qu'ils comparaient à des mesures protectionnistes déguisées, là où les pays du Nord ont refusé le maintien de mesures protectionnistes *via* les systèmes de subventions agricoles.

Les travaux d'Angus Maddison[32]

Cet économiste a fait un travail de titan pour essayer de mesurer la croissance économique dans tous les continents du monde depuis 1820. C'est surtout à partir de 1960 que la différence est manifeste entre les continents, sans être considérable à l'époque. En 1960, le PIB par habitant est de l'ordre de 1 111 dollars pour l'Afrique, 1 540 pour l'Asie, 2 238 pour l'Amérique latine. En revanche, en 1994, les écarts de PIB se sont considérablement creusés. Le PIB par habitant est alors de 17 968 dollars en France, de 4 862 au Brésil, de 1 007 au Ghana, sachant que le PIB par habitant des États-Unis est 80 fois plus élevé que celui de l'Afrique subsaharienne.

Des pistes de solution

Les pays du Sud et le développement durable : une nécessité ?

Les pays du Sud sont de plus en plus conscients qu'ils doivent passer par le développement durable. Quelques exemples décrits ci-après montrent bien que le manque de prise en compte du développement durable est perçu comme un frein dans ces pays.

Le développement du Brésil freiné par une situation sociale dramatique

Le Brésil est un pays aussi riche qu'inégalitaire. Sur environ 200 millions d'habitants, 60 millions de Brésiliens ont un niveau de vie tout à fait comparable au nôtre, tandis que les 140 autres souffrent de malnutrition et vivent dans une grande misère. Ces deux mondes se côtoient. La pauvreté est béante dans les villes :

---

32. MADDISON A., *L'Économie mondiale. 1820-1992*, OCDE, 1995.

on voit des bidonvilles coincés dans les espaces urbains (belles constructions en dur), des enfants, par centaines, qui mendient et recherchent un quignon de pain dans les principales artères des villes, une violence à tous les niveaux. Les riches doivent donc se protéger et se barricader. En ville, ils habitent dans des immeubles protégés par de hautes barrières, et des vigiles se relaient à longueur de temps. Chaque magasin, pour peu qu'il vende des produits ayant un minimum de valeur (téléviseur, lave-vaisselle…), se doit d'employer un vigile et de prévoir des convois blindés pour effectuer les livraisons, comme s'il s'agissait de liasses de billets. Le piéton ne sort jamais dans la rue avec plus que le strict minimum : il sait qu'il peut tomber sur des enfants d'à peine 10 ans susceptibles de le menacer avec un revolver. Le gouvernement brésilien estime que tout cet argent dépensé quotidiennement par les particuliers, les autorités et les entreprises coûte 10 % du PIB qui, au lieu d'être investi et fructifié dans l'économie, vient simplement grever les comptes des uns et des autres. Le président Lula, élu en octobre 2002 à la tête du pays, s'est empressé de lancer un programme de grande envergure « Faim zéro », qui doit permettre de gagner un peu de paix sociale. Le constat est net au Brésil : le manque de développement durable est un frein au développement économique du pays.

Delhi en guerre contre les émissions polluantes des automobiles

Delhi est la troisième ville de l'Inde. Très étendue, elle se compose d'une multitude de ruelles encombrées dans sa partie ancienne et de quartiers aérés et bien conçus dans sa partie récente (New Delhi). La population y est très concentrée. Le trafic est dense et passablement anarchique entre les piétons, les voitures, les *rickshaws* (tricycle à propulsion humaine ou mécanique), les ânes, sans compter les vaches qu'il ne faut pas déranger sous peine de bloquer la circulation. Les moteurs des véhicules « à pétrole » sont généralement très mal réglés. L'essence et l'huile sont également de qualité très variable d'un point de vente à un autre. Durant les années 1980, en l'espace de quelques années, la motorisation s'est généralisée sur les *rickshaws*, provoquant subitement une montée de la pollution atmosphérique. Dans un premier temps, la municipalité n'a pas particulièrement réagi. Puis, durant les années 1990, les services de santé de la ville ont enregistré une brusque montée des fréquentations, relative aux brûlures des bronches chez les adultes, des décès de nourrissons, des difficultés respiratoires chez les enfants. La municipalité a ainsi pris conscience du terrible impact sur la santé qu'était en train d'occasionner la généralisation des moteurs à pétrole. En modifiant très rapidement la réglementation pour réduire les niveaux de particules nocives, elle a pu réduire les émissions de 33 % en à peine l'espace de cinq ans.

Singapour, l'élève modèle de la « ville durable »

Singapour est une cité-État, carrefour commercial stratégique de l'Asie-Pacifique. Elle s'est développée sur des activités de service à haute valeur ajoutée tout au long du xxe siècle. C'est une « république autoritaire » où 99 % des sièges du Parlement sont détenus par les membres d'un même parti, et, depuis l'indépendance en 1965, le gouvernement singapourien a toujours cherché à assurer un développement durable du territoire : souci de conserver des espaces verts, priorité donnée au développement des transports collectifs, urbanisme aéré ne ressemblant en rien aux villes congestionnées de l'Asie.

Des outils insuffisants de l'aide au développement

Il existe traditionnellement trois leviers internationaux d'aide au développement des pays du Sud. Ces formats sont à bout de souffle puisqu'ils n'arrivent pas à remplir leur objectif de développement.

L'aide publique au développement (APD)

L'aide publique au développement (APD) est une contribution des États riches aux pays pauvres pour les aider à se développer. Elle doit théoriquement s'élever à 0,7 % du PIB, ce niveau étant une résolution de l'Assemblée générale des Nations unies (1970) que les États signataires ne respectent pas. Ainsi, l'Union européenne s'est engagée dans un calendrier selon lequel les pays européens devraient consacrer 0,7 % de leur PNB à l'aide au développement en 2015. Un objectif intermédiaire de 0,56 % a également été fixé pour 2010. Mais l'aide française a de nouveau reculé en 2007, à hauteur de 0,39 %, soit 15 % de moins que l'année précédente. Et encore : 23 % de cette « aide » ne correspond pas au transfert sonnant et trébuchant de capitaux, mais à l'annulation des dettes.

Dans un contexte d'endettement public croissant, les États riches ont tendance à effectuer des coupes sombres dans les budgets APD, considérés comme budgets de charité. Cela les aide à maintenir leur propre équilibre. En développant des programmes plus directs, vecteurs des intérêts de l'économie des pays émetteurs, l'APD peut espérer recouvrer un sens économique. Par exemple, en orientant plus massivement l'APD dans des programmes soutenant l'innovation des entreprises, en mettant leurs compétences au service du développement de produits lucratifs de niche répondant aux spécificités des marchés des populations pauvres : eau, énergie, télécommunications, financiarisation de l'économie.

La contribution des États à l'ONU

L'ONU est chargée de coordonner des programmes internationaux de développement. Mais l'organisation manque cruellement de moyens. Les États-Unis, par exemple, n'honorent pas leurs cotisations annuelles. Ils sont les principaux débiteurs. Les moyens alloués aux programmes restent également très faibles : seulement 1 % du budget de l'ONU est consacré à l'environnement. Les programmes de l'ONU offrent d'ailleurs un cloisonnement qui n'est pas toujours favorable au développement durable : le Programme des Nations unies pour le développement (PNUD) s'occupe de développement, tandis que le Programme des Nations unies pour l'environnement (PNUE) s'occupe d'environnement. Or, il devient de plus en plus évident que penser le développement sans lui insuffler une dynamique respectueuse de l'environnement n'a pas de sens. De même, tenter d'apporter de la performance environnementale à des pays qui demandent avant tout du développement est absurde.

Une refonte des institutions de l'ONU, prévue dans le programme du Secrétaire général Ban Ki-Moon depuis janvier 2007, est désormais indispensable pour adapter cette noble administration à un contexte fort différent de celui de 1945 : émergence d'un monde multipolaire, problématique exacerbée du développement durable notamment.

Les programmes de coopération

Il existe des programmes ciblés qui sont de l'initiative des États, comme la coopération technique ou culturelle, par exemple.

Mais, encore une fois, on constate une chute continue des budgets alloués par la France à la coopération avec les pays africains depuis 1995.

Les ONG : supplétif des carences des États ?

Droits de l'homme, protection de l'environnement, actions sociales, les organisations non gouvernementales (ONG) occupent désormais une place incontournable sur la scène internationale, tant pour sensibiliser l'opinion publique que pour prendre en charge des actions concrètes de développement durable sur le terrain. Si l'action caritative et humanitaire puise très loin dans notre histoire, elle est en fort développement depuis les années 1960. L'explosion du tissu associatif permet très souvent d'attaquer des problématiques de terrain que les États ne règlent pas : cohésion sociale, santé, logement, éducation populaire, sensibilisation à l'environnement, respect des droits de l'homme et des principes de non-corruption, solidarité Nord-Sud notamment[33].

----

33. Pour approfondir, lire notamment BADDACHE F., *Entreprises et ONG face au développement durable : l'innovation par la coopération*, L'Harmattan, 2004, et particulièrement le chapitre 2 intitulé « Développement durable : un nouveau souffle pour les ONG », qui rappelle brièvement l'historique et la réalité du monde des ONG aujourd'hui, en réponse au besoin de développement durable de notre société.

Les principaux domaines d'application du développement durable

Le développement durable est une vision collective tirée par des enjeux portés par les différentes parties prenantes de la société. Cette partie permet d'entrer plus concrètement dans les domaines d'application, permettant l'intégration des principes du développement durable dans la société.

Ville, urbanité et développement durable

La ville concentre tous les enjeux évoqués dans les parties précédentes : changement climatique, énergies fossiles, déchets et pollutions, eau douce, tout simplement parce que la ville est le lieu où s'amassent les populations, et que c'est en agissant sur des populations concentrées que l'on peut contribuer le plus activement au développement durable. Lorsqu'un propriétaire isolé dans la campagne décide d'installer des panneaux solaires chez lui et de gérer l'eau de manière responsable, c'est bien. Mais cela ne concerne qu'un foyer. Lorsqu'un immeuble, ou mieux, une ville, parvient à intégrer les mêmes principes, mécaniquement, ce n'est plus un foyer qui est concerné, mais des dizaines, voire des centaines de personnes. L'impact est donc plus important.

La ville : principal foyer de la non-durabilité aujourd'hui

■ Une urbanisation de longue date, qui se généralise partout dans le monde

La ville a toujours été le centre du commerce et de l'exercice du pouvoir. C'est par la puissance des villes, et notamment par leur taille, que les souverains ont pu magnifier leur autorité : Babylone, Thèbes, Persépolis en d'autres temps. New York, Tokyo, Londres ou Paris aujourd'hui.

La ville est également le symbole d'un mode de développement et d'une manière de vivre ensemble. Progressivement, chacun s'est spécialisé dans des métiers. C'est dans la ville que l'individu trouve tout ce dont il a besoin et qu'il n'est pas capable de produire lui-même. Ce principe avait déjà tendance à se généraliser en Europe au Moyen Âge, époque du commerce-roi, où les populations s'installaient dans la ville et ses faubourgs pour se protéger de l'instabilité des campagnes et trouver une activité à exercer.

La dynamique de concentration urbaine ne peut que continuer à s'exacerber dans les sociétés modernes, qui sont des sociétés de services par excellence, dans lesquelles nous nous sommes progressivement et collectivement coupés de l'activité des campagnes pour nous spécialiser dans les métiers de commerce, de bureau, d'usine, ou tout simplement pour avoir plus de chance de trouver un travail. Désormais, les richesses produites par les nations se concentrent dans les villes, ce qui est aussi valable dans les pays riches que dans les pays du Sud.

Au XXe siècle, les habitants des pays en développement se sont également urbanisés massivement. D'ailleurs, la population des villes des pays du Sud est littéralement en train d'exploser.

Le saviez-vous ?

Aujourd'hui, 80 % des habitants des pays riches vivent en ville.
En 2025, 60 % de la population mondiale habitera dans des villes. Ainsi, à l'échelle de la planète, la population citadine aura doublé d'ici 20 ans.

■ Les problèmes de développement durable en ville ne datent pas d'hier

Depuis l'époque romaine

Les Romains se posaient déjà des questions en matière de traitement des déchets et d'eau potable pour tous. Les graves épidémies de peste noire et de choléra du Moyen Âge, qui ont décimé l'Europe tout entière, pointaient du doigt les faiblesses des villes en matière de manque d'hygiène, d'eau insalubre, la concentration humaine venant exacerber le tout.

Les révolutions industrielles ont renforcé les difficultés de la ville à être un espace respirable, sain, capable de gérer de manière responsable les ressources naturelles. La ville et son territoire ont progressivement dû intégrer des usines, toujours plus d'habitants, toujours plus de mouvements.

Notre société a progressivement multiplié les déchets en devenant une société du « tout-jetable ». Nos entreprises ont généralisé les innovations, permettant d'améliorer considérablement nos vies tout en générant des déchets et des pollutions méconnus jusqu'alors : des déchets industriels comme les métaux spéciaux toxiques (cuivre, mercure, cadmium, etc.), déposés à même le sol pour pénétrer l'air et les nappes phréatiques en causant des risques majeurs pour notre santé ; l'émission de solvants et d'effluents chimiques dans l'air, la terre et les rivières, dont on ne connaît même pas l'impact sur la santé humaine encore à ce jour ; la mise au rebut de déchets industriels alimentaires comme les chewing-gums ou les mégots de cigarettes, qui mettent jusqu'à cinq ans à se dégrader ; une relative déshumanisation des rapports sociaux, qui facilite à la fois les problèmes d'exclusion sociale et l'« insécurité ».

Depuis le XIXe siècle

Les hygiénistes

Déjà, à la fin du XIXe siècle, le développement de disciplines comme la médecine et l'urbanisme, conjugué à la forte croissance des villes et à l'apparition de problèmes environnementaux d'un type nouveau (pollution d'une rivière située à proximité d'une teinturerie textile, provoquant une grave catastrophe sanitaire parmi les riverains utilisateurs de l'eau de la rivière, dégradation subite de la qualité de l'air du fait de rejets de différents produits dans l'air, notamment du plomb…) posent de nombreuses questions.

Les hygiénistes (c'est ainsi que l'on nommait les urbanistes de la fin du XIXe siècle porteurs de ces préoccupations) mènent une bataille contre l'alcoolisme et lancent des actions de prévention contre les épidémies. Les premières législations d'urbanisme (lois de 1850, de 1902, de 1919 sur les logements insalubres) prennent en compte ce nouveau souci d'assainissement, d'adduction d'eau et d'espaces libres, exigences imposées aux HBM (habitations bon marché) nouvellement créées. Ces préoccupations seront reprises par le « Mouvement international », courant d'architecture qui met en avant l'air, la lumière et la nature dans la conception des grands ensembles durant les années 1920 et 1930.

Les architectes « modernes »

À partir des années 1920, la vision « moderne » de la ville, portée par les architectes du Mouvement international, va aider à entériner une croissance urbaine qui n'est pas suffisamment favorable au développement durable.

Les CIAM (congrès internationaux d'architecture moderne, 1928-1959) montrent que les architectes « modernes » se préoccupent de la ville tout entière (et non plus simplement de l'habitat). En 1933, le congrès d'Athènes est consacré à la « ville fonctionnelle ». Il définit des principes d'organisation universels :

- L'espace urbain est découpé en quatre fonctions majeures : habiter, travailler, circuler, se délasser.
- Ces fonctions doivent être séparées dans la ville (zonage).
- La vieille ville doit s'adapter à la circulation automobile prédominante, si besoin par la destruction des quartiers anciens.
- Pour faire disparaître les rues étroites et malodorantes, les nouveaux immeubles doivent être géométriquement ordonnés, construits en hauteur au-dessus d'espaces verts, pour obtenir l'air, la lumière et la nature, garants d'hygiénisme.
- Le logement est standardisé et uniformisé en raison des « besoins identiques entre tous les hommes » (Le Corbusier).
- Le patrimoine historique est jugé comme un mal nécessaire. Il faut conserver les bâtiments les plus importants. Il n'y a pas lieu d'hésiter à détruire le tissu mineur composé de l'habitat ancien.

Cette réflexion architecturale va profondément structurer l'organisation et la construction des villes dans lesquelles nous habitons aujourd'hui, notamment dans les plans de reconstruction de l'après-Seconde Guerre mondiale. Elle entérine l'utilisation des matériaux nouveaux (béton et acier), qui permettent de conquérir de la hauteur et d'accéder à bon marché à la propriété. On note également une relative intégration des espaces verts dans le milieu urbain, dans une recherche d'humanisation de la ville, la généralisation de liens étroits avec l'industrie, qui fournit des éléments préfabriqués et standardisés dans une recherche d'uniformisation, et une pensée rationnelle désireuse d'organiser les flux piétons et automobiles, délaissant les transports en commun.

Ce n'est que dans les années 1960-1970 que cette uniformisation a commencé à être remise en question, permettant par exemple d'abandonner quelques projets autoroutiers qui devaient traverser Paris (radiale Vercingétorix dans le XIVe arrondissement, couverture du canal Saint-Martin dans le XIe arrondissement, etc.).

Les problèmes posés par la ville « moderne »

La ville « moderne » : un nœud de problèmes face au développement durable

La ville « moderne » a indéniablement joué un grand rôle dans l'épanouissement de nos sociétés tout au long du XXe siècle. Levier du développement économique, centre névralgique de la recherche et de la réflexion intellectuelle, carrefour du métissage et de la création culturelle, la ville « moderne » a aidé l'humanité à se ressourcer et à pousser plus loin ses limites. On ne peut pas le négliger.

Mais elle a également renforcé différents dysfonctionnements : déshumanisation des rapports sociaux générant de l'exclusion, de l'inégalité, du repli communautaire, du mal-être ; congestion automobile, pollution de l'air, mauvaise qualité énergétique du bâti exacerbant à la fois les menaces sur la santé humaine et sur les équilibres écologiques.

Des matériaux de construction dévoreurs d'environnement

Les matériaux de construction posent d'importants problèmes face au développement durable. Béton et acier ont permis d'élancer la ville vers le ciel et de concentrer plus facilement les populations. Pourquoi pas ? Mais la production des matériaux traditionnels de construction consomme beaucoup d'eau, d'énergie, de matières premières. Elle génère également beaucoup de gaz à effet de serre et d'eaux usées. Ce n'est pas un hasard si les industriels de la sidérurgie, du ciment, de la chaux, du verre, de la tuile et de la brique sont éligibles pour échanger des permis d'émission dans le cadre du protocole de Kyoto.

Des constructions qui gaspillent l'énergie et les ressources naturelles

Nous passons aisément les 3/4 de nos journées entre notre propre habitation, notre lieu de travail et d'autres bâtiments. Or, l'immense majorité des constructions est mal pensée, notamment en ce qui concerne l'isolation, la circulation de l'air, la pénétration de la lumière naturelle dans les différentes pièces. Par conséquent, nous gaspillons des quantités phénoménales d'énergie et de ressources naturelles pour nous éclairer, nous chauffer, nous refroidir (climatisation).

Le saviez-vous ?

Les logements et les bureaux captent à eux seuls 43 % de l'énergie consommée en ville, dont 70 % pour le chauffage. La simple rénovation du parc ancien, en utilisant de nouveaux matériaux, permettrait de réduire de 42 % les émissions de gaz à effet de serre. Le levier est très important.

La conséquence de ces gaspillages en besoins énergétiques pour nourrir notre confort quotidien, c'est évidemment un besoin superflu en production d'électricité et en consommation d'eau. C'est donc une dégradation accélérée de nos ressources naturelles, et une production trop importante de gaz à effet de serre.

Des intérieurs où l'air est mauvais pour la santé

La qualité de l'air est parfois plus mauvaise à l'intérieur qu'à l'extérieur. Une majorité d'affections respiratoires trouve d'ailleurs leur origine… chez soi ! À cet égard, tout le monde a en tête le scandale de l'amiante.

Le scandale de l'amiante

Très bon isolant et résistant au feu, l'amiante a été massivement utilisé en France. Alors que sa nocivité était connue depuis plusieurs décennies, ce minéral n'a finalement été interdit qu'en 1997. Il peut provoquer des inflammations ou des cancers, comme le cancer du poumon ou le mésothéliome. Ce retard criminel des industriels et de l'État est aujourd'hui à l'origine d'une hécatombe estimée à 100 000 morts d'ici à 2025. Une démarche davantage préventive est menée en ce qui concerne le radon et le plomb.

Sans forcément atteindre une telle gravité, la recherche d'amélioration du confort dans le bâti a conduit à la prolifération d'organismes vivants indésirables : les acariens, les blattes, les moisissures. Ils sont responsables de maladies allergiques touchant 15 à 20 % de la population.

Voici quelques particules nuisibles, susceptibles de circuler chez vous, dans la rue ou sur votre lieu de travail :

- *Le monoxyde de carbone (CO)* : le monoxyde de carbone est issu de la combustion incomplète des énergies fossiles, par exemple dans le cas de moteurs mal réglés. C'est un gaz très toxique qui, lorsqu'il est inhalé, se substitue à l'oxygène transporté dans le sang. La carence en oxygène provoque des intoxications plus ou moins graves, parfois mortelles. L'intoxication domestique par le monoxyde de carbone constitue la première cause de mortalité par toxicité aiguë en France (entre 100 et 400 décès annuels).

- *Les composés organiques volatils (COV)* : ils sont issus de la chimie, de la pétrochimie (utilisation des solvants), des véhicules à énergie fossile. Ils favorisent ou aggravent l'allergie respiratoire ou l'asthme. Ils ont, à court terme, des effets sensoriels (irritation des yeux, de la gorge) et pulmonaires. À long terme, certains sont cancérigènes (benzène) ou suspectés de l'être (formaldéhyde). Ces émissions proviennent notamment de matériaux utilisés pour la construction, l'ameublement ou la décoration (mousse isolante, bois aggloméré), des produits aérosol à usage domestique pour les soins corporels ou l'entretien des locaux, ainsi que des produits de bricolage (peintures et solvants, colles et vernis, produits de protection du bois).

■ *Le dioxyde d'azote* : dans l'habitat, il provient des appareils utilisés pour le chauffage, la production d'eau chaude sanitaire et la cuisson des aliments. Il peut, entre autres, provoquer des inflammations des bronches chez les asthmatiques et les insuffisants respiratoires.

Des villes tentaculaires envahies par la voiture... et l'air pollué

Nous subissons, encore aujourd'hui, le contrecoup du formidable émerveillement que provoquait la voiture à partir des années 1950. L'automobile est le symbole de la liberté. Elle est le porte-drapeau de l'autonomie. Nos villes européennes, puisant leur organisation urbaine très loin dans notre histoire, n'étaient initialement pas conçues pour la voiture. On a pourtant multiplié les routes, les autoroutes et les parkings pendant des décennies. La voiture s'est imposée presque partout, à l'exception de quelques très grandes villes où le réseau de transports en commun s'est densifié bon an mal an, pour accompagner la croissance des déplacements, presque par défaut, presque parce que, malgré toute la bonne volonté des municipalités, il n'était pas possible d'élargir davantage les routes et de creuser des tunnels pour pouvoir absorber les flux croissants d'automobilistes. La voiture a apporté une mobilité formidable, nous rendant tous plus indépendants et libres de nos mouvements.

Le saviez-vous ?

Avec 27 % des émissions nationales de CO_2, les transports constituent le secteur le plus émetteur de gaz à effet de serre en France, lequel progresse de façon particulièrement importante : + 21 % d'émissions depuis 1990. Cela est en grande partie dû à l'augmentation du nombre, de la fréquence et de la distance des déplacements motorisés.

Entre 1955 et 2003, le parc français des voitures particulières est passé de 3 à 20 millions de véhicules, soit une hausse de plus de 600 %. 40 % de nos trajets en voiture ne dépassent pas deux kilomètres. Or, c'est quand le moteur est froid que la quantité de CO_2 rejetée est la plus importante.

Les ravalements nécessaires au nettoyage des façades des bâtiments et des monuments historiques dus aux petites particules issues principalement des pots d'échappement, coûtent 1,1 milliard d'euros par an, rien qu'en Île-de-France[34].

---

34. Source : Centre scientifique et technique du bâtiment (CSTB), 2004.

La voiture a finalement apporté deux principaux problèmes à la ville : la congestion sans fin du fait des embouteillages chroniques provoqués par le déplacement quotidien de si gros véhicules transportant si peu de monde – 80 % des automobilistes français roulent seuls dans leur voiture – et la pollution de l'air à cause de sa motorisation thermique. L'enjeu n'est donc pas tant d'arriver à bâtir une « ville sans voiture », mais plutôt une « ville sans moteur à pétrole ».

C'est seulement depuis la loi sur l'air de 1996, qui assure à chacun le « droit à respirer un air qui ne nuise pas à sa santé », que des systèmes de surveillance de la qualité de l'air généralisés à tout le territoire ont été mis en place. Ils permettent de mesurer les concentrations de polluants et de mettre l'information à disposition des citoyens[35].

Le saviez-vous ?

La pollution urbaine, essentiellement due aux pollutions émises par les transports, a un impact réel et démontré sur notre santé. On peut noter plusieurs corrélations[36] entre la concentration de certains polluants et le nombre de décès, d'hospitalisation, d'arrêts de travail et de visites médicales. La pollution a des conséquences chiffrables sur notre santé, et en particulier sur les plus faibles (enfants, personnes âgées et certains malades).

La pollution et le stress au volant triplent le risque de crise cardiaque[37].

45 % des Français font l'expérience de troubles liés à la pollution atmosphérique[38], soit parce qu'ils les ont subis directement, soit parce qu'ils les ont observés chez des personnes de leur entourage.

La voiture « à pétrole » n'est évidemment pas la seule source de pollution de l'air. Les substances sont émises également par les activités industrielles, domestiques et agricoles. Mais la voiture « à pétrole » a une responsabilité prépondérante : l'été, quand il fait beau et très chaud, le trafic routier développe la teneur

---

35. Fédération ATMO. Pour plus d'informations, consulter le site *www.atmo-france.org*.
36. Enquête de l'Observatoire régional de la santé en Île-de-France de 1994, Erpurs (évaluation des risques de la pollution urbaine pour la santé).
37. Étude allemande menée auprès de 690 patients ayant fait un infarctus du myocarde non fatal.
38. Source : ADEME (agence de l'environnement et de la maîtrise de l'énergie).

en ozone dans l'air ; l'automne et l'hiver, quand le ciel est bien bleu, le trafic routier accentue la teneur en oxyde d'azote, oxyde de soufre et autres particules très néfastes à la santé. D'ailleurs, c'est justement dans la voiture que l'exposition à la pollution est la plus importante (c'est à pied qu'elle est la moins forte). Parmi les effets des polluants atmosphériques, les affections liées aux particules fines, à l'ozone et au benzène, sont les plus préoccupantes en termes de santé publique. Les particules peuvent, surtout chez l'enfant, irriter les voies respiratoires inférieures et altérer la fonction respiratoire dans son ensemble. Certaines ont également des propriétés mutagènes (provoquant des mutations chez les vivants) et cancérigènes.

Quel est l'impact sur la santé des particules émises dans la rue[39] ?

- *Oxyde d'azote (NO_2)* : le NO_2 est issu de la combustion des moteurs « à pétrole ». C'est un gaz irritant qui pénètre dans les plus fines ramifications des voies respiratoires. Il provoque une hyper réactivité bronchique chez les asthmatiques et un accroissement de la sensibilité des bronches aux infections chez les enfants.

- *Composés organiques volatils (COV)* : parmi les COV, le benzène est particulièrement toxique et peut avoir des effets sur le système nerveux, les globules et les plaquettes sanguines. C'est également un agent cancérigène, capable d'induire une leucémie.

- *Monoxyde de carbone (CO)* : le CO peut être responsable de maux de tête, vertiges, fatigues ou troubles sensoriels. En cas d'exposition très élevée et prolongée, il peut être mortel ou laisser des séquelles neuropsychiques irréversibles.

- *Ozone (O_3)* : l'O_3 est produit par des réactions en chaîne complexes entre l'air et les éléments précédemment cités. Il provoque des irritations oculaires, la toux et une altération de la fonction pulmonaire, surtout chez les enfants et les patients asthmatiques. Ses effets sont accentués par l'exercice physique.

---

39. Source : ministère de la Santé, de la Jeunesse et des Sports.

- *Dioxyde de souffre (SO$_2$)* : le SO$_2$ est le soufre du combustible fossile qui est dégagé dans l'air durant les combustions. C'est un gaz irritant, associé à une altération de la fonction pulmonaire chez les enfants et à une exacerbation des symptômes respiratoires chez l'adulte (toux, gêne respiratoire). Les personnes asthmatiques y sont particulièrement sensibles.

À quoi pourrait ressembler la ville durable ?

Un habitat confortable

Contrairement aux idées reçues, pour parvenir à construire et utiliser des habitats aussi respectueux de l'environnement que possible, il ne s'agit pas de retourner à l'âge de pierre et de perdre son confort. La voie se trouve plutôt dans l'intégration de toujours plus de technologies et dans le partage des bonnes pratiques. Le domicile, le lieu de travail et toutes les constructions publiques doivent à la fois utiliser des matériaux efficaces dans une moindre consommation énergétique, et être capables de fournir le même niveau de confort. Ils doivent également intégrer des matériaux plus sains pour améliorer la qualité de l'air à l'intérieur de l'espace habité. Enfin, les lieux de vie doivent devenir eux-mêmes des producteurs d'énergie.

Un habitat de haute qualité environnementale (HQE)

D'une manière générale, la démarche de haute qualité environnementale (HQE) entend progressivement donner au maître d'ouvrage une trame l'aidant à structurer ses objectifs de construction, afin de faire progresser l'habitat vers une meilleure intégration de l'environnement durant la construction (chantier, matériaux), dans l'utilisation du bâti (optimisation des consommations courantes), le tout dans une prise en compte du confort et de la santé de l'individu amené à habiter les lieux.

Voici les 14 objectifs de progrès de la démarche HQE[40] :

Maîtriser les impacts sur l'environnement extérieur	Créer un environnement intérieur satisfaisant
Écoconstruction	Confort
1. Relation harmonieuse des bâtiments avec leur environnement immédiat. 2. Choix intégré des procédés et produits de construction. 3. Chantier à faible nuisance.	8. Confort hygrothermique (constance de la température et du taux d'humidité de l'air ambiant). 9. Confort acoustique (son et vibrations). 10. Confort visuel. 11. Confort olfactif.
Écogestion	Santé
4. Gestion de l'énergie. 5. Gestion de l'eau. 6. Gestion des déchets d'activité. 7. Gestion de l'entretien et de la maintenance.	12. Qualité sanitaire des espaces. 13. Qualité sanitaire de l'air. 14. Qualité sanitaire de l'eau.

Toujours moins gourmands dans la consommation d'énergie

On l'a vu, se chauffer, se rafraîchir, s'éclairer demande aujourd'hui de gaspiller des quantités phénoménales d'énergie. Le bâti durable saura offrir un même niveau de confort – si ce n'est mieux – en réduisant considérablement les factures énergétiques. L'évolution de l'architecture moderne et des technologies de pointe augure d'un bâti qui pourra comporter, par exemple, des isolants dix fois plus performants que les isolants traditionnels (laine de verre, polystyrène notamment), tout en étant dix fois plus minces[41]. Non seulement de tels isolants permettront de réaliser d'importantes économies d'énergie, mais, en plus, ils permettront d'agrandir les espaces habitables, notamment dans les cas de rénovation d'immeubles anciens.

Des architectes, en Suisse et en Allemagne, multiplient les conceptions d'immeubles à toits végétalisés – toits qui pourraient avantageusement servir de potager pour les appartements ! En effet, l'expérience montre que, par forte chaleur, des toits plats recouverts de gazon font baisser mécaniquement la température de cinq degrés. Ces toits, couplés à des fenêtres équipées d'une cellule photoélectrique mesurant l'ensoleillement et fermant automatiquement les volets avec la lumière du soleil, ou à des

---

40. Source : Association HQE.
41. Technologie du « *Vacuum Insulated Product* ».

vitres auto-teintantes, capables de devenir opaques pour moduler la lumière et la chaleur transmises dans une pièce, permettront d'éliminer les climatisations, ultra consommatrices d'électricité. Dans les laboratoires, il serait même question de développer un nouveau béton léger et translucide[42], permettant d'avoir chez soi des murs en dur laissant passer naturellement la lumière du jour, et de réduire ainsi considérablement les besoins en éclairage artificiel.

Toujours plus sains pour la qualité de l'air

Il y a une dizaine d'années, quand un bricoleur indépendant allait dans un magasin spécialisé pour acheter une matière isolante à installer chez lui, il s'intéressait exclusivement au prix et aux caractéristiques techniques. Mais entre-temps, l'histoire récente de l'amiante a poussé les constructeurs à renforcer leur vigilance concernant les micro-particules contenues dans les matériaux de construction, susceptibles d'avoir un impact négatif sur la santé. Dans l'esprit d'une démarche de « haute qualité environnementale », la prise en compte des caractéristiques écologiques et sanitaires des produits entre peu à peu dans le choix d'investissement, au même titre que les aspects techniques, et se norme progressivement.

Cadre normatif des fiches de déclaration environnementale et sanitaire (FDES) des produits de construction

La réalisation d'une FDES s'inscrit dans le cadre de plusieurs textes normatifs définis par l'Afnor et l'ISO. Ces normes sont les suivantes :

– NF P 01 010 (2004) : norme française définissant le contenu et le mode de réalisation de la fiche de déclaration environnementale et sanitaire, dans le cadre des produits de construction.

– ISO TR 14025 : cette norme définit le marquage et la déclaration environnementale.

– ISO 14020 : cette norme présente les principes généraux pour une déclaration environnementale.

– ISO 14040 : cette norme, créée en 1997 et actualisée en 2006, décrit les principes généraux d'analyse de cycle de vie (ACV).

---

42. Technologie du « *LiTraCon – Light Transmitting Concrete* ».

> – ISO 14044 (2006) : cette norme spécifie les exigences et fournit les lignes directrices pour la réalisation des analyses du cycle de vie.
>
> La norme ISO TR 14025 définit le marquage pour tout produit et service. Elle définit les principes à respecter pour effectuer une telle déclaration.
>
> Les normes NF P 01 010 sont une sorte d'application de la norme ISO TR 14025 dans le domaine des produits de construction. Par exemple, l'ISO TR 14025 indique que la déclaration environnementale doit se baser sur l'analyse de cycle de vie (ACV). La norme NF P 01 010 définit le contenu de cette ACV tel que les étapes étudiées, les règles de coupure, les flux.

Dans les bureaux, une ONG américaine[43] a montré que, dans les immeubles « verts », les gains de productivité pouvaient s'élever de 6 à 16 %, notamment grâce à l'amélioration de la qualité du travail et à moins d'absentéisme.

Toujours plus autonomes par rapport à l'énergie

Progressivement, les immeubles et les maisons pourront s'équiper de systèmes autonomes de production d'électricité. Par exemple, des cellules photovoltaïques intégrées dans le vitrage ou posées sur le toit, ou pourquoi pas insérées directement dans le toit sous forme d'ardoises solaires[44]. Quand le soleil brille, les cellules fournissent tout ou partie du courant. Quand le ciel est à la pluie ou que la demande énergétique est très élevée (en hiver, par grand froid notamment), le réseau public procure le courant nécessaire. Des pompes à chaleur pourront également récupérer directement de la chaleur au refroidissement du moteur dans le garage ou près d'un radiateur pour transformer ces rejets thermiques en électricité : la cogénération sera devenue individuelle et permettra de réduire encore la dépendance énergétique. Une telle structure de l'offre et de la demande énergétiques exigerait toutefois une mise à plat complexe et décentralisée de la planification de la production énergétique à l'échelle des territoires.

---

43. *Rocky Mountain Institute*.
44. Technologie « *Sunlates* ».

▪ Un habitat du bien-être individuel et collectif

Les espaces verts

En France, comme c'est le cas pour Paris depuis quelques années, l'aménagement urbain essaie de se recentrer sur la qualité de vie individuelle et collective. La multiplication des espaces verts de proximité au sein de l'environnement urbain a pour but de réduire les risques de troubles psychologiques en entretenant la biophilie de chacun.

■ Biophilie

Edward O. Wilson explique ce concept[45] comme étant « les liens que les êtres humains cherchent inconsciemment à établir avec le reste de la vie ». Pour les peuples indigènes, les civilisations antiques et nos ancêtres, cela procédait presque d'une logique instinctive. Mais notre éducation et notre mode de vie nous ont séparé de ce qui était autrefois un élément inné de la condition humaine : l'être humain se dérègle psychologiquement lorsqu'il n'est plus connecté aux autres organismes de la nature.

En effet, certaines études montrent que la privation de contact avec le monde naturel, qui a été la tendance lourde de notre développement urbain pendant des dizaines d'années, conduit à une souffrance psychologique[46]. Le psychologue américain Théodore Roszak a rapporté des travaux intéressants sur le sujet : dans un hôpital, on pouvait constater que les patients qui étaient dans des chambres donnant sur le parking mettaient davantage de temps à se rétablir que ceux qui bénéficiaient de la vue sur le jardin, tous paramètres étant égaux par ailleurs (patients comparables, mêmes maladies, mêmes traitements).

La vie collective

La vie de quartier

Le développement, ou l'incitation à l'activité des quartiers, a pour but de créer du lien humain entre des voisins qui ne se parlent plus. Ainsi, les conseils de quartier veulent motiver les habitants à la participation citoyenne dans les débats de proximité. Le conseil de quartier est un lieu d'information, de propositions et de concertation, ouvert à tous ceux qui habitent ou travaillent dans un quartier.

---

45. Wilson E. O., *The Diversity of Life*, Norton & Co, 1999.
46. Lire à ce sujet Wilson E. O. et Kellert S. R., *The Biophilia Hypothesis*, Island Press, 1993.

Ils peuvent saisir le maire et inversement. Ils bénéficient d'un budget annuel propre destiné à leur fonctionnement et au financement de petits travaux ou d'équipements de proximité. Les membres du conseil, issus de la population, sont élus par tirage au sort public en présence d'un huissier.

La vie associative

La vie associative est également un moyen de promouvoir une vitalité de proximité, que ce soit dans l'exercice des hobbies, dans l'action sociale ou humanitaire, ou dans l'activisme écologique ou politique.

Des citadins qui se déplacent « proprement »

À moins que les voitures portées par une nouvelle génération de moteurs propres ne deviennent très rapidement la norme, l'avenir de la ville se fonde sur des systèmes de transports urbains combinant le rail (métro, tramway, train), le bus électrique, la bicyclette et les allées de piétons, tout en tenant compte des contraintes des personnes à mobilité réduite (handicapées, personnes âgées, enfants en bas âge). C'est la meilleure façon de créer des transports bon marché garantissant un environnement sain.

Le rail et le bus électrique ont la vocation de structurer les déplacements dans leurs principaux axes. Ils sont l'équivalent d'un système autoroutier au niveau de la ville. Le maillage du rail devra être suffisamment fin pour irriguer correctement les banlieues entre elles.

La bicyclette, mode de transport personnel, apporte toute la souplesse nécessaire pour s'adapter aux besoins personnalisés. Elle allège le trafic, diminue la pollution, réduit les risques d'obésité, contribue à la forme physique, n'émet pas de gaz à effet de serre. C'est un moyen de transport bon marché, que la plupart des gens peuvent s'offrir. En outre, elle favorise la mobilité et réduit la congestion. Le déplacement piéton permettrait de compléter les besoins, pour de petits déplacements très localisés.

Le saviez-vous ?

Sur la route, une voiture occupe l'espace de 6 bicyclettes ! On peut garer 20 bicyclettes là où on ne peut stationner qu'une seule voiture !

Bien sûr, « il y a les gens qui bossent » et qui ont besoin d'utiliser une voiture parce qu'ils doivent parcourir des centaines de kilomètres tous les jours (les commerciaux, les livreurs, etc.), ou de transporter des outils ou des marchandises (les plombiers en intervention, les médecins…). La ville durable ne sera pas interdite aux déplacements en voiture. Elle réduira les axes autorisés pour augmenter la surface de route disponible pour les bus, les tramways et les bicyclettes. Elle fera payer, par exemple, une taxe sur les moteurs à combustion, proportionnelle à leur puissance, permettant de financer les programmes de santé ou le ravalement des façades des monuments historiques, ces programmes étant rendus nécessaires par ce mode de transport.

En France, les pouvoirs publics contraignent la voiture thermique

Les pouvoirs publics définissent progressivement un mode d'urbanisation citadin qui devient contraignant pour la voiture thermique.

Les plans de déplacement urbain, obligatoires pour les communes de plus de 100 000 habitants et valables cinq à dix ans, doivent obligatoirement donner une place à la circulation des transports en commun et des véhicules « propres » aujourd'hui.

Lors de l'achat d'un véhicule neuf, le concessionnaire doit désormais apposer de manière visible une étiquette « énergie » sur le véhicule. L'acheteur peut ainsi tenir compte du niveau d'émission de gaz à effet de serre du véhicule dans sa prise de décision : une étiquette A dit que le véhicule émet peu de gaz à effet de serre (mais aucun gaz, c'est mieux) ; une étiquette G, à l'autre extrême, signifie que le véhicule émet un niveau élevé de gaz à effet de serre. Les nouveaux automobilistes sont éduqués à la « conduite apaisée et économe » pour obtenir leur permis : ils apprennent à conduire en faisant des économies de carburant.

Depuis juin 2006, les Français ont droit chaque année à la « semaine de la mobilité », afin de les sensibiliser aux modes alternatifs de déplacement autres que la voiture thermique.

Le développement des ecoquartiers : une logique urbaine au service du développement durable

Ils ne sont pas encore légion, mais ils se diffusent un peu partout en France : dix-huit ecoquartiers s'installent progressivement à Dunkerque, Lille, Paris, Nantes, Angers, Poitiers, Lyon, Grenoble,

Narbonne, etc. Depuis 2007, 2008, ou, très bientôt, en 2010, des milliers de logements se construisent dans des quartiers économes en énergie, avec des matériaux contribuant au développement durable, et qui sont pensés, en même temps, pour assurer la mixité sociale locale.

Ces quartiers doivent servir de vecteur pour une vie favorisant le développement durable au quotidien : moins de place pour les voitures polluantes, réutilisation de l'eau de pluie, etc. Les écoquartiers, en plein essor, montrent que les logiques de durabilité ne sont pas accessibles uniquement aux plus riches ; le confort au quotidien devient ainsi compatible avec les enjeux sociaux et environnementaux de notre temps.

La consommation durable

Définition

La consommation durable correspond à une utilisation de biens et de services qui assure la satisfaction des besoins personnels et collectifs sans être la seule condition de l'épanouissement individuel. Elle s'appuie sur la qualité environnementale et sociale des produits, l'utilisation et l'élargissement des formes alternatives de consommation, ainsi que sur la réduction des quantités de ressources naturelles employées pour satisfaire les besoins. Cette consommation peut s'intégrer aux structures actuelles de consommation et en susciter de nouvelles[47].

Toutes ces questions sont celles que la consommation durable invite finalement à se poser, dans une logique de progrès continu. En effet, l'exemple du secteur des nouvelles technologies montre qu'une remise en question des modes de développement qui se focalise sur un seul aspect (social en l'occurrence), même dans un premier temps, est susceptible d'occulter d'autres enjeux

---

47. Source : étude 2007 réalisée, pilotée et conçue par le Mouvement vraiment durable, en collaboration avec le cabinet Atefo.

Les nouvelles technologies (électronique, informatique et téléphonie)

Ce secteur, dans son ensemble, a largement incarné la modernité en tant que fournisseur des outils qui ont permis la révolution numérique et celle d'Internet. Durant les années 1990, le secteur posait certes beaucoup d'interrogations sur ses pratiques sociales, quand les entreprises délocalisaient leurs activités d'assemblage dans des zones franches où la main-d'œuvre était bon marché et la législation du travail plus souple. Les préoccupations environnementales sont apparues bien plus tard, avec la remise au goût du jour des questions sur la pérennité des modèles économiques et sur la durabilité des ressources naturelles : les matériaux qui entrent dans la fabrication des ordinateurs ont-ils un impact négatif sur l'environnement ? Le cycle de vie des produits est-il optimisé ? Quelle consommation d'énergie l'utilisation de ces technologies induit-elle ?

En se penchant sur ces questions, les professionnels, notamment les ONG, ont constaté que les ordinateurs, par exemple, incitaient davantage à utiliser du papier (e-mails imprimés, etc.), que la facture énergétique des particuliers enflait peu à peu, que le modèle économique fondé sur une obsolescence accélérée des technologies et une interdépendance croissante (pour visionner les photos prises avec un appareil numérique, il faut posséder un ordinateur) générait toujours plus de déchets. Le secteur fait ainsi face aujourd'hui à de nouveaux défis qui sont finalement ceux de la consommation durable, côté producteur.

essentiels à une consommation plus durable (la prise en compte de la dimension environnementale dans notre exemple). Parce que les notions de social, d'environnement et de développement économique sont interdépendantes et constituent les trois piliers du développement durable, il est illusoire de vouloir lancer une dynamique de consommation durable sans une prise en compte simultanée des trois enjeux.

■ « Créatifs culturels » et consommation durable

Lorsque Paul H. Ray et Sherry R. Anderson publient *L'Émergence des créatifs culturels*[48] en 2002, ils dévoilent les résultats d'une enquête sociologique menée aux États-Unis pendant quatorze ans. Ces travaux pointent des changements dans la société américaine qui se font très progressivement. Ils sont portés par

---

48. RAY P. H. et ANDERSON S. R., *L'Émergence des créatifs culturels : enquête sur les acteurs d'un changement de société*, Yves Michel, 2001.

des individus créateurs de nouvelles valeurs, d'une nouvelle approche de la vie, d'une consommation différente, et nourris de préoccupations émergentes en matière de bien-être, de santé, de protection de l'environnement et du souci de son prochain, notamment. Ces travaux montrent également le grand isolement de ces porteurs d'innovation – les créatifs culturels – qui ne se cherchent pas nécessairement les uns les autres, qui ne revendiquent pas l'établissement d'une nouvelle société : ils se contentent de former une sorte de communauté diffuse. Les individus qui constituent cette communauté n'ont pas conscience qu'ils expriment un mouvement collectif. Ils vivent chacun, indépendamment les uns des autres, des expériences individuelles et personnelles. Ils ne se sentent pas nécessairement portés par une dynamique collective.

Le saviez-vous ?

On estime qu'environ 17 % des Français appartiendraient à la catégorie des créatifs culturels. C'est déjà un bon début.

Et pourtant, Ray et Anderson illustrent leurs propos par l'idée suivante : « Imaginez qu'au milieu des États-Unis apparaisse soudainement un pays grand comme la France. Un pays qui aurait sa propre culture, riche et variée, ses propres modes de vie, valeurs et conceptions du monde – le tout résolument nouveau. Un pays qui aurait ses propres héros et visions de l'avenir [...]. Il y a bien ce nouveau pays, tout aussi grand et riche culturellement, mais personne ne le voit [...]. Il se manifeste là où vous l'attendiez le moins : dans le salon de votre frère et dans le jardin de votre sœur, dans les associations de femmes et les manifestations pour protéger les forêts, dans les bureaux, les églises et les communautés *on-line*, les cafés, les librairies, sur les sentiers de randonnée et dans les bureaux des grandes entreprises. » C'est ainsi qu'une communauté diffuse et minoritaire émerge. Si ces créatifs culturels n'ont pas forcément conscience de ce qui les rassemble, ils sont toutefois collectivement porteurs et concepteurs d'une nouvelle approche de la consommation qu'ils souhaitent plus durable, sans pour autant être en mesure eux-mêmes de se définir comme des consommateurs en quête de consommation durable.

Des travaux similaires ont été menés en France[49].

Cette notion de créatif culturel est essentielle pour comprendre les mutations en cours dans les modes de consommation et pour identifier les sphères sociales dans lesquelles se développe la consommation durable. Elle rassemble tout un ensemble d'individus qui possède des ramifications complexes. Les créatifs culturels sont soucieux d'écologie, d'équité dans le monde, de santé, de développement et d'épanouissement personnel, de réhumanisation des rapports sociaux. Certains d'entre eux mobilisent la spiritualité comme outil, d'autres l'action politique ou la pensée philosophique. Animateurs anonymes d'une vaste culture nouvelle et protéiforme, ils souhaitent une plus grande prise en compte des grands équilibres naturels et entendent laisser une place à l'épanouissement de chacun dans un monde qui réhabiliterait le lien social aux dépens de la dématérialisation et de la vitalisation.

On ne peut pas faire d'amalgames rapides, mais la population des créatifs culturels constitue le corps principal des adeptes des marchés bio, des créateurs de blogs citoyens, des inconditionnels du recyclage et de la récupération. Cette catégorie sociale, si elle est motrice en termes de création de solutions durables dans la consommation, n'en reste pas moins très hétérogène. Elle pénètre toutes les sphères économiques et sociales, fondée sur le principe selon lequel les champs de la consommation durable sont nombreux, divers et souvent largement sous-explorés. Ces espaces constituent alors des terrains d'innovation sur lesquels les créatifs culturels évoluent au gré de leurs intérêts respectifs.

■ La consommation durable, un champ vaste et encore très peu exploré

La consommation durable concerne tous les champs de la consommation, ceux qui sont, *a priori*, les plus concernés et identifiés (les secteurs perçus comme pollueurs, par exemple), autant que ceux qui ne s'estiment pas encore concernés (les secteurs

---

49. ASSOCIATION BIODIVERSITÉ CULTURELLE, *Les Créatifs culturels en France*, Yves Michel, 2007.

perçus comme très peu pollueurs). Dans la logique de progrès continu énoncé précédemment, force est de reconnaître que les préoccupations de la consommation durable aujourd'hui sont forcément différentes de celles que l'on connaîtra dans quelques années, voire quelques mois.

La publicité

Le Bureau de vérification de la publicité (BVP) a diffusé, en 2003, une recommandation visant à éviter les risques de dérive[50], conseillant aux entreprises qui se targuent de soutenir le développement durable d'utiliser des allégations « honnêtes et loyales » avec des actions véridiques et vérifiables. Immédiatement, différentes pratiques aisément identifiables (les « polluantes ») se sont senties visées. Il n'est donc plus question de diffuser une publicité montrant ostensiblement quelqu'un se lavant avec un shampooing *a priori* polluant dans une cascade perdue en pleine forêt tropicale. En revanche, les acteurs du tourisme ont largement continué à diffuser de la publicité incitant à prendre l'avion pour quelques jours en Tunisie. Ils ne se sont pas sentis concernés. Or, si la consommation durable requiert effectivement de ne pas pratiquer sciemment la pollution des eaux en se lavant avec un savon polluant, la consommation durable suppose également de ne pas multiplier les trajets hautement générateurs de gaz à effet de serre, ce qui est typiquement le cas d'un séjour de quelques jours en Tunisie depuis la France. Les publicitaires ont donc bien intégré la première contrainte (pollution des eaux), mais pas la seconde (émissions de carbone).

Les banques

Les banques, comme toutes les activités tertiaires, sont identifiées comme des structures dont le fonctionnement génère beaucoup de consommation de papier : bordereaux, relevés, justificatifs, etc. Elles ont donc largement initié des démarches permettant

---

50. « Recommandation développement durable » du 17 décembre 2003. Cette note définit le cadre dans lequel l'entreprise peut communiquer sur sa contribution aux enjeux du développement durable, ainsi que les limites à considérer (apporter des preuves, respecter les règles déontologiques de véracité, objectivité et loyauté notamment).

d'opérer d'importantes économies de papier et d'énergie dans les bureaux. C'est bien. Toutefois, leur cœur de métier n'est ni de gérer du papier, ni d'optimiser les factures d'électricité, mais plutôt de collecter des fonds (épargne notamment) et de les investir dans la société (prêts, placements). C'est ce cœur de métier qui doit intégrer la préoccupation du développement durable désormais : en quoi, par exemple, les fonds prêtés ou placés incitent les récepteurs (particuliers, entreprises) à se préoccuper du développement durable ?

En ce sens, certaines banques ont commencé à développer des produits à taux préférentiel, incitant les ménages à investir dans les équipements d'énergie renouvelable. Mais d'une manière plus générale, l'immense majorité des banques n'a pas encore intégré de grille d'analyse des projets, permettant, par exemple, de valider quelque investissement que ce soit (création d'entreprise, projet industriel, prêt à la consommation…), contribuant à une démarche de consommation durable.

Le bâtiment et la construction en général

Le bâtiment est aussi très concerné par la consommation durable. De par la localisation du bâti, le secteur exerce une pression sur l'environnement local – la pression de la venue d'habitants additionnels sur la nappe phréatique d'un quartier, par exemple.

Mais la localisation du bâti façonne également différents comportements et tendances de consommation qui peuvent, ou non, être durables : construire une maison totalement écologique au cœur d'une campagne désertée par les transports en commun induit l'équipement, par tous les membres de la famille, d'un véhicule particulier pour effectuer le moindre déplacement ; construire un bâtiment avec des matériaux de faible qualité d'isolation ou mal éclairé induit des consommations d'énergie pour s'éclairer en plein jour, alors qu'il y a, à l'extérieur, la lumière du soleil, ou encore des consommations d'énergie pour se chauffer, alors qu'il existe un savoir technologique qui permet de se chauffer mieux en consommant moins.

Le bâtiment et la construction induisent enfin des modes de vie qui peuvent être repensés. Par exemple, le bâti français intègre systématiquement un espace permettant d'intégrer une machine à laver le linge, tandis que le bâti nordique, asiatique ou américain offre la possibilité aux habitants de bénéficier d'espaces partagés dans lesquels il est possible de mutualiser l'utilisation de ce genre d'équipement. Cela fait gagner de l'espace dans les maisons répond à une réflexion pertinente relative à la faible fréquence d'utilisation de chacun de ces appareils, à rapprocher d'un fort taux d'équipement des ménages qui ne se révèle pas indispensable.

Les initiatives pour une consommation durable

▪ Les démarches intellectuelles et culturelles

Ces initiatives sont portées principalement par les acteurs des médias, les intellectuels et les artistes. Elles visent à porter la réflexion et la compréhension des enjeux de la consommation durable auprès du consommateur, afin qu'il reconsidère la

Exemples de démarches culturelles en faveur de la consommation durable

Lorsque des mouvements comme l'*Arte Povera* se structurent dans les années 1960, c'est pour attirer l'attention du public sur le côté éphémère de la nature, la fragilité du monde vivant. Lorsque Jacques Doillon, aidé d'Alain Resnais, sort le film *L'Ān 01* en 1973, il montre une société dans laquelle il faudrait tout arrêter : arrêter de consommer, de produire, de travailler, ce principe se répandant comme une traînée de poudre, pour finalement mettre à bas l'organisation sociale existante. Lorsque Hubert Sauper tourne *Le Cauchemar de Darwin* en 2004 et qu'il filme froidement une facette de la vie économique des bords du lac Victoria, plus un seul spectateur ne veut manger de la « perche du Nil ». Lorsqu'un chanteur contemporain comme Mickey 3D chante son tube « Respire », il ne fait qu'interpeller son auditoire pour la cinquantième fois, à sa manière surréaliste, sur l'avenir de la planète et du genre humain, confronté aux pollutions qu'il génère. Lorsque Yann Arthus-Bertrand propose sa « Terre vue du ciel », il offre un simple regard d'artiste sur les beautés de la planète, avec le désir de donner l'envie à tout un chacun de la préserver. Lorsque le Centre Beaubourg fait une exposition sur le design et les modes de vie durables, il fait l'état de réflexions et d'actions concrètes engagées en matière d'urbanisme, d'architecture et de design, aux frontières de l'art contemporain et de la consommation durable.

société contemporaine, ses propres pratiques et habitudes. Ces initiatives n'ont pas pour ambition de faire évoluer directement les comportements vers la consommation durable – ou alors de manière très anecdotique – mais elles entendent participer à la création d'un mouvement de prise de conscience collective portant sur les dérives des modes de consommation actuels.

Le développement de nouvelles filières

Ces démarches donnent les moyens de créer une dynamique en faveur de la consommation durable. Elles sont portées principalement par les acteurs économiques, associatifs et publics. Partant d'un constat d'une tendance à la non-durabilité, les acteurs construisent des prototypes visant à être industrialisés pour offrir des alternatives durables. Ce type d'initiative se veut exemplaire. Il entend construire et démontrer la viabilité d'une filière durable possible, perfectible, et qui a, *a minima*, le mérite d'exister.

De nouvelles filières pour une consommation durable : l'exemple du textile

Il y a de nombreuses filières. Si l'on prend l'exemple des vêtements, les plus identifiables se fédèrent autour de labels qui peuvent être portés par les pouvoirs publics, ce qui est le cas notamment des écolabels[51].

On peut aussi trouver une large gamme d'initiatives privées, menées par des entreprises comme Écocert (notamment en utilisant le label bioéquitable), ou par des associations comme *Control Union* (ancien *Skal*, label *Eko Quality*), *Soil Association* (Grande-Bretagne), *Institute for Marketecology* (Suisse), par exemple.

On peut également identifier des initiatives de filières qui entendent fabriquer un circuit alternatif d'approvisionnement participant à des logiques de consommation durable, ce qui est le cas des boutiques équitables spécialisées comme Artisal, Artisans du Monde, Artisans du Soleil, Bébés en Vadrouille, *Boutic Ethic* (*The Craft Center*) ou Sira Kura, par exemple.

Enfin, l'exploitation de circuits de distribution classiques (magasins de quartier, sites Internet spécialisés dans la place de marché et les enchères en ligne), permettant notamment la revente et la récupération de vêtements de seconde main, contribue également à une démarche de consommation durable.

Si les deux premières voies partent clairement d'une volonté de participer à la consommation durable, la troisième y contribue sans revendiquer d'appartenance.

---

51. Pour les écolabels de toutes sortes, se référer aux annexes en fin d'ouvrage.

Des initiatives « produit » portées par les pouvoirs publics : l'exemple des écolabels

L'écolabel français NF Environnement, lancé en 1991, et l'écolabel européen, lancé en 1992, sont des certifications officielles qui garantissent la qualité des produits et leur impact sur l'environnement tout au long de leur cycle de vie. Plusieurs centaines de produits (cahiers scolaires, sacs-poubelle, produits ménagers, peintures, filtres à café…) sont déjà référencés. Pour obtenir l'écolabel, le produit doit être conforme à des critères écologiques et d'aptitude à l'usage. Ces critères sont le résultat de négociations entre les représentants d'industriels, les associations de consommateurs et de protection de l'environnement, les distributeurs et les pouvoirs publics.

> ### Les critères pour un vêtement portant l'écolabel européen
>
> Pour avoir un écolabel sur un vêtement, on prend en compte les critères suivants :
>
> - L'emploi des substances nocives pour le milieu aquatique et pour l'atmosphère a été limité lors de la production des fibres.
> - Le risque de réactions allergiques est réduit.
> - Le produit ne rétrécit pas plus que les produits classiques.
> - Le produit présente la même résistance, au niveau des couleurs, que les produits classiques pour le lavage, le frottement au séchage et l'exposition à la lumière.

De nombreuses autres familles de produits que celles déjà développées pourraient y prétendre. Mais les filières doivent encore consentir à d'importants efforts en matière d'écoconception, de responsabilité sociétale des entreprises ou d'éco-innovation. À cet effet, le développement d'autres écolabels est porté par l'Union européenne à travers sa démarche de livret vert dédié : pour encourager les analyses de cycle de vie des produits des industriels, le programme permet de diffuser une liste des bonnes pratiques et d'aider à démultiplier aussi facilement que possible les démarches.

Néanmoins, malgré différentes campagnes de promotion des écolabels dans les magasins de la plupart des enseignes de distribution, l'utilisation des écolabels est encore loin d'être satisfaisante. À titre d'exemple, l'écolabel européen rassemble des entreprises européennes au chiffre d'affaires consolidé de 120 millions d'euros, et ne couvre que 0,3 % des entreprises européennes[52] : l'offre reste donc très marginale par rapport à l'ensemble des produits consommés.

L'instrumentalisation de la filière « agriculture biologique » dans les chaînes de biens transformés : l'exemple du coton bio

L'agriculture est, depuis quelques années, montrée du doigt comme facteur de pollution des sols et des eaux, notamment par ses rejets de produits phytosanitaires issus de l'industrie chimique et par ses nitrates originaires des effluents d'élevage. Dans ce contexte, l'agriculture biologique qui, depuis les années 1950, entend s'opposer au productivisme d'après-guerre, fait figure de pionnière dans le respect de l'environnement. Elle est caractérisée par le label « AB » : il constitue en France un des quatre signes officiels d'identification de la qualité et de l'origine, aux côtés de l'appellation d'origine contrôlée (AOC), du Label rouge et de la certification de conformité produit (CCP).

Ce mode de production s'astreint à des pratiques agricoles respectueuses des équilibres écologiques et biologiques (les végétaux nourrissent les animaux, dont les déjections permettent au sol de se régénérer pour la production de végétaux), dans des élevages de type extensif, visant au maintien ou à l'amélioration de la fertilité biologique des sols ainsi qu'à la préservation de l'écosystème et de la biodiversité.

Si la France a été l'un des premiers pays européens à mettre en place un dispositif réglementaire en matière d'agriculture biologique, la réglementation est aujourd'hui constituée essentiellement à partir du règlement européen de 1991 modifié, concernant le mode de production biologique des produits végétaux et animaux.

---

52. Source : Centre d'analyse stratégique (CAS) 2006.

Règlement européen de 1991 qualifiant la production biologique

Tout d'abord, les principes de production dans les exploitations sont les suivants : interdiction d'utiliser des produits chimiques de synthèse et des OGM, principe de rotation des cultures, normes d'épandage et de compostage pour la fertilisation, alimentation animale « bio », choix de races traditionnellement adaptées à leur milieu, densités d'élevage faibles, moyens de lutte contre les parasites et les maladies naturels (pièges au lieu d'insecticides...). Mais le règlement fixe aussi les principes à respecter pour la transformation des matières dans les entreprises agroalimentaires (additifs, auxiliaires technologiques et ingrédients non biologiques autorisés par listes positives, ionisation et enrichissement interdits...). Enfin, il prévoit des modalités d'acceptation des importations de produits certifiés dans des pays tiers, ainsi que le système de contrôle applicable dans chaque État membre. Bien entendu, à ces prescriptions s'ajoutent les obligations de la réglementation générale, notamment sanitaires.

La France a complété ces dispositions par des mesures plus strictes concernant les produits animaux en 2000 : alimentation, lien au sol, taille des bâtiments... Ce règlement traite également des modalités de production ou de transformation non couvertes par le règlement CE (poulettes, aquaculture, lapins, etc.).

En France, tout opérateur de la filière doit être contrôlé par un organisme certificateur agréé[53]. En outre, sur la base du code de la consommation, les opérateurs et les organismes certificateurs sont contrôlés par la DGCCRF (Direction générale de la concurrence, de la consommation et de la répression des fraudes). Ainsi, près de 1 300 contrôles annuels ont été effectués ces deux dernières années aux stades de la production, de la transformation ou de la commercialisation. Ces contrôles ont notamment permis, en 2000, de mettre à jour une importante fraude consistant à faire passer du blé conventionnel pour biologique.

Concernant le coton, l'expérience du bio français et européen a beaucoup inspiré les acteurs pionniers, partant du constat que face à une culture conventionnelle du coton, l'agriculture bio n'utilise pas de produits de synthèse mais uniquement des pesticides naturels (piège à phéromone, décoction de feuilles indiennes de Neem, urine de vache...). De ce fait, la manipulation des fibres de coton est sans danger dans les ateliers de confection (les employés n'étant pas exposés aux pesticides conventionnels),

---

53. Aclave, Agrocert, Certipaq, Écocert, Qualité-France et Ulase.

et sa production est d'un impact moindre sur l'environnement (exploitation d'insectes locaux dans l'entretien des plantes, utilisation de méthodes artisanales d'irrigation type goutte-à-goutte).

Ce sont ces principes que l'on retrouve en bout de chaîne dans l'achat, par exemple, de vêtements produits en coton bio, souvent issus du commerce équitable. L'offre est assez diversifiée, tant au niveau du public ciblé (hommes, femmes, enfants, bébés) que dans les matériaux utilisés (velours, alpaga, jean's bio). La certification bio et équitable participe alors d'une double démarche. Le bio et l'équitable peuvent être certifiés en même temps à travers les activités d'organismes associatifs comme la FLO (*Faitrade Labelizing Organization*) concernant l'Afrique subsaharienne. *Control Union* (anciennement *Skal International*), organisme indépendant reconnu notamment par l'Union européenne, certifie la culture du coton biologique, mais également l'ensemble des étapes nécessaires à la fabrication d'un vêtement. Le logo « coton bio ekyog » assure la traçabilité de la matière première au produit fini par rapport aux enjeux environnementaux et sociaux. Sinon, il faut se reporter vers la garantie portant uniquement sur l'équitable ou sur le coton biologique. Ainsi, le standard associatif Oeko-Tex 100 et 1000 apporte une garantie sur des textiles ne contenant pas de substances indésirables pour la santé et pour la peau, et sur le fait que les fabricants respectent des normes écologiques de production sévères.

Des petites sociétés du secteur connaissent des croissances à deux chiffres depuis le début des années 2000. Il y a donc bien non seulement un marché, mais aussi un dynamisme insolant de ces entreprises, puisque ce sont elles qui tirent vers le haut la croissance du secteur.

Des initiatives « intégrées » : l'exemple des boutiques équitables

Le commerce équitable est né sous une forme de militantisme économique, les pionniers ayant voulu défier les circuits et le fonctionnement des marchés internationaux. Il a pour but de remédier à l'injustice des prix bas alloués aux petits producteurs en bout de chaîne depuis le consommateur final souvent occidental, en leur garantissant un prix équitable.

Les produits du commerce équitable sont généralement situés en milieu de gamme par rapport aux produits courants. Aussi, le consommateur est-il en droit d'attendre des garanties quant à la réalisation des objectifs économiques (restaurer un équilibre commercial entre le Nord et le Sud en assurant une rémunération plus juste aux petits producteurs défavorisés), sociaux (respect des droits humains fondamentaux) et environnementaux (maintien des équilibres écologiques) de ces produits.

En 2005, le MINEFI (direction générale de la concurrence, de la consommation et de la répression des fraudes – DGCCRF) a mené une enquête auprès d'une cinquantaine d'acteurs du commerce équitable (centrales d'importation, importateurs-transformateurs, distributeurs spécialisés et associations fédératrices), afin de s'informer sur leur démarche et de vérifier la sincérité de leurs engagements au bénéfice d'un commerce plus équitable. Les contrôles opérés ont permis de constater que la plupart de ces opérateurs souscrivent à des engagements formalisés, soit sous la forme d'une adhésion aux chartes élaborées par les associations fédératrices, soit sous la forme de cahiers des charges des critères à respecter. Cependant, certains acteurs font encore preuve d'un manque de rigueur susceptible d'altérer la crédibilité de leur démarche.

Deux initiatives viennent d'aboutir et jettent les bases d'un encadrement juridique du commerce équitable. La France est le premier pays développé à reconnaître la place et le rôle du commerce équitable dans sa législation et à mettre en place, au bénéfice des consommateurs comme des producteurs des pays en développement, une garantie crédible de respect des conditions de cette nouvelle forme d'échanges. Une loi de 2005 a ainsi créé une commission nationale chargée de reconnaître les personnes physiques ou morales qui veillent au respect des conditions du commerce équitable. En outre, les travaux engagés au sein de l'Association française de normalisation (Afnor) ont abouti, le 12 janvier 2006, à la publication de l'accord Afnor AC X50-340 sur « Les trois principes du commerce équitable. Les critères applicables à la démarche du commerce équitable. » Ce document, à caractère pédagogique et pratique, constitue une base de discussion pour d'autres travaux.

Deux courants coexistent dans la plate-forme du commerce équitable :

- *Une forme associative*, portée par des pionniers comme Artisans du monde, dans laquelle il s'agit de développer un circuit alternatif de production et de distribution : le consommateur se procure des produits issus du commerce équitable dans des boutiques alternatives spécialisées, tenues essentiellement par des bénévoles. La forme associative est la plus intéressante dans la perspective d'un développement de circuits intégrés. Souvent de caractère profondément militant, elle entend reconstruire des réseaux de distribution parallèles aux circuits classiques, en s'appuyant, d'une part, sur les filières en approvisionnement – la qualité des offres s'étant nettement améliorée depuis quelques années – et, d'autre part, sur un système de bénévolat, qui donne aux magasins une teinte résolument engagée et désireuse de tisser des relations humaines avec les clients au-delà des relations commerciales. Les boutiques disposent d'un catalogue de quelques centaines de produits, dont des vêtements. La garantie apportée au consommateur est celle du respect des engagements propres.

- *Une forme associative et commerciale*, portée par des pionniers comme Max Havelaar, dans laquelle le réseau associatif se concentre sur les activités d'approvisionnement et de sensibilisation du grand public, tout en s'appuyant sur un réseau traditionnel d'entreprises (commerces, grandes surfaces) pour effectuer la distribution et assurer l'écoulement des volumes de produits de commerce équitable.

Le saviez-vous ?

Si le commerce équitable ne représente que 0,02 % du commerce mondial, d'après la plate-forme du commerce équitable, 81 % des Français connaissaient le principe en 2007, alors qu'ils n'étaient que 9 % en 2000. La progression est spectaculaire.

Les consommateurs de produits issus du commerce équitable se diversifient grandement et dépassent la niche des créatifs culturels. Cela est certainement dû à l'importance de la communication sur le sujet, à la simplicité des messages, compris par les consommateurs comme la capacité de « faire une bonne action tout en achetant quelque chose d'aussi bon que le reste », et à l'importance du développement du réseau dédié de distribution.

Des initiatives « non revendiquées » : l'exemple de l'utilisation des circuits classiques pour revendre des vêtements déjà utilisés

La consommation durable peut enfin s'appuyer sur les réseaux traditionnels en place. Pour exemples, on peut citer les magasins spécialisés dans la vente d'occasion et les sites Internet qui ont valeur d'espace d'enchères.

Sur des niches de marché comme les habits pour bébés, le prix du neuf et la rapidité de la rotation des vêtements font pression sur le budget des ménages. Ainsi, dans les quartiers se développent des magasins proposant le dépôt-vente. Les uns déposent des vêtements dont ils souhaitent se séparer, et les autres viennent les acheter d'occasion. Ce n'est qu'une fois que les vêtements déposés ont été vendus que les vendeurs sont payés. Ce système n'entend pas participer particulièrement à une démarche de consommation durable : les acheteurs viennent dans ces boutiques dans un souci de prix ou dans un contexte d'évolution rapide de leurs besoins. En milieu urbain, et compte tenu de la pression économique sur le foncier, les consommateurs ont également la préoccupation de ne pas stocker dans des appartements exsangues des vêtements dont ils ne se servent plus. Tous ces motifs tendent vers une dynamique de consommation durable : réinjecter dans les circuits de consommation les produits déjà existants, se procurer de l'occasion, revendre plutôt que de stocker (à défaut de donner). Et ça marche : par exemple, la Mairie de Paris a noté un développement de 5 % de ces magasins entre 2005 et 2006.

Sur le même principe, des sites Internet développent des places de marché en mettant directement en relation des vendeurs et des acheteurs *via* le système de l'enchère. Les dispositifs sont désormais matures car l'équipement des ménages est de plus en plus sophistiqué (ordinateurs[54], compétences en matière d'utilisation de l'outil informatique, accès à une ligne haut débit[55]) et les internautes se sentent plus en sécurité. Dans ces conditions,

---

54. Au 31 décembre 2006, 54,9 % des foyers français étaient équipés en ordinateurs. Source : Médiamétrie.
55. Au 31 décembre 2006, le nombre d'abonnements à Internet en haut débit a atteint près de 12,7 millions, soit une croissance annuelle de 34 % selon l'Arcep. Sur ce chiffre, l'ADSL pèse pour environ 12 millions d'abonnements.

des réseaux permettant l'achat d'occasion se sont démultipliés. Le consommateur est à la recherche de moyens nouveaux de faire de bonnes affaires (en profitant d'un accès centralisé à plusieurs sources de comparaison), trouver de l'occasion (pour faire des économies) ou se débarrasser de ses biens (pour éviter les stocks). Certains réseaux proposent même de faire du troc ou du don de matériel.

Ces pratiques fonctionnent de la même façon que les petites annonces locales ou que les antiques vide-greniers, et peuvent même être comparées à l'activité de certaines associations qui collectent, réparent et revendent les vieux vêtements. En ce sens, elles répondent avant tout à une préoccupation du consommateur de se procurer ou de se séparer d'un bien de gré à gré, et non à une logique de consommer durablement. Mais l'essentiel est le résultat.

La création de nouveaux réseaux d'échanges et d'information

Ces démarches sont portées principalement par les acteurs économiques, associatifs et publics. Ce type d'initiatives entend faire la passerelle entre, d'une part, les moyens et ressources existants pour faire de la consommation durable, et d'autre part, la mise à disposition de ces savoirs auprès des consommateurs, de manière à faire évoluer concrètement les comportements. Tous les canaux de diffusion sont utilisés à cet effet, selon les cibles de consommateurs qu'il s'agit d'atteindre.

L'Éducation nationale

L'Éducation nationale ou, plus généralement, la formation à la consommation durable par les pouvoirs publics dès le plus jeune âge est essentielle pour comprendre les enjeux du développement durable, adopter les bons comportements, décrypter les messages et les publicités, etc. Sous l'impulsion de l'Union européenne, les pouvoirs publics français doivent désormais bâtir un « socle de connaissances » et faire la promotion de modules de l'Éducation à l'environnement et au développement durable (EEDD) auprès de tous les publics possibles.

Les collectivités publiques

Les collectivités et les associations proches des municipalités ont également un rôle à jouer. Elles ont, par exemple, multiplié, en 2006 et en 2007, les projections du film *Une vérité qui dérange*, dans lesquelles sont invités les habitants du quartier. Ces projections sont généralement suivies de débats sur la thématique « Agir au quotidien », où sont souvent distribués des guides ou des livres pratiques.

Les différents supports d'information

La télévision commence à diffuser des reportages dans les journaux télévisés, accessibles à tous, montrant comment chacun peut faire des économies d'énergie chez soi, par exemple. Pédagogiques, ils mettent généralement en scène une famille motivée par la démarche, qui explique ses astuces pour faire la chasse au « gaspi » énergétique et qui justifie le gain obtenu en brandissant sa facture d'électricité et en se félicitant des économies réalisées.

De la même façon, les livres apportant de l'information pratique sous forme de guide, d'agenda, de fiches se sont multipliés, surtout ces dernières années. Internet regorge de sites, de blogs, de wikis permettant de recenser les bonnes pratiques, les adresses utiles et les témoignages concrets ; ici, chaque internaute peut puiser selon ses besoins du moment.

Le bio sur le Net

Le Web 2.0 et le Web sémantique sont des outils précieux pour permettre à n'importe quel internaute de se faire une idée très précise d'un sujet, et même de détecter les contacts et points de vente éventuels. Il existe à cet effet des sites Web qui jouent désormais un véritable rôle d'entremetteur entre l'offre et la demande, ou qui compilent des annuaires de commerçants ou de restaurants bio. Par exemple : en installant une barre spécialisée de recherches sur Internet *via www.ecoloinfo.com* ou en naviguant sur un site comme *consoglobe.com*.

L'entreprise et sa responsabilité sociétale (RSE)

Les organisations – grandes entreprises, PME, administrations publiques, hôpitaux… – ont toutes un rôle à jouer en matière de contribution face aux enjeux du développement durable.

Définition

Concernant les entreprises, le Sommet européen de Lisbonne de 2000 a donné la définition suivante de la responsabilité sociétale des entreprises (RSE) : c'est la contribution de l'entreprise aux enjeux du développement durable. On parle également de « responsabilité sociale » ou de « responsabilité environnementale » au lieu de responsabilité sociétale. Les termes ne sont pas encore figés. La raison provient ici d'une traduction française insuffisante du terme anglais « *corporate social responsibility* ». En anglais, le terme « social » a l'avantage de recouvrir l'ensemble des univers intra et extra organisationnels, sur lesquels il s'agit de faire porter une responsabilité de la part de l'organisation :

- la qualité de vie et du dialogue entretenu avec les collaborateurs de l'organisation (la dimension « sociale » française) ;
- l'empreinte écologique des activités de l'organisation (la dimension « environnementale » française) ;
- la prise en compte des enjeux territoriaux et des enjeux de société dans les politiques et les actions de l'organisation (la dimension « sociétale » française).

Le terme « sociétal » étant plus générique par défaut par rapport aux termes « environnemental » (forte teinte verte) et « social » (forte teinte de dialogue social, en France), il est désormais privilégié pour parler, de manière globale, de responsabilité sociale, sociétale et environnementale de l'entreprise et de toute organisation.

La simple mise en conformité réglementaire n'est pas signe de responsabilité sociétale. Elle est la condition préalable indispensable à l'exercice de l'activité. La démarche de RSE dépasse donc ce niveau. La définition et l'exercice de cette RSE s'effectuent dès lors sous une quadruple dynamique :

- mieux maîtriser les risques sous toutes leurs dimensions ;
- développer et entretenir la compétitivité en détectant de nouveaux gisements et leviers ;
- fidéliser les clients, les salariés et les actionnaires en anticipant et en répondant à leurs nouvelles attentes ;
- améliorer la réputation de l'organisation (sa marque, son aura, la manière dont elle est perçue par ses clients ou ses utilisateurs notamment) en nourrissant la perception de qualité par l'intégration de nouveaux enjeux en logique de progrès continu.

Selon le statut, la mission et les métiers de l'organisation, la RSE s'exerce à chaque fois de manière très personnelle. À l'écoute des pressions (ou attentes) des parties prenantes de l'entreprise, l'organisation définit et déploie une politique RSE répondant à des intérêts personnels bien compris.

La pression des parties prenantes

Les parties prenantes de l'entreprise

Les parties prenantes sont les différents acteurs individuels ou collectifs qui sont concernés par les décisions et les projets d'une organisation. Selon l'organisation, il existe différentes parties prenantes et différents niveaux de proximité des relations entretenues entre elles et l'organisation. Le schéma ci-après permet de mieux s'y retrouver.

Partant du principe que la RSE est une logique dépassant la simple mise en conformité réglementaire, l'organisation n'a ni les moyens, ni nécessairement l'intérêt de satisfaire toutes les parties prenantes. Elle peut et doit se contenter d'écouter et de faire le nécessaire pour satisfaire les parties prenantes qu'elle peut juger comme étant celles qui sont susceptibles d'avoir le plus d'impact positif ou négatif sur la bonne réalisation de ses performances. Toutefois, cela veut dire que la prise en compte de signaux faibles est nécessaire, et qu'il ne faut pas se limiter aux seuls signaux forts. Le schéma ci-après permet de mieux identifier les parties prenantes qu'il convient d'écouter et de satisfaire.

Les différentes sphères des parties prenantes

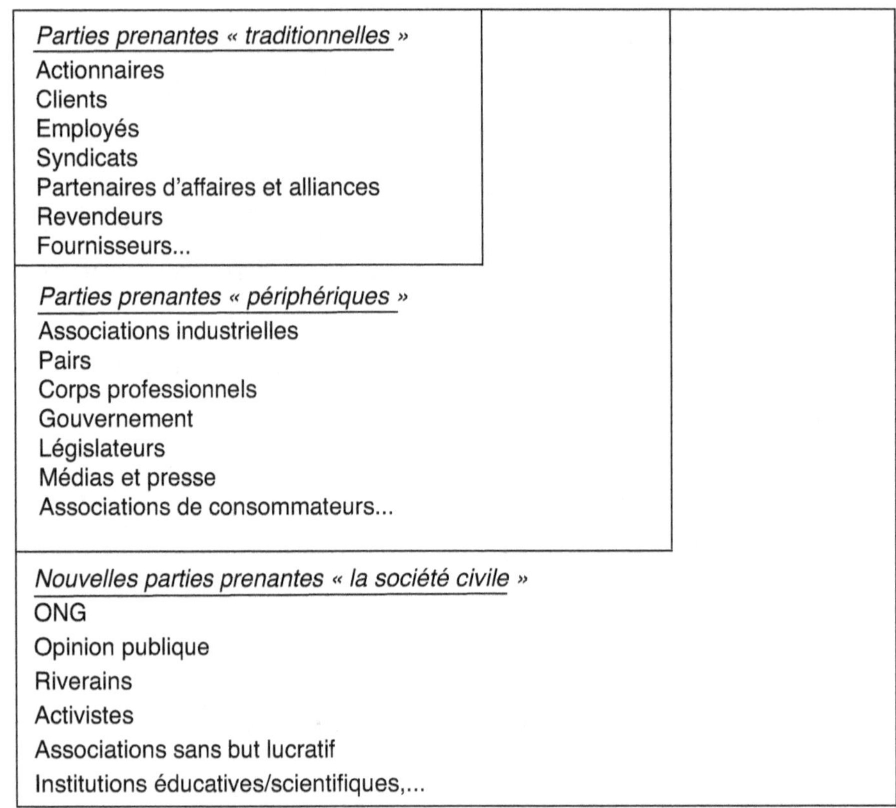

Matrice de parties prenantes

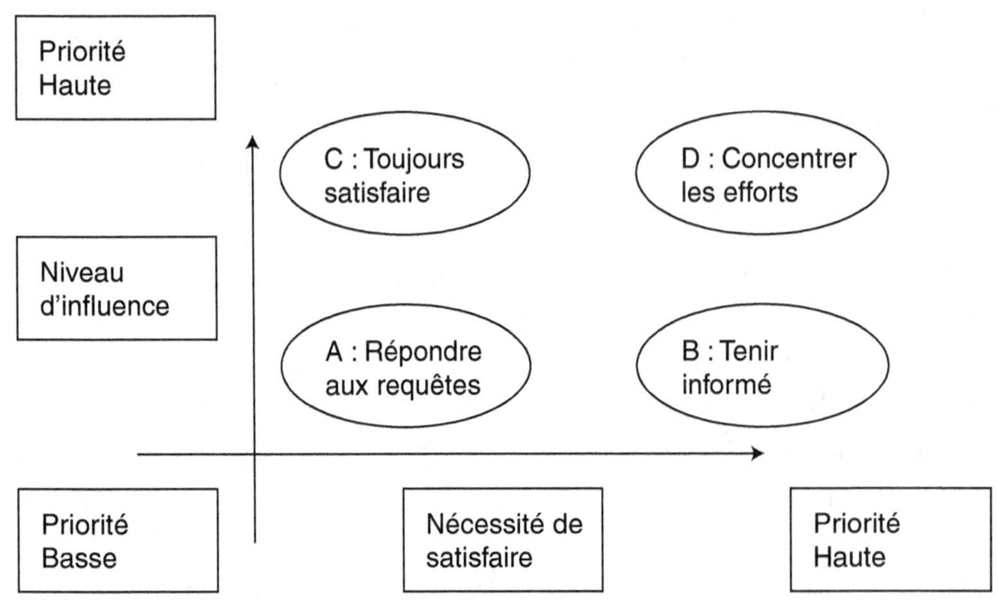

Ainsi, l'organisation devra concentrer ses efforts sur une partie prenante qui aura un haut niveau d'influence sur la performance de l'organisation, et dont elle pourra juger que la non-prise en compte de ses requêtes peut exercer un impact négatif sur cette performance. Cela peut être le cas des salariés, par exemple, ou des sociétaires dans une logique mutualiste.

Les salariés

Paradoxalement, alors qu'en France nous sommes dans une situation de chômage tenace et important, le départ proche à la retraite de nombreux quinquagénaires et sexagénaires va créer un trou d'air : les entreprises vont devoir se faire belles pour recruter. À titre d'exemple, pour La Poste, plus de 100 000 postiers vont partir à la retraite dans les dix-huit prochaines années. La Poste va devoir recruter plus de 50 000 postiers… Or, les études montrent que les employés sont de plus en plus exigeants, et font moins la frontière entre leurs exigences de citoyen et leurs aspirations d'employé. Ils veulent s'investir dans des projets qui font réellement sens pour la société, surtout les plus jeunes. Une étude récente[56] a montré combien les jeunes prennent leurs distances face au monde de l'entreprise : elle révèle que moins de 25 % d'entre eux sont prêts à s'impliquer essentiellement dans leur vie professionnelle. Cette étude insiste sur le fait que ce n'est pas tant la « valeur travail » que la « valeur de l'entreprise » qui est remise en question.

En vue du prochain départ à la retraite de la génération du baby-boom, les entreprises et les administrations vont devoir déployer des trésors d'énergie pour se démarquer et attirer les talents créateurs, qui feront les entreprises innovantes de demain autour d'un projet fédérateur. À cet égard, le développement durable offre un terrain d'inspiration pertinent, en phase avec les préoccupations croissantes des générations montantes.

---

56. « La nouvelle donne du temps de travail des salariés français », étude réalisée par Ipsos auprès de 999 salariés pour le compte de l'Institut Chronopost, et rendue publique en décembre 2003.

Les clients et les usagers

Les entreprises et les administrations ont affaire à des clients ou à des usagers qui observent, au travers des médias ou de l'évolution du cadre réglementaire, des changements de mentalités que l'on peut caractériser autour des six dynamiques suivantes[57] :

- deux enjeux environnementaux : le changement climatique et l'interface santé/environnement ;
- deux enjeux sociaux : la délocalisation/sous-traitance et l'intervention des acteurs civils (ONG, associations de consommateurs, associations de riverains) aux côtés des acteurs sociaux dans la gouvernance, ce qui inclut autant la gouvernance traitant des enjeux environnementaux émergents que des enjeux sociaux, du fait de la mondialisation de ses structures ;
- deux enjeux technologiques : le développement des éco-technologies et le développement de la demande pour des innovations radicales.

Face à ces enjeux, les entreprises et les administrations peuvent aussi bien être vues comme des consommatrices de ressources (capitaux naturels comme le carbone, travail et ressources humaines notamment) que comme des foyers d'innovation, faiseurs et porteurs de la mutation des marchés et de la société. Dans cette seconde perspective, les questions de la RSE inscrivent l'entreprise et l'administration dans une logique clé du changement, en tant qu'acteurs, penseurs, producteurs et fournisseurs d'une société du développement durable.

Les actionnaires

L'analyse extra-financière

Les actionnaires détiennent le capital des entreprises (investisseurs ou salariés, par exemple) ou des administrations (État et collectivités, notamment). Dans tous les cas, ils exigent une certaine rentabilité. Parfois, ils sont également demandeurs d'un

---

57. Source : Centre d'analyse stratégique (CAS), rapport ISIS « Horizon 2020 : l'État, le développement durable et la responsabilité des entreprises », 2005.

niveau de service rendu. Une discipline comme l'analyse extra-financière apporte un regard nouveau sur les organisations : elle veut comprendre le fonctionnement et les facteurs de performance de l'organisation au-delà des chiffres financiers qu'elle peut publier dans ses comptes annuels. L'analyse extra-financière se développe et se professionnalise principalement depuis le milieu des années 1990. C'est une discipline très jeune comparée à l'analyse financière qui existe depuis plus d'un siècle.

■ **L'analyse extra-financière**

L'analyse extra-financière évalue les engagements, les politiques mises en œuvre et les performances de l'entreprise dans les domaines sociaux, environnementaux et de gouvernance, liés à ses activités. À partir de l'exploitation des informations communiquées par l'entreprise ou par d'autres parties prenantes (ONG, syndicats, médias, etc.), l'analyse extra-financière appréhende le niveau de prise en compte des impacts extra-financiers – sociaux, environnementaux et de gouvernance – de l'activité économique d'une entreprise. L'analyse se fait à partir de grilles d'évaluation qui varient largement selon les agences. Elles comportent un ensemble de critères extra-financiers pertinents, pondérés selon leur degré d'importance, et aboutissent à un score ou à une note globale qui positionne l'entreprise sur une échelle de notation, la plupart du temps sectorielle.

Ainsi, les actionnaires et les milieux financiers sont progressivement sensibilisés à l'évaluation extra-financière des organisations dans lesquelles ils veulent investir. *A minima*, l'analyse extra-financière permet de mieux appréhender le risque – et de mieux évaluer le retour sur investissement qui en sera exigé. *A maxima*, elle aide les investisseurs – même des particuliers qui agissent en petits porteurs sur les marchés boursiers – à faire des choix et à investir de préférence dans les fonds ou les portefeuilles évalués comme étant plus vertueux par rapport aux enjeux du développement durable.

Investir dans un fonds socialement responsable (ISR)

En tant que particulier, il est possible d'investir dans un fonds ISR très facilement. C'est une manière concrète de placer son argent en Bourse, tout en incitant les entreprises à contribuer au développement durable. En effet, toutes les banques de détail ont développé des fonds ISR. Il suffit de se renseigner, voire de se procurer directement le code ISIN (code international d'identification de n'importe quel produit financier). À l'autre bout de la chaîne, la banque construit ce produit financier en s'appuyant sur les travaux des agences d'analyse extra-financière pour déterminer les fonds des entreprises qu'il convient de sélectionner sur la base de leurs performances en matière de développement durable. Plus ces fonds se développent, plus les entreprises ont intérêt à se mobiliser sur le développement durable pour attirer des capitaux.

Des syndicats, des associations et des ONG

Définition

Les syndicats, les associations de consommateurs et les ONG sont des acteurs de pression et de contre-pouvoir indispensables pour alimenter la démarche RSE. Ils sont utiles à plusieurs titres :

- Ils soulèvent des questions nouvelles auxquelles le champ économique et politique doit répondre, comme ce fut le cas avec la question des OGM dans les années 1990.
- Ils sont une force de contre-pouvoir pour assister à la régulation des excès, ou s'appuyer sur l'arsenal juridique existant et mettre à défaut des pratiques qui ne sont pas en phase avec l'esprit des lois.
- Ils contribuent activement à la sensibilisation et à l'information des marchés sur les questions de développement durable.

■ ONG et associations de consommateurs

ONG et associations de consommateurs ont en commun d'être avant tout des associations au statut loi 1901. On parlera plus spécifiquement d'ONG dans le cadre d'une association défendant des intérêts généraux sociaux et environnementaux, et d'association de consommateurs dans le cadre d'une association statutairement reconnue comme telle et représentant les intérêts des consommateurs.

Si la plupart des ONG et des associations de consommateurs se développent pendant les Trente Glorieuses, c'est dans les années 1970 qu'elles gagnent en capacité d'interpellation et d'action.

Les ONG bénéficient d'un climat de suspicion grandissant vis-à-vis des entreprises et des pouvoirs publics à la suite, par exemple, de la catastrophe de l'*Exxon Valdez* au large des côtes bretonnes, tout en s'appuyant sur un fort développement des médias pour inciter les consommateurs à se poser des questions face à la société du pétrole, du nucléaire et du gaspillage.

Quant au mouvement des associations de consommateurs, il acquiert son indépendance vis-à-vis des pouvoirs publics en 1976, en bataillant pour obtenir de nombreux amendements dans les textes réglementaires servant la protection du consommateur durant cette décennie.

Les syndicats de salariés, eux, sont autorisés en France depuis 1884 (Loi Waldeck-Rousseau) ; ils ont servi les intérêts des salariés en participant à l'obtention de différents avantages sociaux majeurs (augmentations salariales, mise en place de conventions collectives, développement des congés payés, etc.). Les syndicats connaissent très bien les métiers et les secteurs dans lesquels ils sont implantés. Dès lors qu'une politique RSE concerne les salariés, ils ont leur mot à dire et sont une partie prenante clé.

Des préoccupations en lien avec le développement durable

Les problématiques inhérentes au développement durable rassemblent sur de nombreux points les ONG, les associations de consommateurs et les syndicats. En effet, si des ONG comme le WWF, Greenpeace, Fondation Nicolas-Hulot ou Les Amis de la Terre sont reconnues pour avoir multiplié les campagnes de sensibilisation et d'information au niveau national, et si d'autres comme France Nature Environnement ou Fondaterra sont plus connues pour multiplier les actions de terrain, et donc, dans les deux cas, pour participer à la formation d'une dynamique de prise en compte du développement durable, les fédérations de consommateurs ont également beaucoup œuvré en matière d'impact de la consommation sur l'environnement. Ainsi, la CLCV (association consommation logement et cadre de vie) et l'UFC (association union fédérale des consommateurs), y compris au niveau européen avec l'ANEC (porte-parole européen des consommateurs dans la normalisation), participent depuis l'origine au processus de normalisation et de certification, à la création et à l'évolution des écolabels, à la promotion des filières bio, éthique et équitable. Les associations de consommateurs ont créé les premiers groupements d'achats, les circuits courts. Depuis plus de vingt ans, ces associations de consommateurs ont créé différents ouvrages, brochures grand public et guides sur les thèmes du développement durable distribués à des centaines de milliers d'exemplaires et souvent mis gratuitement sur Internet.

Des moyens d'action limités

En France, les moyens d'action semblent passer davantage par la pédagogie de terrain et l'information, voire par des actions en justice, et non par des dispositifs de boycott. Par exemple, lors du naufrage de l'*Erika* en 1999, les appels au boycott contre Total n'ont eu qu'une influence très marginale sur ce dernier. En revanche, la campagne médiatique de nombreuses ONG pour une prise de position des candidats à la présidentielle de 2007 a connu un certain succès et a fait indéniablement bouger des lignes : les principaux candidats ont tous signé le pacte Nicolas Hulot, par exemple. Dans ce contexte, des postures plus collaboratives de la part des ONG et des associations de consommateurs sont nécessaires, dans un jeu subtil et permanent de coopération (s'asseoir autour d'une table et dialoguer avec des entreprises et des pouvoirs publics) et de pression (alerter l'opinion publique pour tenter de faire plier dans le sens désiré l'entreprise ou le pouvoir public). La posture collaborative est rendue d'autant plus nécessaire qu'elle est susceptible d'induire, à défaut, une conflictualité nuisible aux entreprises, voire des processus juridiques coûteux, à même de nuire à la réputation. L'expression de la vigilance de ces acteurs ne va pas sans difficultés. Cela tient à trois raisons :

- la pluralité des acteurs concernés : ONG, associations de consommateurs et syndicats sont des univers distincts, culturellement hétérogènes ;
- leur difficile identification et légitimation : les ONG, tout comme les associations de consommateurs, ont besoin de renforcer leur reconnaissance institutionnelle. Les syndicats souffrent d'une forte perte de terrain en matière de participation au sein des entreprises et des administrations ;
- leur articulation problématique au dialogue européen traditionnel : c'est au niveau européen que les décisions sont prises, de manière croissante, ce qui exige de se positionner à cette échelle, avec toute la complexité culturelle, juridique, structurelle que cela revêt ; les moyens et les réseaux peuvent manquer.

L'intégration des enjeux de responsabilité sociétale dans les organisations

■ Entre pression réglementaire et écoute du marché

C'est très progressivement que la notion de développement de l'entreprise dans le respect de son environnement naturel et social est devenue une préoccupation des managers. En effet, si depuis les années 1970, la réglementation, notamment environnementale, s'est considérablement étoffée, la demande sociale a également évolué pour exiger davantage de considération pour les enjeux de consommation durable. Dans le secteur de l'agroalimentaire, par exemple, les crises sanitaires successives des années 1990 (vache folle, tremblante du mouton…) ont encore renforcé le dispositif de sécurité encadrant les entreprises, comme l'AFSSA (Agence française de sécurité sanitaire des aliments), qui travaille sur la sécurité sanitaire des aliments. D'un autre côté, la demande sociale a évolué, et le consommateur est devenu très exigeant en matière de traçabilité des aliments, incitant notamment les entreprises du secteur à développer des labels facilitant le repérage et rassurant le client. Aujourd'hui, la préoccupation du développement durable se situe donc à mi-chemin entre la pression réglementation et l'écoute du marché. Des organisations sans but lucratif, situées entre la recherche opérationnelle et l'espace d'échange, existent d'ailleurs depuis des décennies pour aider les entreprises à prendre des décisions. L'institut BSR, *Business for Social Responsability*[58] (faire des affaires en toute responsabilité sociétale), a été un acteur pionnier en ce sens, depuis le Sommet de Rio de 1992.

Les entreprises dites « vertueuses » – celles qui veulent activement contribuer au développement durable – se retrouvent face à une alternative : soit elles anticipent la réglementation, la demande sociale ou les risques juridiques ou de réputation, soit elles saisissent une opportunité de marché pour se positionner sur un nouveau créneau. Le secteur de l'automobile est un exemple intéressant.

---

58. BSR est un institut sans but lucratif, présent dans le monde entier. Depuis 1992, BSR favorise le partage entre secteurs et entre cultures. BSR aide ses membres à appréhender l'impact des enjeux du développement durable sur leurs activités. Plus d'informations : *www.bsr.org.*

Exemple de responsabilité sociétale dans le secteur automobile

Certains acteurs ont investi dans l'amélioration technologique du thermique, permettant de modérer la consommation de carburant et les émissions de CO_2 sous pression réglementaire (Euro 4 depuis 2005, Euro 5 en 2009, Euro 6 dès 2014). Ces améliorations technologiques ont permis des avancées importantes. En effet, il faut bien reconnaître que tous les constructeurs européens ont fait des efforts très importants pour modérer la consommation de carburant des véhicules depuis les années 1970. D'autres acteurs, japonais notamment, se positionnent sur le créneau du moteur hybride thermique/électrique. Cela permet de lever les craintes des consommateurs qui hésitent à faire le saut vers l'électrique, en conservant l'usage du thermique tout en assurant la transition vers des motorisations s'appuyant sur des technologies plus durables comme l'électrique. Enfin, le marché de la motorisation à électricité seule, voire à hydrogène, est tout juste en émergence. Ce marché a d'ailleurs la particularité de s'ouvrir largement aux entreprises qui ne viennent pas historiquement de l'industrie automobile. Dans les trois cas, en réponse à une demande de développement plus durable, le secteur automobile a évolué progressivement et tente de s'adapter au marché et aux nouvelles contraintes. Le marché se façonne à la fois en réponse à une demande des consommateurs (prix du carburant), mais également sous la pression des pouvoirs publics (qualité de l'air).

Dans ce contexte, les entreprises se situent dans un champ de contraintes et d'opportunités face au développement durable :

- Contraintes liées à l'accroissement de la réglementation environnementale, comme la récente réglementation DEEE (déchets d'équipements électroniques et électriques), imposant aux constructeurs et aux distributeurs d'appareils électriques et électroniques de collecter et de recycler leurs produits en fin de vie ; demande sociale (la forte demande de traçabilité de la part des consommateurs de produits alimentaires par exemple) ; hausse prévisible du cours du pétrole (les automobilistes qui sont à la recherche de véhicules sobres ou s'appuyant sur des technologies alternatives au thermique comme l'électrique, voire qui transfèrent leur mobilité vers des modes alternatifs comme les transports en commun et la location ponctuelle de véhicules), etc. Tout cela se traduit par des risques juridiques, des risques de réputation, des surcoûts de mise aux normes et des investissements ciblés, qui peuvent avoir des effets d'éviction sur l'innovation sectorielle.

- Opportunités par rapport à l'émergence d'une nouvelle demande, comme la demande de transparence nutritionnelle (des chaînes de fast-food affichent désormais la quantité de sel et de lipides sur les emballages des hamburgers). Mais également, par rapport à une incitation nouvelle à l'innovation technologique (les consommateurs veulent faire des économies d'énergie, les constructeurs de lave-vaisselle innovent en ce sens). Enfin, des opportunités du fait de l'apparition de nouveaux marchés (des sociétés et des municipalités se positionnent pour déployer des systèmes de vélos accessibles 24 heures sur 24 *via* des bornes pour circuler à travers toute la ville).

Les différentes postures RSE des entreprises

En fonction du degré d'exposition du marché et de l'entreprise, d'une part, et de la maturité de l'équipe managériale en place sur les questions de développement durable, d'autre part, on observe trois types d'entreprises : les investisseuses, les positionnées et les suiveuses attentistes.

La RSE n'est pas une démarche de communication

Le management de la RSE : une procédure d'humilité

Le développement durable est une thématique complexe. Aucune organisation ne peut se vanter d'être performante sur ces questions. La seule approche pertinente et constructive est d'enclencher une dynamique « d'amélioration continue », visant à nourrir tous les rouages de l'organisation par une intégration progressive des principes du développement durable dans les pratiques et les investissements. Le schéma ci-après présente la logique d'ensemble.

Principes PPP « *people planet profit* »

Il s'agit de traduire en fonction d'un métier, d'une culture interne et de certains enjeux la manière dont l'organisation entend contribuer au développement durable. L'articulation des principes

Posture RSE	Description
Les investisseuses : l'investissement dans le développement durable, une question de survie	Ce sont celles qui anticipent l'accroissement de la contrainte sociale ou réglementaire : c'est, en particulier, le cas des grands industriels de l'acier ou de la chimie, qui se mettent à investir massivement dans des programmes de recherche permettant, par exemple, de décarboniser des processus de production de l'acier (compte tenu de la pression émergente sur le coût du carbone), ou de substituer des agents conservateurs chimiques par des agents naturels (compte tenu de l'évolution de la réglementation européenne). Le secteur des cosmétiques voit bien que la montée des peurs des femmes concernant les risques pour la santé fait exploser le marché du cosmétique bio, qui connaît une croissance à deux chiffres chaque année depuis 2005, malgré une faible présence dans les grandes surfaces. Ainsi, même si le marché du cosmétique bio représente encore moins de 2 % du marché total, les grands acteurs achètent des plus petits pour acquérir de la compétence (L'Oréal qui achète The Body Shop, par exemple) ou bien multiplient les investissements internes en matière de recherche et de développement, afin de créer de nouvelles marques ou de trouver des solutions naturelles apportant les garanties économiques et qualitatives suffisantes pour substituer des composants problématiques comme l'éther de glycol.
Les positionnées : l'investissement dans le développement durable, une question de mode de vie, voire de militantisme	Ce sont celles qui saisissent l'opportunité des innovations technologiques, d'une nouvelle demande ou de nouvelles réglementations et orientations stratégiques nationales et communautaires, pour créer de nouveaux marchés soit technologiques (éoliennes ou retraitement et valorisation des déchets, mais aussi fibre polaire à partir du recyclage des bouteilles en plastique), soit axés sur la fibre écologique (cosmétique bio, papier recyclé) ou sociale (commerce équitable) des consommateurs. Ces entreprises jouent un rôle moteur dans le soutien de la consommation durable. Elles souhaitent conserver une longueur d'avance et servent de « lièvre » à l'adaptation des marchés au développement durable. Ainsi, lorsque l'argument de vendre des cartouches de photocopieuse à encres naturelles ou des vestes en fibres recyclées n'est plus suffisant, ce sont elles qui continuent à capter le consommateur en développant, par exemple, des circuits de récupération et de recyclage des produits usagers (cartouches vides, vestes hors d'usage), afin de s'en servir directement et de nourrir la valeur de la marque.
Les suiveuses et attentistes : l'investissement dans le développement durable, une question d'opportunité, car il en faut pour tous les goûts	Ce sont celles qui observent les tendances du marché. Elles sont susceptibles de voir le développement durable comme un segment de marché, et non comme une tendance de fond. Selon cette logique, et sous réserve de profitabilité, elles développeront éventuellement une ligne d'activités permettant de répondre à la demande, aux côtés d'autres lignes. On observe ce phénomène dans le secteur textile, dans lequel de nombreuses marques développent actuellement une ligne de jean's conçus avec du coton bio, aux côtés des autres jean's que l'on trouve dans le même rayon et qui n'ont rien de bio. De même, dans le secteur de la distribution, il est possible d'aller dans un magasin acheter une paire de tennis bio et équitable, au milieu d'autres articles qui n'ont pas ces caractéristiques.

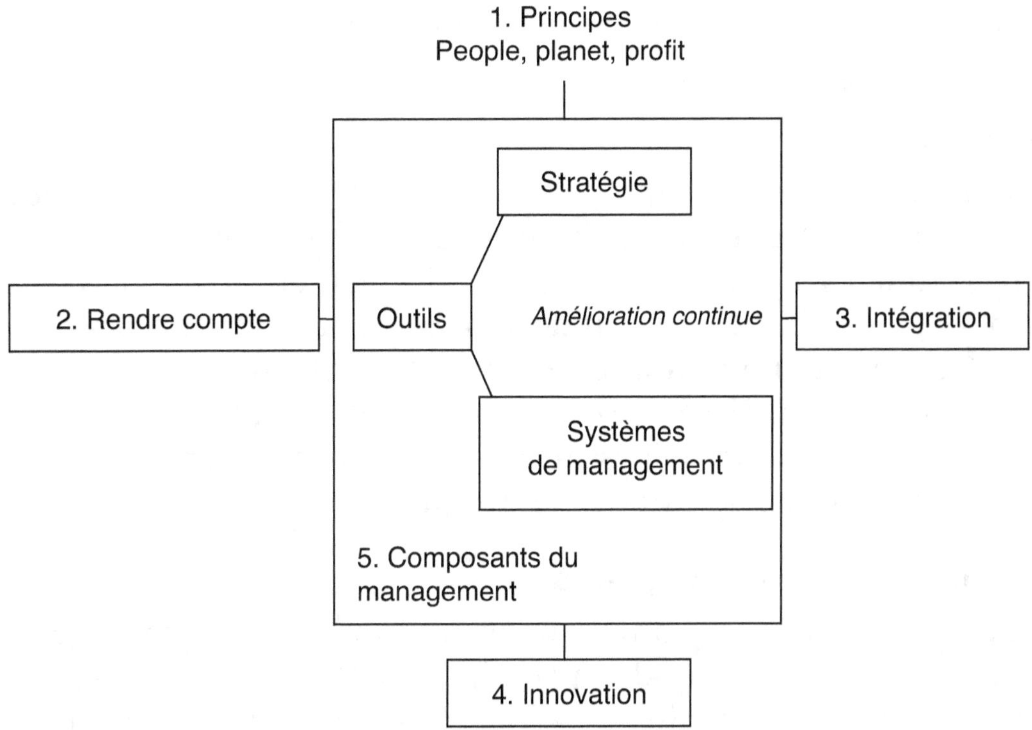

autour d'un triptyque *people, planet, profit* (les êtres humains, la planète et les profits) permet de mettre l'organisation au cœur de la contribution et non pas en simple partie prenante. L'entreprise n'a pas la mission d'une ONG, elle n'a pas non plus le pouvoir des autorités publiques. Elle doit inscrire toute procédure dans une logique d'amélioration de ses performances, sinon la démarche RSE risque de s'essouffler à la première difficulté. Il s'agit ici de montrer en quoi tel enjeu du développement durable résonne en écho avec le cœur de métier de l'organisation.

Rendre compte

Il s'agit d'identifier les parties prenantes clés qu'il convient d'écouter et de satisfaire pour nourrir la performance de l'organisation. La communication qu'il faudra définir avec ces parties prenantes ne sera qu'un outil de dialogue aidant à piloter la démarche de progrès. Ce ne sera pas la finalité de la démarche de RSE.

Intégration

Il s'agit de définir la manière dont les principes vont pouvoir se traduire concrètement dans le management de l'organisation (développement de compétences, évolution des fiches de poste et des objectifs des uns et des autres, transformation des outils, etc.). L'ensemble doit s'articuler dans une logique de changement, s'inscrivant nécessairement dans le rythme de fonctionnement de l'organisation.

Innovation

Il s'agit d'identifier les ruptures et les innovations qu'il conviendra de faire porter à plus ou moins long terme dans l'organisation ; le fait d'étudier les pratiques et le fonctionnement d'une organisation au regard des enjeux du développement durable est porteur de détection de nouveaux gisements de performances, d'opportunités ou de maîtrise des risques, auxquelles il conviendra d'apporter les innovations nécessaires (nouveaux procédés, nouveaux produits, nouvelles pratiques, nouveaux outils).

Composants du management

Il s'agit d'intégrer, de manière opérationnelle, la dynamique RSE préalablement. Autour des principes et des objectifs assignés avec les parties prenantes clés, il faudra faire jouer une partition en s'appuyant sur un collectif conscient du rôle que l'on attend de lui, et ne pas faire reposer la démarche sur les épaules d'un seul expert.

L'ensemble de la démarche RSE vient s'intégrer aux systèmes de management en place : si une solide culture qualité occupe déjà les lieux, la démarche RSE peut judicieusement venir alimenter la démarche d'amélioration continue actuelle. En revanche, il est indispensable de faire reposer la démarche managériale de la RSE sur une logique de systèmes intégrés de management, visant à décloisonner les expertises et les prés carrés, et à faire travailler les thématiques du développement durable de manière transverse dans l'organisation : ressources humaines, qualité, santé, sécurité, environnement, marketing… L'approche en mode projet est très pertinente pour répondre à cet impératif.

Identifier une démarche RSE pertinente

Trois critères permettent de savoir si on a mis en place une démarche RSE pertinente au niveau de son organisation : une vision ambitieuse et cœur de métier, une démarche humble d'amélioration continue, une contribution objective à la performance de l'organisation.

Critères d'évaluation de la pertinence de la démarche RSE	Explication
Une vision ambitieuse et cœur de métier	Les principes PPP doivent raisonner en écho avec la stratégie de l'organisation en réponse à ses enjeux de cœur de métier. Si la démarche RSE est périphérique, alors elle représente un coût bien plus élevé qu'une opportunité et ne tient qu'à la bonne volonté de la santé économique du groupe. Compte tenu des enjeux majeurs que représente le développement durable aujourd'hui, si la démarche RSE est périphérique par rapport aux enjeux de l'organisation, c'est que des éléments importants n'ont pas été pris en compte dans la réflexion. Par exemple, si une institution bancaire – dont le cœur de métier est de collecter et d'investir des capitaux – positionne sa démarche RSE au niveau de l'amélioration de la gestion des services généraux (généralisation du papier recyclé, extinction des lumières la nuit...), c'est qu'elle n'a pas pu ou pas su identifier les enjeux majeurs posés en matière de meilleure appréhension des risques financiers et d'évolution des attentes de ses clients en réponse aux enjeux du développement durable. Dans tous les cas, la vision et la stratégie doivent être portées par le plus haut niveau hiérarchique de l'organisation.
Une démarche humble d'amélioration continue	La communication doit être un outil de pilotage au service de l'amélioration continue de l'organisation. Elle ne doit pas être l'objectif de la démarche RSE. En effet, les sujets évoluent, les attentes des parties prenantes clés également. Le risque à focaliser les efforts d'amélioration sur les sujets de communication est de se trouver à court en fonction des évolutions médiatiques du moment. Par exemple, à la fin des années 1990, l'industrie informatique profitait pleinement d'une dynamique « bulle Internet », qui donnait aux investisseurs une bonne perception de ce secteur sur les enjeux du développement durable, contrairement aux pollueurs identifiés de la chimie ou du pétrole. Lorsque l'attention des consommateurs s'est déplacée, depuis le fait qu'avec des e-mails on avait potentiellement moins besoin de papier – ce qui pouvait prétendument sauver des arbres – vers une préoccupation concernant la fin de vie des produits, l'industrie informatique a eu les plus grandes difficultés à expliquer aux autorités publiques et aux consommateurs que les milliers de tonnes de nickel, cadmium et plomb laissés en décharge par les ordinateurs en fin de vie n'étaient pas pris en compte par les circuits de production. L'appui sur un système de management responsabilisé sur les enjeux de RSE selon leur expertise aurait permis de mieux anticiper cette évolution.
Une contribution objective à la performance de l'organisation	La démarche RSE doit nourrir directement ou indirectement la performance de l'entreprise pour se justifier dans sa définition stratégique et son déploiement managérial sur la durée. Cette contribution peut se mesurer de manière quantitative (réduction des coûts, amélioration des marges, renégociation de primes d'assurance pour une meilleure prise en compte des risques, revalorisation foncière...) ou de manière qualitative (meilleure maîtrise d'un risque, amélioration de la qualité, fidélisation des clients...). La contribution de l'entreprise n'est pas celle d'une ONG ou d'une collectivité.

Publicité : toujours plus de contraintes

Même si fleurissent de nombreuses démarches très communicantes de la part des entreprises ou des collectivités, la publicité va certainement être de plus en plus contrainte de modérer ses propos dans les prochaines années. En effet, si hier la fonction de la publicité consistait uniquement à inciter à la vente, elle peut aujourd'hui contribuer aux questions de développement durable tout en poursuivant son but premier en répondant aux attentes suivantes[59] :

- *Celles des consommateurs et des clients* en quête de sens, de transparence et d'éthique exprimées par les mouvements « anti-pub » : les consommateurs sont de plus en plus nombreux à dire qu'ils ne supportent plus la publicité. Fin 2005, 43 % des Français se déclaraient opposés à la publicité, tandis qu'ils n'étaient « que » 36 % en septembre 2002[60]. Il en est ainsi des agences en charge de l'événementiel qui ont travaillé avec le mouvement sportif : en 1999, le Comité international olympique (CIO) a adopté l'Agenda 21 du mouvement olympique préparé par sa commission Sport et Environnement. En ratifiant ce document, les Jeux s'engageaient non seulement à minimiser leur impact sur l'environnement, mais aussi à contribuer à son amélioration, afin de laisser un héritage vert aussi positif que possible. La publicité a dû s'adapter, là encore, dans ses pratiques et ses messages. Des initiatives se mettent également en place pour accompagner les publicitaires dans l'évaluation du coût carbone des opérations qu'ils effectuent, en intégrant toute la chaîne, en amont du spot publicitaire, depuis la conception jusqu'à la diffusion, en passant par le tournage. Ces actions visent à sensibiliser les acteurs pour qu'ils puissent, dès la création du spot, éviter d'intégrer un tournage devant se faire à l'autre bout de la planète, simplement pour obtenir une lumière différente ou bien bénéficier d'un climat d'été alors que c'est encore l'hiver en France.
- *Celles des ONG et des gouvernements,* qui lui demandent d'informer, d'alerter et de susciter des comportements responsables face aux problèmes qui menacent la planète. Le BVP (Bureau de vérification de la publicité) a édité, en 2003,

59. Source : Programme des Nations Unies pour l'Environnement, 2006.
60. Source : sondage TNS Sofres, 2005.

une recommandation sur l'utilisation du concept du développement durable dans les annonces. Désormais, ce thème ne peut plus être abordé de façon abusive, et les professionnels qui l'utilisent doivent respecter, dans leurs messages, les principes de véracité, d'objectivité et de loyauté qu'il implique. C'est le premier exemple mondial d'autorégulation du secteur publicitaire dans le domaine du développement durable. Un projet de directive européenne, « Télévision sans frontières », devrait prochainement promouvoir le principe de l'autodiscipline en matière de publicité au niveau européen. Mais déjà, la mise en application de la recommandation est contestée par différentes ONG, qui estiment soit que les règles ne sont pas suffisamment respectées et qu'il manque de dispositifs de sanctions nécessaires pour les faire appliquer à tous, soit que l'interprétation de la recommandation ne tient pas suffisamment compte de l'esprit des textes : si une publicité incite aux comportements contribuant au changement climatique, comme profiter d'une promotion en avion pour un week-end, alors elle n'est pas conforme. Les publicitaires n'ont pas encore intégré cette problématique.

Quand les pouvoirs publics s'en mêlent

En France, un dispositif de conformité à la réglementation a été récemment renforcé sectoriellement par la loi, en imposant des messages d'information à la fin des publicités pour assagir les comportements (friandises, par exemple). Dans le cadre du plan national Nutrition Santé 2 et de la lutte contre la « malbouffe », un décret de février 2007 impose désormais aux industries alimentaires d'accompagner leur publicité (TV, radio, Internet, presse écrite, affichage) d'un des quatre messages suivants : « Pour votre santé, mangez au moins cinq fruits et légumes par jour », « Pour votre santé, pratiquez une activité physique régulière », « Pour votre santé, évitez de manger trop gras, trop sucré, trop salé », « Pour votre santé, évitez de grignoter entre les repas ». Tous les aliments sont concernés, à l'exception des boissons sans adjonction de sucre, sel ou édulcorant de synthèse (thé, café, tisane, chicorée, jus de fruit et lait), des produits bruts et des boissons alcoolisées. Les entreprises qui n'appliquent pas cette directive doivent payer une taxe de 1,5 % du montant de leurs investissements publicitaires au profit de l'Institut national de prévention et d'éducation pour la santé. La commission du développement durable des Nations unies a, en 1997 déjà, confié au secteur publicitaire la mission d'encourager la promotion d'un nouveau mode de consommation durable.

Ainsi, le secteur est promis à d'importants bouleversements dans les prochaines années, tant les règles du jeu sont en train de se modifier.

Contribuer au développement durable concrètement

Le consom'acteur

Avant toute chose, il convient de casser une idée trop souvent reçue : la consom'action n'est pas une forme de renoncement au plaisir, à la diversité, à l'innovation et à la créativité ! C'est au contraire un mode de consommation où l'acheteur trouve, dans l'achat[61], une satisfaction intime en lien avec ses valeurs en plus de sa satisfaction de consommateur classique, heureux d'avoir le coup de cœur et d'acheter le produit de bonne qualité au bon prix[62].

■ La consom'action

Ce terme désigne le fait de vouloir consommer de façon citoyenne et non plus seulement de manière consumériste. Par exemple, au restaurant, en choisissant un menu contenant l'empreinte environnementale la plus faible ; en explorant des filières d'occasion pour acheter en seconde main ce dont un autre veut se débarrasser ; en préférant l'achat de vêtements locaux de qualité à l'achat de vêtements venus de loin, etc.

Tous les jours, nos choix de consommateurs remontent les filières et déterminent les modes de production, de distribution, les

---

61. Ou le non-achat.

62. Lire notamment KLEIN N. et SAINT-GERMAIN M., *No logo : la tyrannie des marques*, J'ai Lu, 2004. MESTIRI E., *Le Nouveau Consommateur : dimensions éthiques et enjeux planétaires*, L'Harmattan, 2003.

conditions de travail et l'utilisation des ressources. Acheter, c'est voter, c'est exprimer de quoi nous voulons que l'avenir soit fait.

Savez-vous que de plus en plus de designers réalisent des produits « écodesign », qu'un nombre incroyable de recherches se font autour de produits respectueux de l'environnement, que des entreprises de plus en plus nombreuses s'impliquent dans la conception de produits et services novateurs et respectant les principes du développement durable ? Être consom'acteur, c'est juste être lucide sur les enjeux de notre consommation ! C'est détecter et donner une prime en orientant ses choix d'achat vers les produits qui contribuent le plus activement au développement durable. La difficulté de la démarche, c'est qu'il n'y a pas de label « développement durable » qui pourrait orienter nos achats. Ce serait trop beau et surtout trop simple. En revanche, il existe différents réflexes et labels qui peuvent donner de précieux indices pour faire de la consom'action.

■ Les bonnes questions à se poser lors de ses achats

Pour acheter en consom'acteur, il faut toujours se poser quelques questions avant d'acheter[63].

Quelques réflexes de consom'action

Je fais mes courses : tiens, des avocats. J'adore les avocats. Je sais que ce n'est pourtant pas la saison. Je lis l'étiquette et je me rends compte qu'ils viennent du Pérou. Je ne les achète pas : ils ont parcouru trop de kilomètres, générant par là des gaz à effet de serre, pour rien. Hors saison, il est d'ailleurs bien possible que ces avocats n'aient pas vraiment de goût. Je ne rate pas grand-chose.

Je repère un tee-shirt en vitrine : tiens, « *made in China* » à cinq euros, dix euros les trois. C'est un très joli tee-shirt, avec des couleurs pétillantes qui iront bien avec le pantalon bleu que je me suis acheté le mois dernier. Mais je n'ai aucune précision sur les conditions sociales dans lesquelles ce tee-shirt a été fabriqué. Une femme enceinte de huit mois, travaillant quatorze heures par jour ? Dans le doute, et puisque l'étiquette n'est pas capable de m'apporter davantage de renseignements, je n'achète pas ce tee-shirt.

---

63. Lire notamment BADDACHE F., *Le Développement durable au quotidien*, Eyrolles, 2006.

> *Je veux partir en vacances en France* : je me renseigne sur les possibilités d'héber-
> gement. Je découvre le concept des « stations vertes de vacances », qui veut dire
> que la petite ville qui signe la charte doit obligatoirement présenter un attrait
> naturel, mais qu'en plus, elle doit assurer l'accueil des touristes dans un envi-
> ronnement naturel que la commune s'efforce de préserver. Je vérifie les prix et
> les disponibilités. Les tarifs et les prestations semblent me garantir un rapport
> qualité/prix correct. Je privilégie donc ce type de label sur d'autres destinations
> ne m'apportant pas ce niveau de garantie par rapport à mes préoccupations de
> développement durable, et je passe mes vacances dans une station verte.

Tous ces gestes, ces petites décisions, sont de la consom'action :
vous continuez à vous faire plaisir dans vos achats, mais lorsque
vous estimez qu'ils ne sont pas en phase avec les valeurs de
développement durable que vous souhaitez promouvoir dans la
société, vous vous détournez des produits pour aller en acheter
d'autres, plus conformes.

Voici les 10 questions que se pose le consom'acteur :

- Existe-t-il des alternatives à l'achat systématique de nouveaux
  produits (j'emprunte et je prête, je répare au lieu de jeter, etc.) ?

- Est-ce vraiment utile ou est-ce un achat gadget, un coup
  de cœur pour un produit très « mode » ? Le sera-t-il encore
  l'année prochaine ? Si ce n'est pas le cas, la tentation sera
  forte de le remplacer, alors qu'il pourrait encore servir.

- Le produit est-il réparable ? Réutilisable ? Est-il utile à
  quelqu'un d'autre ?

- Puis-je repérer des logos me rassurant sur les caractéristiques environnementales et sociales du produit ?

- Combien de kilomètres a parcouru le produit ? N'y a-t-il pas
  une solution de substitution plus locale ?

- Le produit utilise-t-il des matériaux recyclés ?

- Le produit comporte-t-il des emballages inutiles ?

- L'utilisation du produit va-t-elle générer des pollutions pour
  l'air, l'eau, la terre ?

- Le réapprovisionnement du produit existe-t-il en écorecharge ?

- Lorsque je ne me servirai plus de ce produit et que je voudrai
  m'en débarrasser, est-ce qu'il représentera un déchet encom-
  brant pour la nature ? Ai-je une idée de la façon dont je
  donnerai une deuxième vie au produit usagé ?

Le saviez-vous ?

Voici un ordre de grandeur des quantités d'eau pouvant être dépensées pour la fabrication d'un kilo de certains produits :

- Tomates importées : 40 litres.

- Papier : 500 litres.

- Coton : jusqu'à 30 000 litres pour l'irrigation seulement !

■ Bien connaître les labels, normes et autres marques pour se repérer en faisant ses courses

Acheter n'est pas un acte anodin. Vous voulez exercer votre pouvoir de consommateur : acheter des produits plus respectueux de l'environnement, c'est possible, commercer de manière plus éthique, ça le devient, notamment grâce au commerce équitable.

Le saviez-vous ?

Rien ne sert d'acheter du recyclable si vous n'achetez pas aussi du recyclé pour boucler la boucle.

De plus en plus de marques et de labels proposent des produits écologiques et/ou issus du commerce équitable. Dans tous les domaines, dans les magasins spécialisés et les grandes surfaces, on trouve de plus en plus de produits qui offrent cette alternative. Les choisir vous permet non seulement d'alléger votre impact sur l'environnement, mais aussi d'encourager les producteurs de petite et grande distributions à fournir une gamme toujours plus importante de produits équitables et écologiques.

Commencez par bien comprendre la signification exacte de chacun d'entre eux[64]. Apprenez à bien vous méfier de toutes les déclarations pseudo-écologiques qui n'apportent aucun argumentaire rigoureux pour motiver le consom'acteur. Parlez-en autour de vous pour qu'un maximum de personnes puissent

---

64. En annexe, une description précise de tous les labels validant une démarche orientée vers le développement durable vous sera utile.

bénéficier du même niveau de connaissances que vous et agir également en consom'acteur.

Comprendre les logos et les labels

Les logos ou déclarations écologiques concernent le produit que vous achetez ou son emballage, ou même les deux. Ils vous renseignent généralement sur un aspect environnemental particulier, spécifique d'une étape du cycle de vie : l'emballage est recyclable, le produit est biodégradable, sa consommation d'énergie est faible... Mais ils peuvent aussi indiquer que le souci de préserver au mieux l'environnement a été pris en compte pour les différents impacts du produit et sur l'ensemble du cycle de sa vie. C'est le meilleur des cas : on est ainsi assuré qu'une amélioration isolée n'a pas de répercussions négatives par ailleurs.

Les écolabels officiels sont conçus sur ce modèle. Mis en place par les pouvoirs publics, ils garantissent à la fois la qualité d'usage d'un produit et ses caractéristiques écologiques. Les écolabels officiels sont révisés tous les trois ans pour tenir compte des progrès technologiques.

Ainsi, lorsque vous êtes au rayon des détergents, il ne faut pas hésiter et s'orienter directement vers les produits comportant l'écolabel européen (la fleur). Apprenez à éliminer d'entrée tous les autres produits. Achetez puis comparez la qualité des produits portant l'écolabel : comme la marque NF Environnement, l'écolabel européen signale des produits à la fois performants et plus respectueux de l'environnement. Comme tous les produits, certains sont bons et d'autres ne sont pas efficaces. C'est exactement le même jeu que celui de la consommation « classique ». Vous avez simplement intégré un filtre « écolabel européen » au préalable de toute décision d'achat, lorsqu'il existe.

Des labels français et européens qui apportent des garanties sur la qualité environnementale des produits

C'est exactement la même démarche qui doit vous guider lorsque vous achetez une ampoule ou un nouveau réfrigérateur, grâce à l'étiquette énergie : privilégiez systématiquement l'achat d'appareils d'étiquette A, car c'est la meilleure manière de réduire le gaspillage énergétique et la facture d'électricité dans la durée. L'appareil est sensiblement plus cher ? Vous prenez votre calculatrice et vous comparez la différence de prix à l'achat de votre réfrigérateur et ce qu'il va vous coûter en fonctionnement au jour le jour si c'est un « classe B » et si c'est un « classe A ».

L'étiquette énergie pour maîtriser sa consommation

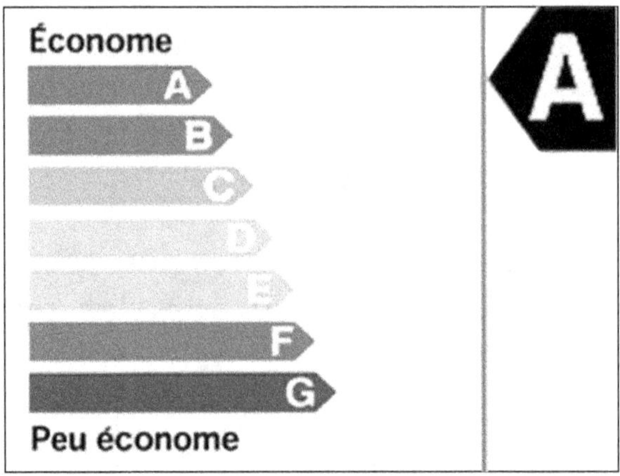

Le niveau A est le plus économe, et le niveau G le moins.

Le saviez-vous ?

Un lave-vaisselle « performant » consomme environ 40 litres d'eau pour une lessive sans prélavage. Un lave-vaisselle « sobre » consomme seulement 15 litres. Ça vaut le coup d'aller vers de hautes classes énergétiques dans les achats concernés[65].

▪ Identifier les matériaux qui contribuent le mieux au développement durable

À besoins comparables, les matériaux ne sont pas tous égaux aux yeux du consom'acteur. Du mobilier de jardin en bois exotique

---

65. Vous trouverez de plus amples informations sur *www.energy-plus.org* ou auprès de l'ADEME : *www.ademe.fr.*

comme le tek peut certes durer longtemps et être agréable au quotidien. Mais il provient peut-être d'une forêt tropicale, sans que personne ne se soucie des conséquences pour les habitants, la faune et la flore. De la même façon, un yaourt dans un emballage en plastique est peut-être très bon et moins lourd à transporter jusqu'à la maison par rapport à un yaourt dans un pot en verre. Mais le verre pourra être recyclé indéfiniment sans perdre ses qualités d'origine, tandis que le pot de yaourt plastique ayant contenu des corps gras ira échouer dans la poubelle non recyclable pour remplir les décharges ou les incinérateurs...

Quelques notions utiles sur les matériaux de biens de consommation

Le papier et le carton : généralement recyclables lorsqu'il n'y a que du papier ou du carton dans le déchet (journal, papier, boîte pliée...), cela devient moins évident lorsqu'il y a également du film plastique, du ruban adhésif ou des matières organiques (mouchoirs, couches, papier plastifié...).

Le plastique : constitué en grande partie de produits pétroliers, le plastique n'est recyclable qu'à partir du moment où il est « propre », c'est-à-dire quand il ne contient pas de corps gras (pots de yaourts, barquettes blanches en polystyrène emballant de la viande). Lorsqu'il est de type PET (polyéthylène téréphtalate : celui des petites bouteilles en plastique, par exemple) ou de type PP (polypropylène : celui des canalisations en plastique, par exemple), le plastique est largement recyclable. On peut ainsi le retrouver dans les tee-shirts ou les pulls en polaire. Évitez autant que possible le PVC, qui se trouve généralement dans les emballages plastiques « durs » : stylos jetables, bacs plastiques, etc.

Le verre : recyclable à l'infini sans se dégrader ni perdre ses qualités d'origine, il a le seul inconvénient d'être un emballage un peu plus lourd dans le cabas par rapport aux autres (film aluminium cartonné, plastique, etc.).

Les fibres textiles : le chanvre, le lin, la laine et la soie peuvent être fabriqués de manière totalement naturelle. Solides, protégeant bien du chaud ou du froid, résistants dans le temps, ce sont des matières de bonne qualité. Néanmoins, méfiez-vous des traitements (teintures et autres). Par exemple, préférez la « pure laine vierge non traitée ». Attention également aux conditions de fabrication : préférez les textiles issus du commerce équitable. Le coton est davantage problématique. Largement répandu, sa culture et son traitement sont très polluants, consommant beaucoup d'eau, et les plantations de coton n'offrent pas toujours des conditions correctes de travail. Privilégiez donc le coton biologique et les vêtements en coton issus du commerce équitable.

> *Les cuirs, peaux et fourrures* restent ambivalents : si on peut se dire que l'utilisation du cuir de bœuf en maroquinerie est une bonne solution pour utiliser les déchets produits en abattoir plutôt que de jeter ce qui n'est pas de la viande, il reste que cela concerne une infime minorité des animaux, que le traitement des matériaux reste très polluant et consommateur d'eau. Toute provenance d'animaux sauvages, voire exotiques, est évidemment à bannir, afin de ne pas encourager le braconnage et le trafic international[66].

Le consom'acteur se renseigne donc sur les types de déchet qu'il peut générer, le tri et le recyclage qui se pratiquent au niveau local, pour en tenir compte dans ses choix de consommation[67].

Questionner l'acte d'achat... et trouver des alternatives

Le consom'acteur est celui qui commence par aller faire ses courses avec son propre sac à dos ou un panier en osier. Il en profite ainsi pour déposer ses piles usagées dans un bac dédié de récupération, et il revient chez lui avec son panier rempli des courses du jour. Il ne consomme qu'avec parcimonie les sacs plastiques offerts par les commerçants. Le consom'acteur sait qu'à chaque fois que nous achetons de la nourriture, nous sanctionnons ou validons en même temps les conditions de fabrication et de destruction des produits, ainsi que les conditions de travail des salariés de la chaîne de production. C'est ainsi que nous acceptons, ou non, d'acheter des produits dont la fabrication surexploite d'autres femmes et d'autres hommes en Afrique, en Amérique latine ou en Asie, mais également à côté de chez nous. Nous acceptons des produits dont la production et l'acheminement jusqu'à notre panier peuvent être particulièrement néfastes pour l'environnement et la société. Bien que sensible au bon rapport qualité-prix comme tout consommateur, le consom'acteur ne fonde pas ses décisions d'achat uniquement sur ces critères.

---

66. Pour identifier les animaux menacés, se renseigner sur : *www.cites.org*.
67. Se renseigner notamment auprès du Centre national d'information indépendante sur les déchets (*www.cniid.org*), auprès des mairies et collectivités, et auprès d'Éco-emballage (*www.ecoemballage.fr.*).

Trop souvent, la consom'action bute sur le frein budgétaire : « C'est bien gentil de me dire d'acheter un réfrigérateur de classe A ou de consommer du bio, mais mon portefeuille est très serré et je n'ai tout simplement pas les moyens de me le permettre ! » Économie de « bouts de chandelle » déjà, puisque le consom'acteur fait la chasse au « gaspi » à tous les niveaux. Économie par philosophie ensuite, puisque pour éviter de générer inutilement de la production ou du déchet, le consom'acteur recycle, répare et bidouille avant d'acheter du neuf (plutôt que d'acheter une boîte à farine, ne puis-je pas déjà récupérer un bocal pour y entreposer ma farine ?). Économie par engagement enfin, car, lorsque le consom'acteur se décide à consommer, il s'efforce d'étudier les alternatives lui permettant de satisfaire son besoin sans pour autant posséder : au lieu d'acheter des jouets pour mes enfants, dont le trop-plein s'accumule dans la chambre et dont ils ne se servent qu'une fois l'an, pourquoi ne pas plutôt louer des jouets à la ludothèque de ma commune ?

(Ré)apprendre à respecter les saisons

Pourquoi consommer des aliments « de saison » ?

Beaucoup parmi nous ont progressivement perdu le sens des saisons. En plein mois de janvier, on veut se faire plaisir et piocher dans son livre de recettes pour cuisiner une ratatouille, même si ce n'est pas du tout la saison des tomates. Nous avons ainsi l'illusion que nous avons gagné un certain confort en nous affranchissant des saisons, mais nous sommes doublement perdants. Déjà, parce que les aliments que nous achetons hors saison sont souvent sans saveur : bien des maraîchers pourront vous dire que les variétés de tomates avec lesquelles ils s'approvisionnent ne sont pas de la même qualité tout au long de l'année. Il faut se rendre à l'évidence, les tomates de janvier sont farineuses, chères, et sans intérêt pour les papilles. Mais en plus, ces mêmes aliments « hors saison » sont produits soit sous serre et sous perfusion, soit à l'autre bout de la planète, et ont ainsi parcouru des centaines, voire des milliers de kilomètres pour parvenir sans goût dans nos assiettes. En nous alimentant toute l'année de légumes hors saison, nous sommes directement responsables d'un terrible appauvrissement des saveurs ainsi que des émissions de gaz à effet de serre induites par le transport depuis le terrain de récolte jusqu'à l'étalage de notre distributeur préféré.

Quelques idées de produits de saison à cuisiner

Pour gagner en saveur et réduire l'impact de nos comportements sur les émissions de gaz à effet de serre, nous devons donc tout simplement accepter de respecter le rythme des saisons dans nos choix alimentaires...

- *Printemps* : abricot, agneau, anguille, asperge, bar, betterave, cabillaud, camembert, carotte, carpe, chevreau, citron, crabe, cresson, daurade, écrevisse, fève, homard, laitue, lieu, limande, lotte, petit pois, pomme de terre, radis, raie, rhubarbe, rouget, scarole, sandre, veau.

- *Été* : abricot, ail, anguille, artichaut, aubergine, bar, betterave, cassis, cerise, choux, chou-fleur, citron, concombre, courgette, daurade, écrevisse, figue, fraise, framboise, girolle, groseille, hareng, haricot vert, homard, langouste, lapin, maïs, melon, navet, noisette, pamplemousse, pastèque, perche, pigeon, poivron, pont-l'évêque, potiron, poule, poulet, saint-pierre, sandre, sanglier, sardine, sole, thon, tomate, truite.

- *Automne* : avocat, banane, brocoli, bécasse, cabillaud, caille, carpe, champignon, chapon, chevreuil, choux de Bruxelles, chou rouge, chou, chou-fleur, châtaigne, coing, dinde, endive, faisan, haricot blanc, huître, lieu, limande, lièvre, lotte, mandarine, merlan, morue, moule, mâche, navet, noix, oignon, pamplemousse, perdreau, pigeon, poire, poireau, pomme, porc, potiron, prune, raisin, saint-pierre, sanglier, saumon, thon, tomate, topinambour, turbot.

- *Hiver* : ananas, banane, bœuf, brocoli, cabillaud, carpe, céleri, chapon, cornée d'Anjou (salade), choux de Bruxelles, daurade, endive, faisan, huître, kiwi, lieu, limande, lotte, mâche, mandarine, mangue, merlan, morue, mouton, oie, orange, pamplemousse, poireau, topinambour, turbot.

Les produits régionaux ont ainsi de multiples raisons d'avoir leur place dans notre cuisine : ils impliquent moins de dépenses en « énergie grise ». Contrairement à beaucoup de produits acheminés de plus loin, les fruits et légumes régionaux sont en général cueillis à maturité : ils ont donc une bonne teneur en vitamines et, tout simplement, du goût. Ils contribuent à l'équilibre économique régional et permettent à une agriculture intégrée de survivre[68].

■ L'énergie grise

L'énergie grise d'un produit (ou d'un service), c'est l'énergie cachée, l'énergie qu'il a fallu pour fabriquer, emballer, distribuer puis éliminer un produit. Elle est omniprésente, même dans un légume, puisqu'il a été transporté jusqu'au lieu de vente. Par exemple, 1 kg de haricots frais d'Égypte est peut-être moins cher que le même kilo venant de Suisse, mais l'énergie grise qu'il contient due au transport par avion est douze fois plus élevée. On peut ainsi modifier ses choix de consommation lorsqu'on se dit que 1 kg de fraises d'hiver nécessite 5 litres de gasoil pour arriver jusqu'à notre assiette, qu'un fruit importé hors saison par avion consomme 10 à 20 fois plus de pétrole que le même fruit de saison, produit localement[69], etc. D'ailleurs, 2/3 de l'énergie totale produite par nos produits de consommation est de l'énergie grise !

■ Faire évoluer son régime alimentaire vers moins de viande et de poisson

Si vous avez l'habitude de manger de la viande, du poisson ou des fruits de mer quasiment à tous les repas, vous pouvez considérablement réduire vos consommations à une ou quelques fois par semaine. Cela aidera à réduire significativement l'impact environnemental de votre alimentation. En effet, notre corps n'a pas besoin d'en manger aussi souvent – sauf dans le cas d'un régime particulier, notamment chez les femmes enceintes ou les sujets présentant certaines carences alimentaires. Demandez l'avis de votre médecin, mais une à trois fois par semaine peut apporter les apports nécessaires dans le cas d'une alimentation par ailleurs variée en fruits, légumes, légumineuses et féculents[70]. D'autre part, il faut bien prendre conscience que les stocks de poisson et de fruits de mer sont en chute libre dans les mers, et que la production de viande est une industrie qui a un fort impact sur l'environnement, justement du fait de nos consommations trop importantes.

---

68. Pour apprendre à manger en prenant soin de sa santé et en protégeant l'environnement, lire BOTAYA A., *Le Guide de l'écofood*, Minerva, 2008.

69. Selon le fonds mondial pour l'environnement WWF, 1 kg de viande d'agneau de Nouvelle-Zélande demande 6,1 litres de pétrole. La même viande provenant de Suisse n'en exige que 1,3 litre.

70. Lire AUBERT C. et LE BERRE N., *Faut-il être végétarien pour sauver la planète ?*, Terre vivante, 2007.

La viande

Nous consommons de plus en plus de viande alors que notre ration quotidienne dépasse déjà amplement les recommandations de l'Organisation mondiale de la santé. Cette surconsommation entraîne le maintien et le développement de cheptels importants, qui prélèvent leur espace vital sur la forêt notamment. En plus, la présence excessive de bovins sur la planète est génératrice de gaz à effet de serre puisqu'ils émettent beaucoup de méthane en ruminant.[71]

Le saviez-vous ?

La production de 1 seul kilo de viande demande 4 à 5 kg d'aliments pour nourrir le bétail, qui, au niveau mondial, monopolise 38 % des surfaces cultivées en céréales[71].

Le poisson

On pêche davantage de poissons qu'il ne faudrait pour leur laisser le temps de se reproduire et de maintenir un niveau de stock constant. Il y a déjà eu de graves alertes : en 1992, 30 000 Canadiens se sont retrouvés soudainement sans emploi quand les stocks de cabillaud des côtes de Terre-Neuve, pourtant antérieurement très fournies, se sont complètement effondrés. La morue, le merlu, le merlan et la sole ont vu leur population chuter de 90 % en 25 ans au niveau mondial. Dans le golfe de Gascogne, les stocks de merluche sont en chute libre et, malgré l'obligation de pêcher et de conserver les poissons à partir d'une certaine taille réglementaire, de nombreux pêcheurs mettent sur le marché des poissons sous-dimensionnés, hypothéquant ainsi les chances de renouvellement des bancs de poissons qu'ils pourront eux-mêmes pêcher demain.

Le saviez-vous ?

97 % des stocks de poisson dans le monde sont surexploités.

---

71. Source : ministère de l'Écologie, de l'Énergie, du Développement durable et de l'Aménagement du territoire.

Faire la chasse aux substances imprononçables contenues dans les produits de consommation

Peinture, maquillage, produits pour la douche... Notre environnement « respire » les produits chimiques. Formaldéhyde ou benzène sont le lot quotidien de nos pauvres poumons. Des conservateurs et des dérivés chimiques complexes alimentaires sont le lot quotidien de notre estomac si on ne fait pas attention à l'étiquette des produits que l'on mange. Des petits maux en tout genre aux cancers les plus sérieux, les spécialistes attribuent toujours plus de problèmes à notre air pollué et aux substances que nous mangeons et que nous nous appliquons soigneusement chaque matin sur le visage.

Halte aux cosmétiques chimiques !

Beaucoup de cosmétiques contiennent des composants chimiques qui soulèvent des questions, voire des polémiques. Colorants, conservateurs, solvants tels que le triclosan, les sels d'aluminium et le paraben sont parfois accusés d'être cancérigènes ! Alors faut-il s'en méfier ? Peut-on croire que l'industrie met sur le marché des substances dangereuses pour la santé ?

- *Les parabens* : réputés pour leur pouvoir allergisant, certains de ces conservateurs sont soupçonnés d'être cancérigènes et dangereux pour le développement du fœtus.

- *Les éthers de glycol* : on sait depuis les années quatre-vingt qu'ils attaquent les cellules du sang, les gènes, la fertilité et sont même cancérigènes.

- *Les phtalates* : ces agents fixateurs ou vecteurs dans les produits cosmétiques sont classés toxiques pour la reproduction (le DEHP et le DBP sont les plus dangereux). Le DEHP provoque des troubles du développement des testicules et perturbe les hormones du foie. Le DEP, réputé pour présenter de très faibles risques, n'en possède pas moins des propriétés assez identiques du fait de molécules de la même famille (atteintes à l'ADN du sperme). Il est fréquemment utilisé comme dénaturant de l'alcool contenu dans les parfums (pour le distinguer de l'alcool alimentaire, d'un point de vue fiscal).

- *Les composés de musc artificiel* contribuent à la fragrance des parfums. Les muscs nitrés sont de moins en moins produits à cause de la forte toxicité pour l'environnement et la santé. Les muscs polycycliques, controversés quant à leur impact, sont fortement déconseillés par les experts.

- *Les alkylphénols et éthoxylates d'alkylphénol* sont incorporés comme agents émulsifiants dans les cosmétiques. Le plus controversé est le nonylphénol à l'activité hormonale (œstrogène) avérée : il peut dégrader la qualité du sperme et provoquer des atteintes à l'ADN.

▪ Vous croyez faire des économies en évitant d'acheter du bio ?

Les produits bio, tout le monde pense que c'est certainement meilleur pour la santé et pour l'environnement, mais tout le monde s'accorde aussi à dire que c'est trop cher. Il y a dans cette affirmation du vrai et du faux. En 2007, quatre Français sur dix (soit 42 %) ont déclaré consommer un produit bio au moins une fois par mois.[72]

Petit rappel : le principe du bio est de produire des denrées agroalimentaires en respectant un cahier des charges très strict vis-à-vis du respect de l'environnement. Il est donc évident que le bio protège l'environnement et qu'en achetant du bio, vous favorisez une agriculture respectueuse de la terre, de ce qu'elle produit et des riverains alentour. En revanche, il n'y a pas de preuve scientifique que le bio soit effectivement meilleur pour la santé. Toutefois, le bio apporte des garanties aux consommateurs qui se posent des questions et qui ont peur d'être victimes d'un nouveau scandale de type vache folle, dioxine, listeria ou salmonelle. Ce n'est d'ailleurs pas un hasard si le morceau de bœuf et le poulet font partie des produits bio les plus consommés.

■ Le label AB (agriculture biologique)

Le logo vert AB, connu de 89 % des Français en 2004, est propriété de l'État français (ministère de l'Agriculture et de la Pêche). Ce label, présent sur les produits depuis 1992, est destiné à garantir le respect du cahier des charges de l'agriculture biologique. Pour obtenir le logo, les agriculteurs doivent prohiber les engrais chimiques de synthèse, et les éleveurs doivent laisser les animaux en plein air et les nourrir avec des aliments bio. Un produit transformé (pain, plat cuisiné, etc.) doit comporter au moins 95 % d'ingrédients bio pour mériter le logo.

Et si vous en aviez plus pour votre argent en consommant du bio ? En achetant du bio, vous achetez certes des produits environ 20 % plus cher, ce qui est réellement un problème, mais en même temps, vous misez plus sur la valeur nutritionnelle qu'en prenant des denrées issues de filières classiques.

En effet, une enquête réalisée sous la responsabilité de l'INSERM[73] a récemment montré que le poulet bio renferme 3 fois plus de

---

72. D'après le baromètre 2007 de l'agence Bio-CSA.
73. Institut national de la santé et de la recherche médicale.

matière organique effective que le poulet standard, que les pêches jaunes bio ont 2 à 3 fois plus de bêta carotène, que les salades bio ont plus de vitamine C, et ainsi de suite. En d'autres termes, vous achetez certes votre poulet bio 20 % plus cher qu'un poulet normal, mais votre estomac a 3 fois plus d'éléments nutritionnels à se mettre sous la dent.

De même, une étude américaine[74] a démontré que les fruits, les légumes et les céréales issus de l'agriculture biologique contiennent davantage d'agents antioxydants qui ralentissent le vieillissement de nos cellules : les polyphénols. L'étude explique qu'en l'absence de pesticides, les plantes sécrètent naturellement des polyphénols pour repousser certains insectes.

Produits dans le respect de l'environnement, les aliments bio nous offrent donc ce que la nature a de meilleur : des vitamines, des calories dispensées tout simplement par le sol et le soleil. Ils ne risquent pas de contenir des résidus d'herbicides, de pesticides ou d'autres traitements chimiques, dont les conséquences pour notre santé sont souvent mal connues. Les produits bio contribuent à préserver un environnement sain, qui se régénère naturellement et qui permettra de produire chaque année des aliments de qualité.

Le saviez-vous ?

Il y a 240 000 nouveaux cas de cancer chaque année en France. 100 000 pourraient être évités en modifiant notre hygiène de vie, par un apport quotidien en vitamines et en minéraux anti-oxydants. Pour cela, il est conseillé de manger 5 fruits et/ou légumes différents par jour.

Pourquoi les pauvres devraient-ils produire pour les riches ?

Les circuits économiques tels qu'ils sont largement établis aujourd'hui font que nous vivons tranquillement notre petite vie (relativement) confortable en allant régulièrement faire nos courses, sans jamais nous soucier des conditions de travail

---

74. Source : *Journal of Agricultural and Food Chemistry*, 26 février 2004.

qui ont permis de nous fournir les produits que nous achetons à bon prix. Soit nous fermons les yeux – « c'est le problème des autres, des gens du Sud ou des agriculteurs, mais pas le nôtre » –, soit nous sommes résignés : nous ne savons pas comment peser individuellement sur le système pour le faire évoluer. Et pourtant, nous avons un rôle à jouer, particulièrement depuis que les mécanismes du commerce équitable ont commencé à se mettre en place et à venir progressivement irriguer nos étalages.

■ **Le commerce équitable**[75]

Visant à établir un rapport d'échanges satisfaisants pour tous – du producteur au consommateur – le commerce équitable se fonde sur les principes suivants :

- Assurer une juste rémunération du travail des producteurs et artisans les plus défavorisés, leur permettant de satisfaire leurs besoins élémentaires : santé, éducation, logement, protection sociale.
- Garantir le respect des droits fondamentaux des personnes (refus de l'exploitation des enfants, de l'esclavage...).
- Instaurer des relations durables entre les partenaires économiques.
- Favoriser la préservation de l'environnement.
- Proposer aux consommateurs des produits de qualité.

Au-delà du produit emblématique qu'est le café, vous pouvez désormais vous procurer de nombreux produits alimentaires issus du commerce équitable : chocolat en tablette, riz, thé, cacao en poudre, jus de fruit, sucre, fruits, huile... N'hésitez pas à vous renseigner[76] et à réclamer les nouveaux produits que vous ne trouvez pas dans votre marché habituel. C'est de cette manière qu'ils peuvent se diffuser et se développer.

Les principes de production des denrées issues du commerce équitable font que non seulement vous soutenez les petits producteurs, mais en plus vous vous approvisionnez en aliments dont la production a été respectueuse de l'environnement. La démarche « bio » et la démarche « commerce équitable » se rejoignent

---

75. Source : plate-forme du commerce équitable (PFCE).
76. Par exemple, au travers de la plate-forme du commerce équitable : *www.commercequitable.org.*

donc. Très souvent, les produits issus du commerce équitable transitent par une coopérative : cela permet de garantir de bonnes conditions de travail, mais aussi de favoriser l'économie locale de la région en achetant les produits de la coopérative. En revanche, méfiez-vous des appellations autres que « commerce équitable », par exemple les produits estampillés « commerce éthique » ou « commerce solidaire » : en les achetant, vous n'avez pas les mêmes niveaux de garantie. Rien ne vaut un bon label « Max Havelaar » ou toute autre garantie de commerce équitable comme l'achat effectué dans un magasin « Artisans du monde ».

Max Havelaar et son label[77]

Max Havelaar est une association à but non lucratif qui délivre un label aux produits répondant aux standards internationaux du commerce équitable. Son objectif est de permettre aux producteurs et aux travailleurs défavorisés du Sud de vivre dignement de leur travail en instaurant des règles commerciales plus justes.

Au travail comme à la maison, le consom'acteur n'a pas de frontière

Le café, le thé ou le jus d'orange pendant les pauses, le papier et les stylos à longueur de temps, le chocolat entre amis du bureau, les cadeaux de fin d'année pour les clients et les collègues… Tout cela représente une multitude de petits achats occasionnels ou de grandes commandes régulières pour l'entreprise. Pourquoi ne pas, pour chacun de ces achats, favoriser des produits écologiques et/ou issus du commerce équitable ? Fiez-vous aux labels écologiques et équitables autant que possible. Par exemple, un bon café peut très bien être bio et issu du commerce équitable, et le choix des bureaux ou des étagères en bois FSC (*Forest Stewardship Council* : écolabel qui assure que la production d'un produit à base de bois comme un meuble a respecté une gestion durable des forêts) s'élargit autant dans la grande distribution que chez les designers contemporains. Observez autour de vous,

---

77. Source : Association Max Havelaar France.

allez dans les petits magasins bio ou de commerce équitable[78] : vous trouverez des centaines d'idées que vous pourrez par la suite soumettre à vos collègues de travail.

Se tenir informé : un consom'acteur averti en vaut deux

Il existe de nombreuses initiatives qui rendent la consom'action très vivante. Il faut se tenir informé pour pouvoir, par la suite, faire progresser ses choix de consommation en fonction de l'actualité.

Vous croyez que Max Havelaar[79] ne labellise que du café, alors qu'il existe désormais même du gel douche ? Avez-vous entendu parlé du dernier appel du collectif « De l'éthique sur l'Étiquette », contre tel ou tel distributeur qui annonce être très avancé dans la mise en place d'un code de conduite respectueux des ouvriers de ses fournisseurs asiatiques, alors qu'un accident très grave lié à un manque flagrant de sécurité a tué des dizaines d'ouvriers au Bengladesh ?[80]

Vous pouvez, par exemple, vous abonner à des lettres d'information sur Internet[81], consulter régulièrement des sites Internet incontournables[82]. Certaines revues permettent également de se tenir informé[83].

---

78. Aux côtés des magasins bio que l'on trouve depuis une dizaine d'années, les magasins de commerce équitable se développent beaucoup en France actuellement. Surveillez près de chez vous. La gamme de produits est extrêmement étendue, loin du cliché « commerce équitable = café ». On peut trouver des vêtements, des chaussures, des cadeaux, des produits de beauté, des produits agroalimentaires…

79. *www.maxhavelaarfrance.org.*

80. *www.ethique-sur-etiquette.org.*

81. Par exemple, *www.novethic.fr* ou *www.rsenews.com.*

82. Se reporter aux annexes pour de plus amples informations.

83. Notamment *60 millions de consommateurs* (*www.inc60.fr*), *UFC Que choisir* (*www.quechoisir.org*, rubrique « environnement »), *Cadre de vie* (*www.clcv.org*), *Le nouveau consommateur*, Ekwo.

Quelques réflexes de consom'acteur

Développer mes achats bio et solidaires :
- Je me tiens informé sur les sites Internet dédiés. Certains peuvent même m'aider à trouver directement les articles qui ne sont pas dans les réseaux classiques de distribution.
- J'achète des produits bio portant un label officiel français, européen, ou émanant d'une association à but non lucratif.
- J'achète des produits issus du commerce équitable portant un label officiel français, européen, ou émanant d'une association à but non lucratif.
- Je me méfie des labels et appellations qui ne sont pas contenus dans ce livre : chaque producteur ou distributeur peut y aller de son initiative personnelle, mais l'observation montre que seuls les labels français, européens ou émanant d'une association à but non lucratif permettent d'apporter les garanties suffisantes au consommateur.
- Pour repeindre le salon, je peux choisir une peinture avec l'écolabel français « NF Environnement » : il me garantit sa qualité et ses caractéristiques environnementales.
- Cet emballage est en plastique recyclable. Sera-t-il recyclé ou est-il juste recyclable ?
- J'achète des tee-shirts et des pulls fabriqués à partir de bouteilles d'eau minérale en plastique de type PET.
- J'achète un nouveau réfrigérateur en me fiant non seulement à l'étiquette énergie pour prendre un appareil A, A+ ou A++, mais je vérifie aussi qu'il utilise bien de l'isobutane comme gaz réfrigérant, ce gaz ayant l'avantage, contrairement à l'hexafluorocarbone, de ne pas être un gaz à effet de serre.

Remettre en question quelques bonnes mœurs populaires :
- Je dois acheter du papier « essuie-tout » pour la maison et le bureau : je vais choisir celui avec l'écolabel européen. Encore mieux : j'utilise un torchon.
- Je récupère les papiers-cadeaux pour refaire des cadeaux une prochaine fois ! Cela casse les us et coutumes, mais ce n'est pas nécessaire de jeter et d'acheter à chaque fois du nouveau papier !
- Pour me faire livrer, est-ce vraiment urgent d'affréter un camion juste pour moi ? L'achat sur Internet avec livraison postale permet d'utiliser les voies classiques de livraison pour recevoir les achats effectués sur Internet.

Je vis au rythme des saisons :
- Je cuisine moi-même et me prépare des plats à base de produits frais et d'aliments crus. Cela me revient moins cher qu'un plat cuisiné.
- Je reste vigilant et respecte aussi scrupuleusement que possible les saisons dans mes approvisionnements.
- J'évite de manger trop souvent de la viande, du poisson et des fruits de mer.
- J'évite de consommer trop de produits laitiers.
- Je me réconcilie avec les légumineuses : pois chiche, lentilles, haricots rouges, fèves, etc.

Trouver le juste prix

Le grand drame de la consom'action, c'est qu'elle va bien souvent buter sur le prix. Oui, acheter un réfrigérateur de classe A coûtera plus cher qu'un classe C. Mais c'est encore une fois parce que la consom'action exige de changer de référentiel, de rompre avec la vision traditionnelle de l'achat, souvent à très court terme (combien je dois débourser aujourd'hui ?), pour entrer dans un référentiel de plus long terme, intégrant les paramètres de coûts liés à la consommation en plus de ceux liés à l'achat. Les produits du développement durable ne sont donc pas forcément plus chers. Bien au contraire :

- Si le produit est de meilleure qualité et dure plus longtemps, cela évitera d'avoir à le changer rapidement.
- S'il est économique à l'usage (lampes fluocompactes, appareils électroménagers économes…), sa rentabilité à moyen ou long terme compense son prix d'achat plus élevé.
- S'il est plus cher parce que la demande est encore faible, c'est en le choisissant que l'on contribuera à développer le marché et à faire baisser les prix.

D'ailleurs, le consom'acteur se méfie comme de la peste des prix trop bas. Il n'a pas confiance. Les bas prix sont soit liés à la qualité du produit (et le consom'acteur veut de la qualité qui dure longtemps), soit aux conditions de travail (et le consom'acteur ne veut sûrement pas être complice de l'exploitation humaine), soit, encore, au manque de souci écologique (préoccupation qui anime la décision d'achat du consom'acteur).

Favoriser le commerce de proximité

Le consom'acteur ne s'inscrit pas dans la logique industrielle des grands flux : il veut acheter des produits de saison pour sa cuisine, trouver des vêtements de qualité qui vont durer longtemps, etc. Si les commerçants du quartier jouent le jeu en se démarquant des gros distributeurs pour proposer des produits de qualité ou issus de catalogues difficiles à trouver en grande surface, il y a là matière à contenter le consom'acteur pour tous ses achats quotidiens : la petite boutique locale de commerce équitable où regarder les nouveautés pour acheter des vêtements, le magasin bio dans lequel se procurer de quoi manger, que l'on peut compléter par un accord avec un agriculteur local chargé de fournir régulièrement des produits frais de saison. Cela peut fonctionner grâce au réseau AMAP[84] ou en allant tout simplement acheter directement ses fruits et légumes au marché le matin.

■ AMAP (association pour le maintien d'une agriculture paysanne)

Les AMAP sont des partenariats de proximité entre un groupe de consommateurs et une ferme, souvent située en zone péri-urbaine, se développant à partir de la vente directe par souscription des produits de cette dernière. Ils sont adaptés à tout type de production, et particulièrement à celle des fruits et légumes.

■ Ma banque, mon assurance et mon argent

Comment ma banque utilise-t-elle l'argent que je dépose chez elle ?

Les banques et les assurances collectent notre argent : placement sur une épargne, paiement d'un contrat d'assurance, etc. Ces organismes ont la possibilité ensuite d'investir cet argent – notre argent – dans différents projets. En tant que financeurs de projets, ils peuvent avoir un fort impact, positif ou négatif, sur le développement durable. Tout dépend de la façon dont les investissements se font. Et pour l'immense majorité des institutions, aujourd'hui nous n'en avons aucune idée : savez-vous ce que votre banque ou votre assurance fait de l'argent que vous avez déposé chez eux ?

Pour sensibiliser à ce sujet, un collectif d'ONG, rassemblant notamment le *Rainforest Action Network*, les Amis de la Terre, WWF Royaume-Uni, etc., a publié, en janvier 2003, la *Déclaration de Colevecchio*. Ce texte appelle les institutions financières à plus de responsabilité sociale et environnementale en les incitant à mieux intégrer les critères sociaux et environnementaux dans l'évaluation des projets qu'elles entendent financer. Ces

---

84. Pour de plus amples informations, consulter le site *alliancepec.free.fr/ Webamap/index.php*.

contraintes sont compensées par une meilleure appréhension des problématiques associées, et donc à une meilleure gestion des risques pour les investisseurs.

Certaines banques proposent des systèmes dans lesquels votre carte de crédit peut être associée à une ONG. À chaque fois que vous utilisez votre carte, une petite partie de la commission de la transaction bancaire finance les activités de l'ONG. C'est un bon moyen de soutenir la vie associative.

En réponse, certaines banques ont signé les « principes de l'investissement responsable » du programme des Nations unies pour l'environnement. Cela les engage à respecter différentes lignes de gestion et d'investissement des fonds dont elles disposent pour contribuer plus favorablement au développement durable. Lorsque les principes sont respectés, c'est un gage de sécurité pour les particuliers. Où en est la vôtre ?

■ **Les principes de l'investissement responsable**

Les six principes de l'investissement sont déclinés en trente-deux actions possibles et développés sous l'égide de l'Initiative financière du programme des Nations unies pour l'environnement (UNEP-FI) et du Pacte mondial des Nations unies. Lancés en 2006, ils sont soutenus à présent par environ deux cent cinquante investisseurs et gestionnaires d'actifs, représentant 10 000 milliards de dollars. Conscients de l'importance croissante des questions environnementales, sociales et de gouvernance d'entreprise (ESG), les signataires s'engagent à les prendre en compte dans l'ensemble de leurs processus d'analyse et de décision d'investissement, à encourager les pratiques ESG des émetteurs et de l'industrie de l'investissement, à collaborer à la mise en œuvre de ces principes et à en rendre compte.

Comment mon contrat d'assurance peut-il m'aider à investir dans le développement durable ?

Il n'y a rien de pire qu'un sinistre. Personne n'en veut. Pourtant, certains contrats d'assurance proposent d'aider les sinistrés à reconstruire leur maison en haute qualité environnementale (HQE) ou financent la rénovation d'un système de chauffage plus écologique (et potentiellement plus coûteux à l'achat). Nous avons vu combien l'optimisation des consommations énergétiques dans le bâti était un levier majeur du développement durable. Ce type de contrat d'assurance permet de transformer un sinistre en une aubaine et redonne le moral en ayant un assureur citoyen, prêt à vous aider à financer la reconstruction plus écologique d'une maison brûlée. Que stipule votre propre contrat d'assurance ?

Placer son argent sur des fonds éthiques[85] ou solidaires

Les fonds éthiques

L'investissement socialement responsable (ISR) rassemble toutes les démarches qui consistent à intégrer des critères extra-financiers (l'environnement, le social) dans les décisions de placements et la gestion de portefeuilles. En France, les fonds ISR ont connu une très forte progression depuis 10 ans.

Commençons par casser les idées reçues : rien ne prouve aujourd'hui que les fonds éthiques sont « moins performants » que les fonds traditionnels d'investissement : ils ont des performances globalement comparables. Une étude de l'IFOP[86] précise même que 74 % des actionnaires se déclarent convaincus que les placements ISR sont aussi performants sur le long terme que la moyenne des indices boursiers. Du coup, cela pose une question simple au consom'acteur : s'il peut espérer faire fructifier autant son argent dans un fonds en le plaçant dans des entreprises qui tiennent compte des préoccupations sociales et environnementales, pourquoi se priver d'une telle opportunité ? Votre banque vous propose-t-elle de placer votre argent sur des placements financiers éthiques ?

Au-delà, il est tout de même intéressant de comparer l'évolution, sur quatre ans, des cours boursiers d'un panel d'entreprises jugées « bien notées », sur la base de critères sociaux et environnementaux, à un panel plus large de sociétés. Le graphique ci-après révèle tout de même, de manière fort intéressante, un net avantage pour l'investissement dans les actions d'entreprises qui prennent en compte le développement durable.

---

85. Pour de plus amples informations : *www.novethic.fr*.
86. Réalisée auprès de 501 personnes représentatives des actionnaires individuels, *Investir Magazine*, juillet-août 2007.

La surperformance d'un panier d'actifs financiers favorablement jugés sur des critères de développement durable par rapport à l'ensemble des actifs

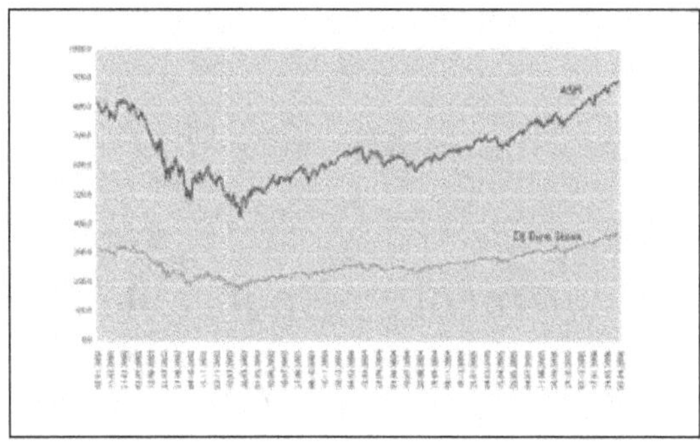

Évolution de l'indice ASPI Eurozone®[87] (en foncé) et de l'indice Dow Jones Euro STOXX (en clair) sur cinq ans à fin 2006.

Pour aller plus loin, il est même possible à tout particulier d'investir dans des produits dont le placement offre une rémunération qui n'est pas forcément la plus attractive du marché, mais qui permet de financer des projets à forte dimension sociale ou environnementale. Le livret A reste un exemple historique de placement sécurisé permettant de financer des logements sociaux en France.

■ Les produits financiers solidaires[88]

Ce sont des produits d'épargne classique, qui sont généralement moins rémunérateurs pour les épargnants que leurs concurrents « non solidaires », mais qui offrent une plus-value sociale collective importante et facilement identifiable.

---

87. L'indice ASPI Eurozone® (*Advanced Sustainable Performance Indices*) est la propriété du groupe Vigeo. Il rassemble une sélection de grandes entreprises cotées en Bourse, les mieux notées sur la base de critères sociaux et environnementaux du groupe Vigeo. Plus largement, l'indice Dow Jones Euro STOXX est l'indice boursier composé d'actions des 300 plus grandes valeurs de la zone euro, choisies sur des critères purement financiers de capitalisation, de liquidité et de poids sectoriel.

88. Pour de plus amples informations, consulter *www.finansol.org*. Géré par un collectif de spécialistes de l'économie sociale et solidaire, le label Finansol distingue les placements les plus transparents et les plus solidaires. Une partie de la performance financière est reversée aux initiatives à caractère social. On peut citer également la NEF (*www.lanef.com*) et la Fédération des Cigales (*www.cigales.asso.fr*).

Changer ses habitudes chez soi

Notre maison est un lieu privilégié dans lequel nous pouvons agir très concrètement pour un développement durable. Déjà, parce qu'elle concentre à elle seule de nombreuses problématiques écologiques :

- consommation d'énergie ;
- consommation d'eau ;
- production de nombreux déchets ;
- modes de consommation et enjeux de cohésion sociale ;
- pollution et qualité de l'air.

Nous pouvons continuer à vivre confortablement en polluant moins l'environnement et en tenant davantage compte des enjeux de solidarité sociale ! On peut commencer par un peu de sobriété dans la consommation énergétique – l'Association Negawatt a ainsi montré qu'en faisant simplement preuve, à titre individuel, de mesure dans ses consommations énergétiques, on pouvait réduire les besoins de toute la France de 70 % par rapport aux tendances actuelles d'ici à 2050 ![89]

Le saviez-vous ?

En France, en 2000, l'habitat (logements et bureaux) représentait 46 % de la consommation énergétique française ! 1/3 des émissions de gaz à effet de serre est imputable au résidentiel. Nous comprenons mieux nos responsabilités individuelles.

On peut continuer à se poser quelques questions de bon sens sur ses besoins en consommation d'eau « neuve toute propre sortie du robinet », et sur l'avenir laissé à la collectivité des déchets que l'on génère soi-même à travers son évier et ses poubelles.

Cette partie donne des idées pour optimiser en même temps notre écologie et notre économie domestiques. Comment intégrer un peu plus le développement durable très simplement dans la cuisine, les meubles, les travaux, ou le jardin ? C'est plutôt simple, même assez sympathique, et ça peut rendre le lieu encore plus chaleureux et accueillant !

---

89. Source : *Environnement Magazine.*

▪ Dans la cuisine

Les principes simples tournent autour de deux idées centrales : consommer avec respect et parcimonie, en gardant en mémoire que c'est la planète qui fournit tout et qu'elle n'en peut plus de trop donner, et jeter avec intelligence, en se posant sans cesse les questions suivantes : « Où ça va ? », « Qui s'en occupe ? », « Est-ce que je ne peux pas moi-même trier ces déchets ? »

L'évier

Dans la cuisine, l'évier est à la fois l'endroit où on lave, rince, astique, mais aussi où l'on se débarrasse de ce que l'on ne veut plus chez soi : gras de vaisselle, liquides de nettoyage ou de bricolage, etc. Tant que l'évier ne se bouche pas, on a un peu l'impression qu'il peut absorber tout et n'importe quoi. Tant que l'eau coule à flot, on se dit qu'elle est en éternelle abondance. Pourtant, certains déchets sont particulièrement nocifs et difficiles à gérer par les services de traitement des eaux usées. Il n'est donc pas étonnant de voir sa facture d'eau augmenter d'année en année, preuve que l'eau propre est de plus en plus difficile à garantir au robinet ; c'est même devenu une mission quasi impossible dans de nombreuses régions françaises !

Quelques gestes « écolos » à adopter pour l'évier

- J'arrose mes plantes vertes avec l'eau utilisée pour rincer les fruits et légumes.
- Je ne rejette pas dans l'évier de matières grasses, de produits chimiques (peintures, insecticides, vernis, solvants), de médicaments.
- Je veux faire reluire les casseroles décoratives qui pendent au-dessus de ma cuisine ? J'astique les cuivres avec du citron.
- J'utilise un détergent portant l'écolabel européen.

Gérer son évier de façon responsable, c'est donc réduire sa consommation d'eau et faire attention à ce que l'on jette pour faciliter le traitement de l'eau usée.

Il existe des produits simples, efficaces, pas chers et écologiques pour les petits nettoyages quotidiens. Voici trois produits qui, mélangés à un peu d'eau, sont à portée de main et ne présentent pas d'effets négatifs importants une fois jetés dans l'évier :

- Le bon vieux savon en bloc, paillettes ou liquide, mais sans additifs : il permet de nettoyer presque tout dans la maison.
- Le vinaigre, particulièrement efficace contre les taches ou les dépôts de calcaire. Il suffit de prendre son temps et de laisser agir plusieurs heures, si possible.
- Le bicarbonate de soude, sec ou mélangé en quantité égale avec de l'eau : il vient à bout de bien des taches de sucre ou de graisse. Inoffensif pour l'environnement, vous pouvez nettoyer les fours et vous en servir comme détergent pour la cuisine et la salle de bains. C'est également un agent blanchissant pour le lavage. À vous d'expérimenter !

La vaisselle

Là encore, on fait couler l'eau sans s'inquiéter du devenir des petits déchets organiques (nourriture, sauces...) mélangés au détergent qui élimine les graisses et rend une propreté immaculée et senteur de pin à la vaisselle. Le tout disparaît purement et simplement par le lavabo ou le lave-vaisselle. Et pourtant, on peut là aussi se poser quelques questions simples qui ne nuiront pas à notre confort.

Les petits gestes « écolos » lors de la vaisselle

Je fais la vaisselle à la main ?
- Je ne laisse pas couler l'eau ! Je remplis le bac de l'évier.
- Je choisis des produits d'entretien labellisés (voir les annexes), à base de substances végétales non polluantes. On en trouve un peu partout dans les supermarchés et dans droguistes. Sinon, il faut absolument les réclamer.
- Je me limite à quelques gouttes de détergent. C'est tout à fait suffisant.

J'utilise un lave-vaisselle ?
- Je ne fais fonctionner la machine que lorsqu'elle est pleine !
- Je respecte les doses de lessive. Je n'hésite pas à réduire même.
- J'utilise systématiquement le programme « éco ».
- Je laisse sécher naturellement la vaisselle.
- J'entretiens régulièrement le filtre de la machine afin de conserver le plus longtemps possible ses performances de nettoyage.

Il faut utiliser son lave-vaisselle à chaque fois qu'il est bien plein. Son usage est un luxe. Déjà, il consomme beaucoup d'énergie, notamment pour chauffer l'eau, durant le programme de lavage (80 % de la consommation énergétique). Un programme court ou économique avec un cycle à 40 °C consomme 3 fois moins d'énergie qu'un cycle à 90 °C. Ensuite, un lave-vaisselle récent consomme environ 15 à 20 litres d'eau par cycle. Et un seau de 20 litres d'eau propre par jour, c'est justement le minimum vital, dont sont privés 400 millions d'enfants dans le monde !

La poubelle

Dans la cuisine, nous jetons principalement les déchets liés aux emballages de nos produits et les déchets organiques laissés en fin de repas. Pendant des années, nous ne nous sommes pas posé la moindre question, et nous avons tout mis dans une même poubelle sans nous inquiéter du devenir de ces déchets. Le tri est venu progressivement s'intégrer dans notre vie et nos habitudes ; c'est un geste simple qui demande juste un petit effort au début pour changer son comportement, et qui devient ensuite un réflexe totalement évident.

Le saviez-vous ?

26 % de notre nourriture finit à la poubelle !

90 % du poids total des ordures ménagères produites chaque année en France n'est pas recyclé. Ils finissent dans les décharges ou sont incinérés ! Que faire ? Commencer par réduire les déchets que l'on met soi-même à la poubelle !

Les déchets respectent une certaine hiérarchie. Le meilleur déchet est encore celui que l'on ne produit pas. Ensuite viennent ceux dont on maîtrise autant que possible la production et qui peuvent être revalorisés en fin de vie. Enfin viennent les déchets dont la fin de vie est problématique et qu'il faut substituer autant que faire se peut par ceux des deux précédentes catégories. Sur cette base-là, différents réflexes présentés ci-après permettent de mieux contrôler sa propre production de déchets.

La revalorisation des déchets est essentielle : c'est encore la meilleure façon, même au niveau individuel, de transformer un passif dont on se serait volontiers débarrassé *via* sa poubelle en un actif répondant à un besoin. Le compostage en est une bonne illustration : c'est une solution facile lorsqu'on dispose d'un jardin pour diminuer le volume de la poubelle et réduire sa propre facture d'achat d'engrais pour le jardinage et le potager.

La maîtrise de sa production personnelle de déchets demande une vigilance permanente au début, qui devient rapidement un simple réflexe par la suite : le consommateur qui a l'habitude de vérifier les prix ou la provenance des produits qu'il achète doit également se demander si le conditionnement, voire la nature des articles qu'il achète quotidiennement a un sens du point de vue de la fabrication des déchets générés. D'ailleurs, souvent il n'y a pas de secret : acheter un produit suremballé sous forme de mini-dosettes a toujours un impact sur la production des déchets (il y a plus de déchets que dans une dose en vrac), mais également sur le prix (la minidosette qui permet d'éviter de prendre une cuillère à café pour se faire sa propre dose, ça se paye).

Les petits gestes « écolos » pour la poubelle

Je commence par faire la chasse au « gaspi » lorsque je fais les courses

- Je pars faire mes courses équipé d'un bon vieux cabas solide ou d'un sac à dos, pour éviter de prendre des sacs plastiques à la caisse. Tant pis pour les sacs de magasin que j'ai l'habitude de réutiliser sous forme de sac-poubelle. J'achète désormais des sacs-poubelle labellisés pour contenir mes ordures. Dans la décharge, ces sacs disparaissent vite, contrairement à la plupart des sacs de supermarché qui s'accumulent pour des dizaines d'années dans les décharges, lorsqu'ils ne terminent pas dans les mers ou dans les campagnes.
- J'essaie d'acheter « au fur et à mesure », selon mes besoins.
- J'évite les achats qui ne sont pas nécessaires, par exemple l'eau en bouteille : l'eau du robinet est excellente dans la plupart des régions.
- Je fais la chasse aux emballages qui viendront inutilement gonfler ma poubelle : les mini-doses (fromages, café percolateur, goûter des enfants…), les paquets qui multiplient les emballages pour rien. J'achète un sac de 2 kg de riz plutôt que quatre boîtes de 500 g, des pots ou des bouteilles en format familial (qui ont souvent l'avantage d'être un peu moins chers que les petits formats).

Je réduis la quantité de déchets que je mets à la poubelle

- Je n'abuse pas du papier essuie-tout alors qu'un coup d'éponge ou de torchon suffit la plupart du temps.
- Je me sers des petites boîtes en plastique refermables et réutilisables pour stocker mes aliments.
- Je récupère les vieux journaux ou les prospectus pour allumer mes feux de cheminée.

Je trie mes déchets en respectant scrupuleusement les consignes de ma commune

- Je me réfère exclusivement aux documents fournis par ma ville : les procédures ne sont pas forcément les mêmes d'un endroit à un autre.
- Lorsque je me trompe de récipient, je peux mettre en péril les efforts de tout mon immeuble ou de toute ma rue ! Le tri exige de la rigueur de la part de chacun. Certaines communes ont d'ailleurs mis en place des systèmes d'amende : lorsqu'il est possible de trouver le responsable des déchets qui n'ont pas été déposés dans la bonne poubelle – et c'est plutôt facile, en fouillant dans les poubelles – la commune adresse une amende au contrevenant. Pas de panique toutefois ! Dès que j'ai un doute, il existe toujours une poubelle où jeter par défaut.

J'ai un jardin ?

- Je me procure ou me fabrique un composteur et y jette mes déchets alimentaires à part, dans mon composteur.
- Au bout de quelques mois, je fertilise mon jardin avec mon propre compost.
- Si je n'ai pas de jardin, ni envie de faire du compost, je me renseigne auprès de la mairie car certaines disposent de conteneurs spécialisés pour le compost collectif.

Le saviez-vous ?

Selon l'ADEME, 25 dosettes de café génèrent 10 fois plus d'emballages qu'un paquet de 100 grammes. A-t-on vraiment besoin de dosettes pour préparer son café quotidien ?

1 litre de jus d'orange en boîte peut polluer jusqu'à 22 litres d'eau et mobilise 4 kg de matières (engrais, herbicides, pétrole notamment) dans le processus de production. Sans même parler des conditions de travail dans bien des plantations, cette production de jus d'orange en boîte est une industrie qui, lorsqu'elle n'est pas gérée selon les principes de l'agriculture biologique, peut stériliser 1 m² de terre. Pourquoi ne pas, tout bêtement, acheter ses oranges au poids, à la bonne saison, et se les presser avec un bon vieux presse-agrume manuel ?

Le réfrigérateur

Si vous avez déjà essayé de faire un peu la chasse au « gaspi » chez vous, vous vous êtes certainement rendu compte que le réfrigérateur est un gros consommateur d'électricité. Alors comment faire quand on a quand même bien besoin de conserver des aliments au frais ? Là encore, quelques gestes simples peuvent considérablement améliorer votre « écoperformance »...

Les petits gestes « écolos » pour le réfrigérateur

- Je commence par vérifier que mon réfrigérateur est loin des sources de chaleur.
- Je modère l'utilisation de mon appareil ! Il suffit de 5 °C pour un réfrigérateur, et de - 18 °C pour un congélateur.
- Je ne mets pas d'aliments chauds au réfrigérateur : ça fait consommer inutilement de l'énergie pour tenir la température !
- Si je sais que le lendemain je vais consommer un plat congelé, je le place la veille dans le réfrigérateur de manière à utiliser le froid de sa décongélation pour limiter la consommation énergétique de l'appareil.
- Je transvase mes aliments dans un récipient plastique qui se ferme hermétiquement, récupéré d'un précédent achat.
- Je dégivre régulièrement mon appareil. Contrairement à une idée tenace, il faut dégivrer le réfrigérateur au-delà de 2 millimètres seulement pour éviter les surconsommations. Cela me permettra d'économiser jusqu'à 30 % de ma consommation d'électricité. Une très mince couche de givre (moins de 2 mm) améliore l'efficacité du refroidissement interne. 5 centimètres de glace multiplient par 3 la consommation d'électricité de l'appareil !

La cuisinière

La cuisinière donne vie à la cuisine. C'est autour d'elle que se mijotent tous les plats, du matin jusqu'au dîner. La cuisinière est donc naturellement le point névralgique sur lequel doit porter dorénavant toute votre attention. Dans son entretien et dans son utilisation, comment diminuer les consommations énergétiques ? En cuisinant, comment réduire les besoins en eau et en déchets générés par la préparation des petits plats ?

Déjà, couvrir la casserole pendant que l'on fait chauffer de l'eau permet d'économiser jusqu'à 30 % d'énergie ! Pour maintenir l'eau à ébullition dans une casserole, utilisez un simple couvercle, qui permet de diviser par 4 l'énergie nécessaire. Vous économisez ainsi de l'énergie, et du temps !

Cuire à gros bouillon consomme également de l'énergie inutilement : cette méthode n'accélère pas la cuisson puisque la température de l'eau ne dépasse pas 100 °C. Donc, une fois que votre eau bout et que vous avez versé les pâtes, vous pouvez réduire la température. Vous pouvez ainsi modérer vos besoins énergétiques tout en mangeant les mêmes pâtes, qui mettront le même temps pour être *al dente* !

Les petits gestes « écolos » avec sa cuisinière

J'ai une cuisinière électrique

- J'éteins les plaques électriques avant la fin de la cuisson, car elles continuent de chauffer durant 15 minutes.
- J'utilise des casseroles dont le fond, parfaitement plat, est adapté à la surface de la plaque, jamais plus petites pour éviter les pertes d'énergie.

J'ai une cuisinière à gaz

- C'est bien ! Mieux vaut faire la cuisine au gaz naturel, qui est beaucoup plus économe que des plaques électriques.
- Je nettoie soigneusement à l'eau chaude les brûleurs à gaz pour qu'ils aient un rendement maximal.
- Je pense régulièrement à vérifier l'état du tuyau d'alimentation du gaz : cela évite des pertes inutiles d'énergie.

Dans le salon, le bureau et la chambre

Le salon, le bureau et la chambre sont des espaces de vie dans lesquels nous passons les 3/4 de notre temps, quand nous sommes à la maison. Nous pouvons améliorer notre qualité de vie dans ces lieux en les rendant plus sains et plus agréables, tout en détectant des solutions pratiques permettant de gagner en efficacité dans le gaspillage des ressources.

Pollution de l'air : avant d'agir, il faut déjà réagir...

Le constat est malheureusement alarmant, mais force est de reconnaître qu'avant même d'agir pour un développement durable, il faut commencer par faire de notre mieux pour balayer les substances et organismes engendrés par notre mode de vie, et qui ont un impact direct sur notre santé et celle de nos proches. Améliorer la qualité de l'air, afin de réduire les allergènes et les polluants de l'environnement, est le premier pas indispensable pour dessiner la voie du développement durable dans son salon.

Les petits gestes « écolos » pour améliorer la qualité de l'air chez soi

- J'achète des produits naturels.
- Pour éviter la prolifération des particules polluantes, je m'assure d'utiliser rationnellement les produits de nettoyage et de bricolage, en aérant les pièces pendant l'usage, et même parfois les jours qui suivent.
- Pour parfumer mon atmosphère, je remplace les aérosols par des diffuseurs d'huiles essentielles, des pots-pourris, des plantes d'intérieur parfumées.

La chasse au « gaspi » électrique

Nous sommes entourés d'appareils électriques. Branchés et éteints, ils consomment tous de l'électricité en douce. Un des pires ennemis de la chasse au « gaspi » est encore la fonction « veille », qui est une invention aussi gourmande en énergie qu'inutile : lorsqu'on s'assoit dans le canapé pour regarder la télévision, est-ce vraiment plus compliqué de passer devant le téléviseur pour allumer le poste plutôt que de s'installer et de l'allumer en utilisant la télécommande ? L'air de rien, cette petite fonction « veille » nous pousse à consommer, au jour le jour, largement le double de l'électricité dont nous avons réellement besoin, car les appareils en veille peuvent représenter jusqu'à 70 % de la consommation totale en électricité ! Par exemple, un ordinateur mis en mode « veille » peut consommer encore 60 watts (contre 80 à 200 watts en mode « allumé »). Si vous débranchez TV, radio, magnétoscope, chaîne hi-fi, ordinateurs… vous pouvez économiser de 300 à 1 000 kWh par an, allégeant ainsi d'au moins 10 % votre facture d'électricité.

Les petits gestes contre le gaspillage d'électricité

- Je bannis l'utilisation de la fonction « veille ».
- Je coupe également les appareils censés me donner l'heure en veille, comme si j'avais besoin d'avoir l'heure dès que je pose mon regard quelque part dans une pièce. En achetant des appareils à horloge en réglage RDS, vous êtes sûr qu'ils se règlent automatiquement pour afficher l'heure correcte dès qu'ils sont branchés.
- Je coupe le courant des appareils qui consomment en douce. Par exemple, en déployant des multiprises possédant un bouton « coupe-courant », je peux contrôler d'un coup tous les appareils, de la chaîne hi-fi au home cinéma.
- J'éteins la machine à café quand elle est inutilisée, je débranche les chargeurs de pile du téléphone portable entre les charges, je vide et débranche le frigo en cas d'absence prolongée, etc.
- J'évite la climatisation et opte pour des systèmes plus doux de rafraîchissement des pièces (baisse des stores en journée, draps humides sur les fenêtres…).
- Je fais attention à la consommation électrique des appareils électroménagers, qui peut varier du simple au quintuple selon les modèles[90].
- J'éteins systématiquement la lumière en sortant d'une pièce éclairée.

---

90. Se référer aux étiquettes « énergie ». Pour plus d'informations, se reporter aux annexes de ce livre.

> ▪ J'arrête de me fier aux watts pour m'acheter un aspirateur : les constructeurs ont compris que les consommateurs raisonnaient ainsi. Certains se sont mis à installer de grosses résistances à l'intérieur des aspirateurs pour justifier d'importants niveaux de watts, alors que les machines n'aspirent pas spécialement plus : l'essentiel de l'énergie part en fumée dans la résistance ![91]

La chasse au « gaspi » dans l'éclairage

On s'en rend compte au jour le jour, notamment lorsqu'on travaille avec une lampe de bureau près de la tête : les ampoules à incandescence (les bonnes vieilles ampoules classiques) chauffent beaucoup. Cela ne vient pas d'un besoin de produire de la chaleur pour créer de la lumière : c'est de l'énergie gaspillée qui ne sert pas à l'éclairage et qui disparaît en chaleur. C'est donc que ces bonnes vieilles ampoules consomment inutilement de l'énergie pour nous éclairer en « 60 watts » ou en « 40 watts ».

■ Une lampe « classique », comment ça marche ?

Que ce soit pour une lampe à incandescence ou pour une lampe halogène, le principe est le même. La lumière est produite par élévation de température d'un filament. Pour la consommation d'un seul watt, une ampoule « classique » produit 5 % de lumière et 95 % de chaleur.

La lampe halogène pousse l'aberration encore plus loin. Puisqu'il est impossible de la mettre en pleine puissance et de la regarder en face, sous peine de se faire vraiment mal aux yeux, voici donc la preuve que : soit la pièce est aveuglée de luminosité, soit, en ne mettant pas la pleine puissance, le petit bourdonnement du variateur est là pour rappeler que de l'énergie est gaspillée, disparaissant dans la nature sans produire d'éclairage. Dans les deux cas, on se rend bien compte que l'on dispose alors chez soi d'un appareil surpuissant (de l'ordre de 500 watts !) que nous n'exploitons pas complètement, et qui chauffe d'ailleurs encore bien plus qu'une ampoule de 60 watts.

Ces systèmes d'éclairage ne sont pas nécessaires. Nous n'avons pas besoin de nous équiper de tels engins pour nous éclairer. Les ampoules « basse consommation » suffisent largement et permettent en plus de réduire les consommations inutiles d'énergie.

Les ampoules fluocompactes ne datent pas d'aujourd'hui : les premiers modèles ont été développés durant la crise pétrolière

---

91. Pour de plus amples informations, se reporter à Salomon T., Bedel S., *La Maison des néga watts*, Terre Vivante, 2005.

Le saviez-vous ?

La consommation d'énergie par habitant des pays riches de l'OCDE est en moyenne 10 fois supérieure à celle des régions en développement, et représente presque 4 fois plus que la moyenne mondiale.

Trois pièces éclairées inutilement chaque soir consomment autant d'électricité qu'un réfrigérateur. L'éclairage représente en moyenne 15 % de la facture d'électricité.

Un ménage consomme entre 400 et 600 kWh pour s'éclairer à l'année. Avec de bonnes pratiques, on peut réduire cela à du 150 kWh sans perte de confort.

des années 1970, à une époque où la France consommait beaucoup de pétrole pour produire de l'électricité. Il fallait faire des économies. Le développement de l'énergie nucléaire, par la suite, a permis de fournir de l'électricité abondante et plutôt à bon marché pendant des décennies. Mais ces ampoules sont tombées en désuétude. C'est grâce à la question du développement durable qu'elles ont repris des couleurs : elles peuvent jouer un très grand rôle dans la modération énergétique dont nous devons tous faire preuve aujourd'hui.

■ Une lampe fluocompacte, comment ça marche ?

La lampe fluocompacte est un tube tapissé de poudre fluorescente. Cette poudre est rendue lumineuse par le rayonnement ultraviolet émis par une décharge dans la vapeur de mercure contenue dans l'ampoule.

Pour notre éclairage, nous avons pris l'habitude de raisonner, à tort, en « watts » : j'ai besoin d'un éclairage de 40 watts par ici, et je lis sur le culot que je ne dois pas mettre une ampoule au-delà de 60 watts par là… Mais nous nous trompons, parce que nous confondons la consommation énergétique nécessaire pour faire fonctionner l'ampoule (les watts) avec la quantité de lumière visible émise par l'ampoule (les « lumens », ce que personne ne connaît, sauf les spécialistes). Grâce à sa technologie, une ampoule fluocompacte permet de produire à peu près le même flux lumineux qu'une ampoule à incandescence en consommant environ six fois moins de watts. En effet, si vous remplacez une ampoule « classique » de 60 watts par une ampoule fluocompacte de 11 watts, vous aurez le même niveau d'éclairage. Comme les constructeurs savent que les consommateurs ont l'habitude de raisonner en « watts », vous trouverez sur les emballages des ampoules fluocompactes une indication du type « équivalent 60 watts ». Cela vous rassure sur le flux lumineux que vous aurez en installant l'ampoule fluocompacte à la place de l'ampoule à incandescence. Utilisez-les pour des éclairages de longue durée (lampe de chevet, plafonnier de salon ou de cuisine…).

Le saviez-vous ?

Les ampoules « basse consommation » (fluocompactes) consomment 5 fois moins (pour un confort d'éclairage identique) et durent 8 fois plus longtemps que les ampoules à incandescence. Elles permettent ainsi de diviser par 4 vos dépenses d'éclairage. Malgré un prix d'achat plus élevé, elles sont donc vite rentabilisées. Vous ferez ainsi jusqu'à 80 % d'économies. Il n'y a vraiment pas lieu de tergiverser.

Les deux seules limites qui obligent à conserver vos ampoules à incandescence, ou à trouver une autre solution d'éclairage que les ampoules fluocompactes sont les suivantes : le cas où vous utilisez un variateur de courant ; le cas où l'ampoule est placée à un endroit que vous ne cessez d'allumer et d'éteindre toutes les trente secondes (temps nécessaire pour que l'ampoule arrive à sa pleine capacité d'éclairage).

On peut également profiter de la lumière du jour : déjà, elle est gratuite. Ensuite, contrairement à certains pays situés près des pôles où il fait nuit six mois par an, elle est disponible à peu près toute l'année. Enfin, elle est agréable : c'est la lumière de la vie qui permet aux plantes de se nourrir. Il faut en profiter au maximum pour n'avoir à allumer une ampoule que dans les cas les plus désespérés : quand il fait nuit, quand il faut visiter une cave, quand le temps ne permet pas d'offrir une luminosité suffisante.

Les petits gestes « écolos » pour mieux gérer son éclairage

- Je n'abuse pas des abat-jour. Leur couleur sombre peut absorber 50 à 80 % de la lumière, obligeant à multiplier les sources lumineuses.
- J'adapte la puissance de mon éclairage en fonction de mes activités dans chacune des pièces. Un « équivalent 100 watts » dans la chambre, c'est exagéré…

- Je jette mes ampoules fluocompactes à la déchetterie, pas dans la poubelle, car elles contiennent du mercure, un métal lourd hautement toxique. Elles doivent donc connaître un recyclage approprié ou un entreposage spécifique. Malgré cela, l'avantage est que ces ampoules peuvent durer jusqu'à 8 ans, là où les ampoules à incandescence sont changées environ tous les ans. Vous n'aurez donc pas à aller à la déchetterie très souvent !
- Je dispose mes tables, plans de travail et bureaux près des fenêtres : cela réduit la facture d'électricité tout en faisant moins travailler les yeux !
- J'utilise des rideaux de faible épaisseur.
- Je lave régulièrement mes carreaux (avec du savon naturel).
- Je m'assure d'avoir des peintures et crépis de couleur claire aux murs et aux plafonds.

La chasse au « gaspi » dans la consommation de chauffage

Le chauffage apporte un bien-être. Dans nos contrées parfois glaciales l'hiver et souvent fraîches le reste de l'année, c'est un élément indispensable pour vivre confortablement chez soi. Au fioul, au gaz, à l'électricité ou même au bois, notre chauffage contribue cependant à l'épuisement des ressources non renouvelables et à la pollution de l'air.

Souvent, lorsqu'on loue un appartement ou que l'on vient d'acheter une maison déjà construite, on ne dispose d'aucune prise sur le choix du système de chauffage, sachant que certains sont nettement moins nocifs à l'environnement que d'autres. Toutefois, une chose est sûre : plus on consomme de chauffage, plus on épuise les ressources, et plus on pollue l'air, voire, on émet des gaz à effet de serre.

Le saviez-vous ?

1 °C de plus au chauffage correspond à une élévation de la consommation énergétique de 7 % supplémentaire.

Sans sacrifier son confort, la modération dans la consommation de chauffage est donc nécessaire. Entretenir correctement son installation, isoler sa maison et se chauffer « juste comme il faut », c'est non seulement un gain pour l'environnement mais aussi pour nous-même. En effet, l'isolation du toit, des combles et des murs permet d'économiser de 10 à 30 % d'énergie, les planchers bas de 5 à 10 %, les fenêtres à double vitrage 10 %. Les joints d'étanchéité, les rideaux ou l'utilisation d'isolants type laine de roche ou à base de liège ou de flocons de papier participent aussi à l'isolation (10 à 15 %). Il est indispensable toutefois d'assurer une bonne ventilation pour des raisons de sécurité, d'hygiène et d'humidité.

Isoler la maison des combles aux murs en passant par les fenêtres permet de réduire la consommation de chauffage par 3 ou 4. Les frais d'isolation s'amortissent en 3 à 5 ans. C'est aussi un moyen d'émettre moins de gaz à effet de serre. Ainsi pour l'ADEME :

- l'isolation des combles = – 30 % de CO_2 ;
- l'isolation des combles + murs = – 50 % de CO_2 ;
- l'isolation des combles + murs + double vitrage = – 70 % de CO_2.

Les petits gestes « écolos » pour mieux gérer sa consommation de chauffage

- Si j'ai froid, je mets un pull ! 19-20 °C suffisent amplement dans un séjour, 17-18 °C dans une chambre la nuit. Accessoirement, une température inférieure à 20 °C ne plaît pas aux acariens. Elle permet donc également d'en limiter la prolifération.
- Je ferme les volets dans chaque pièce pendant la nuit ou, à défaut, je tire les rideaux.
- Je pense à baisser le chauffage quand je sors plusieurs heures de chez moi, et à le mettre en « hors gel » si c'est pour plusieurs jours.
- J'utilise la cheminée en mi-saison. Cela permet non seulement de diversifier les énergies utilisées, mais c'est aussi un appoint intéressant quand les besoins de chauffage sont moins importants et plus ponctuels. Attention à brûler le bon bois : les bois humides ou de récupération polluent davantage et encrassent plus le matériel que le bois de chauffage bien sec. Le label « NF Bois de chauffage » garantit un bon niveau de performance du combustible.
- J'installe une régulation automatique par thermostat.
- En hiver, j'aère ma maison en ouvrant les fenêtres une quinzaine de minutes. Ce temps est suffisant. Je pense à baisser le chauffage lors de l'opération.
- Je m'assure de disposer d'un bon isolement pour emprisonner le plus longtemps possible la chaleur que je produis.

Le chauffage électrique

Il ne faut pas pousser la puissance au maximum, même si vous souhaitez réchauffer rapidement une pièce très froide : vous gaspillez de l'énergie sans chauffer plus vite la pièce. Le chauffage électrique est une grosse résistance qui produit de la chaleur. Dès que du courant passe, la résistance s'active, mais sans avoir la capacité d'être plus ou moins utilisée : elle fonctionne soit à 1 000 watts, soit à 0 watt. C'est tout. Le régulateur de puissance permet simplement de fixer la température à laquelle vous voulez chauffer la pièce. En « hors gel », les 1 000 watts se déclenchent pour éviter le gel. En puissance maximale, les 1 000 watts chauffent jusqu'à ce que la température soit par exemple de 24 °C. Dans tous les cas, la pièce n'est pas chauffée plus vite, contrairement aux idées reçues. Il convient aussi de dépoussiérer régulièrement les grilles des convecteurs pour bénéficier de toute la chaleur qu'ils diffusent.

Un chauffage intelligent qui s'appuie sur un système de régulation (qui commande le chauffage en fonction d'une température choisie) peut permettre de faire des économies. Par exemple, vous consommez au minimum jusqu'à 10 % de moins avec une horloge de programmation (qui réduit automatiquement la température la nuit ou quand la maison est vide). Un thermostat d'ambiance et des robinets thermostatiques permettent de maintenir la température de chaque pièce selon son type d'utilisation (chambre, séjour) et les apports gratuits de chaleur (exposition sud...). En plus, vous pouvez bénéficier de réductions d'impôts pour installer ce type d'appareil.

Le chauffage au fioul, au gaz ou au bois

Entretenez régulièrement les appareils pour veiller à la qualité de l'air et à la sécurité (ces appareils peuvent dégager du monoxyde de carbone, gaz extrêmement toxique), tout en optimisant les consommations énergétiques. Entretenir la chaudière, c'est nécessaire pour votre sécurité, pour la « santé » de votre chaudière (moins de risques de panne, longévité accrue du matériel) et celle de vos finances (une chaudière régulièrement entretenue, c'est 8 à 12 % d'énergie consommée en moins).

Je travaille « développement durable » dans mon bureau

Pour gérer la paperasserie quotidienne, s'informer ou échanger avec les amis parfois lointains, nous avons progressivement équipé notre « space bureau » d'un ordinateur, puis d'une imprimante, et encore d'autres supports informatiques pour tirer les photos numériques, scanner des images, etc. Cet espace est profondément moderne et nous ouvre sur le monde.

Mais en même temps, il est source de nombreuses pollutions que nous ne maîtrisons pas : le papier que nous utilisons a généré beaucoup de gaz à effet de serre pour arriver jusque chez nous, les appareils électroniques et les piles que nous y insérons éventuellement contiennent tous des métaux lourds hautement toxiques (mercure, cadmium, etc.), les encres d'impression sont susceptibles de contenir elles-mêmes d'autres substances toxiques (plomb, etc.), sans compter l'image des femmes mexicaines ou chinoises travaillant à la chaîne dans les « usines de la sueur[92] » pour fabriquer les écrans ou autres imprimantes.

Et c'est dans le bureau que nous sommes nous-même capable d'expédier à notre tour dans la nature une multitude de déchets et autres nuisances. Nous utilisons des pages A4 pour ne sauvegarder qu'un simple numéro dans un coin, nous rachetons des piles à longueur de temps pour continuer à écouter le lecteur MP3, nous laissons l'ordinateur allumé des heures entières en notre absence pour télécharger des fichiers ou tout simplement par paresse d'avoir à rallumer la machine (l'écran de veille est tellement sympathique…). Et à chaque fois, nous rejetons bien évidemment des quantités de déchets dans la poubelle « emballage » qui n'ont même pas besoin d'exister !

---

92. En anglais, *sweatshops*.

Le saviez-vous ?

On pensait que l'informatique allait réduire la consommation de papier. Pas du tout ! Celle-ci a fortement augmenté du fait des impressions à répétition ou sur seulement le recto des feuilles. Aussi, l'idéal est d'adopter la formule « des 3 R » : réduire (la consommation), réutiliser (le côté vierge pour les brouillons), recycler (en achetant du papier recyclé).

Un simple aide-mémoire dans un fichier informatique permet de copier-coller l'information plutôt que de gaspiller une feuille A4. Les piles usagées viennent s'empiler au fur et à mesure que le lecteur MP3 les achève les unes après les autres. L'écran qui reste allumé pendant le téléchargement des fichiers ne sert absolument à rien, si ce n'est à gaspiller de l'énergie : tout se passe au niveau de l'unité centrale et de la connexion Internet !

Des gestes « écolos » pour mieux gérer son bureau

Les prospectus
- Je refuse les prospectus et papillons en apposant un autocollant sur ma boîte aux lettres : je n'ai pas besoin de 40 kg de papier par an et par habitant pour vanter les mérites de tel électricien ou de tel restaurant...[93]

Les piles
- Je ne jette pas les piles usagées à la poubelle : je les rapporte chez les commerçants pour qu'elles soient recyclées.
- Je généralise l'utilisation de piles rechargeables, avec un chargeur qui peut même être solaire.

L'ordinateur
- Je l'éteins quand je ne m'en sers pas. Je ne laisse allumés que les éléments utiles, par exemple l'unité centrale pour télécharger des fichiers pendant la nuit.
- Je dépoussière régulièrement les grilles des convecteurs pour bénéficier de toute la chaleur qu'ils diffusent.
- J'utilise de l'alcool à brûler légèrement dilué pour nettoyer le téléphone et l'ordinateur.

L'imprimante
- Je ne l'allume que lorsque je m'en sers. Elle est éteinte le reste du temps, pas en veille.
- J'utilise du papier recyclé : il en existe d'excellente qualité.

---

93. L'économie doit s'adapter au développement durable et non l'inverse. Il ne faut pas accepter les prospectus sous prétexte que cela donne de l'emploi à ceux qui les distribuent. S'il n'y a plus personne pour lire ces publicités sauvages, les commerçants trouveront d'autres moyens de se faire connaître de façon plus écoresponsable, et ils emploieront alors des méthodes qui créeront de l'emploi : « homme sandwich », accueil à l'entrée des magasins, etc.

- J'utilise des boîtes et classeurs en carton recyclé pour ranger les papiers. Je n'hésite pas à récupérer une boîte à chaussures pour en faire un accessoire de rangement, par exemple...
- Je n'imprime que mes photos réussies avec mon appareil photo numérique.
- Je récupère pour le recyclage les cartouches d'encre des imprimantes et les rapporte à mon fournisseur. Il faut lui poser des questions pour s'assurer qu'il est bien conscient qu'il doit lui-même intégrer ces déchets dans une filière de recyclage, et ne pas simplement les jeter dans une poubelle courante à votre place. La loi l'y oblige désormais.
- J'installe une poubelle « spéciale brouillons » dans laquelle je récupère les vieux documents imprimés sur une face pour réimprimer ultérieurement sur l'autre.
- J'imprime peu, en relisant autant que possible à l'écran (textes, e-mails). Dans le bureau, l'imprimante est souvent accessible et on est vite tenté d'imprimer les documents au cas où. Pourtant, notre ordinateur est un formidable moyen de stockage qui devrait aussi nous éviter ce gâchis important de papier. Car utiliser du papier, c'est forcément favoriser les coupes dans des forêts qui sont encore peu gérées durablement...

Rappelons que les économies sont faciles en éteignant les appareils plutôt qu'en les laissant en mode veille (*stand-by*). Au niveau européen, la consommation des appareils laissés inutilement en *stand-by* équivaut à la production de plusieurs centrales nucléaires !

Dans le jardin ou dans le garage

Le jardin, le balcon ou le garage sont synonymes de temps libre, d'activités que l'on peut avoir chez soi. Dans cet espace, on bouquine, on prend un peu le soleil, on déjeune avec des amis, on prend même plaisir à bricoler avec les enfants. C'est l'endroit de l'insouciance. Quand on est dans son jardin ou dans son garage, on a l'impression d'être dans sa petite bulle personnelle, que tout ce qui se passe dehors, à l'extérieur de cet espace intime et protégé, ne nous concerne pas vraiment. Un petit coup d'arrosage pour garantir une pelouse bien verte, c'est agréable au regard. Un petit coup d'engrais sur les rosiers, ça peut les aider à tenir le rythme un peu plus longtemps à la belle saison. Une vidange dans le garage, ça fait faire quand même de sacrées économies plutôt que d'aller chez un spécialiste.

En toute insouciance, nous utilisons de nombreux produits qui dégradent la qualité de l'air et nous font prendre des risques tant pour notre santé que pour celle de nos proches. Mais ces pratiques participent activement au gaspillage des ressources naturelles, à la réduction de la biodiversité et au changement climatique. Il y a donc là un terrain de prédilection pour commencer à changer son comportement, avant d'aller se plaindre de celui des autres.

Le saviez-vous ?

La France est la première jardinière d'Europe avec 13 millions de jardiniers amateurs et près de 60 % des ménages qui possèdent un jardin. Or, environ 50 % des jardiniers amateurs utilisent des produits phytosanitaires (insecticides, herbicides ou désherbants, anti-nuisibles, fongicides).

Utiliser les produits les plus naturels possible

Que ce soit pour passer un coup de peinture ou pour entretenir les fleurs du jardin ou du balcon, nous avons pris l'habitude de fonctionner en mode « j'achète, j'utilise, je jette ». Mais j'achète quoi au juste ? J'utilise quoi précisément ? Et je rejette quoi, concrètement ? Voici trois questions que nous ne nous posons jamais. Pourtant, nous achetons parfois des articles dont la fabrication a pu être hautement gaspilleuse en ressources naturelles comme l'eau ou les essences forestières tropicales ; nous utilisons des produits qui, au-delà d'apporter un coup de brillantine sur les meubles, dégradent la qualité de l'air et de l'eau ou participent activement au changement climatique.

■ Le cycle de vie d'un produit

Le cycle de vie d'un produit, c'est tout ce qui se passe entre la conception et l'élimination ou la valorisation du produit à la fin de sa vie : depuis l'extraction des matériaux qui le constituent jusqu'à son élimination, en passant par sa fabrication, sa distribution, son achat et son utilisation. À chacune de ces étapes, tout produit génère des impacts sur l'environnement : épuisement des matières premières, consommation d'énergie, pollution de l'air, de l'eau, des sols, production de déchets. Achat, tri, recyclage sont quelques étapes du cycle de vie d'un produit. Il faut toujours essayer de comprendre comment on fabrique tel ou tel produit, comment il fonctionne et interagit avec l'environnement naturel, et quel sera l'avenir des déchets générés une fois que l'on aura utilisé le produit et mis l'emballage à la poubelle.

Par exemple, si j'ai besoin d'acheter une nouvelle table de jardin en bois, je vais vérifier qu'elle n'affiche pas de traitement labellisé R40 (effets cancérigènes suspectés, sans preuves suffisantes). D'une manière générale, je vais étudier la possibilité de prendre un bois géré durablement. En allant dans un magasin de commerce équitable ou en me renseignant auprès de mes détaillants, je pourrais identifier des tables susceptibles de me plaire et respectant ces principes.

Le saviez-vous ?

Chaque seconde, l'équivalent de la surface d'un terrain de foot de forêt tropicale disparaît. Pour freiner cette tendance, il faut acheter du bois exotique portant un label de type FSC (*Forest Stewardship Council*), surtout si c'est du tek.

Les forestiers français l'ont compris depuis le Moyen Âge : la forêt se gère comme un patrimoine, de manière réfléchie et raisonnée. C'est ainsi que l'on peut aujourd'hui planter des essences qui répondront à des besoins demain, et couper aujourd'hui des arbres vieux de plusieurs décennies en récoltant le travail des générations précédentes. À l'heure actuelle, de nombreux pays en développement ne disposent pas des ressources publiques permettant de mettre en place des systèmes de gestion durables des forêts, au risque de voir ce patrimoine se dégrader à très grande vitesse sous la simple pression économique de court terme : défrichage pour un lopin de terre, coupe de bois précieux pour fabriquer des meubles d'exportation, etc.

■ La gestion durable des forêts

C'est la gérance et l'utilisation des forêts et des terrains boisés d'une manière et d'une intensité telles qu'elles maintiennent leur diversité biologique, leur productivité, leur faculté de régénération, leur vitalité et leur capacité à satisfaire actuellement et pour le futur les fonctions écologiques, économiques et sociales pertinentes, aux niveaux local, national et mondial, et qu'elles ne causent pas de préjudices à d'autres écosystèmes.

Différentes initiatives tendent à garantir que les produits à base de bois sont issus de forêts gérées durablement. Les plus connues sont celles du FSC et du PEFC (*Pan European Forest Certification*).

Il existe enfin des produits naturels, à multiples usages, que connaissaient bien nos grand-mères, et qui restent on ne peut plus efficaces à faible coût. Il en est ainsi du bicarbonate de soude. Sous forme de poudre blanche, le bicarbonate de soude (de sodium) s'obtient essentiellement par une réaction chimique rassemblant du sel et de la craie. Ce produit biodégradable n'est ni toxique pour l'environnement, ni pour la santé. Il sert de poudre à lever dans l'alimentation, d'agent nettoyant, d'adoucisseur d'eau, de désodorisant, d'assistant à la digestion…

Le bicarbonate de soude, le produit écolo qui sait tout faire (ou presque)

Un fongicide efficace et écologique : mélangez une cuillerée à thé de bicarbonate à un litre d'eau. Vaporisez sur les vignes et les grappes quand les premiers raisins font leur apparition une fois par semaine durant deux mois et après chaque pluie. Cette préparation peut également être utilisée pour enrayer le petit champignon noir du rosier.

Pour redonner de l'éclat aux meubles de jardin : lavez-les avec une solution faite de 1/2 tasse de bicarbonate, une cuillerée de savon à agents naturels et environ 5 litres d'eau chaude.

Pour faire disparaître une tache d'huile sur du béton : mouillez-la avec de l'eau, saupoudrez généreusement de bicarbonate et frottez avec une brosse à poils durs. Rincez et recommencez jusqu'à ce que la tache disparaisse complètement.

Pour rafraîchir les tapis : nettoyez vos tapis avec une solution à base de bicarbonate que vous rincez. Les taches tenaces ne résisteront pas si vous les enduisez de bicarbonate et que vous les brossez vigoureusement.

Pour des mains propres et douces après toutes ces activités : mouillez vos mains, enduisez-les généreusement de bicarbonate, frottez-les vigoureusement et rincez-les.

Se débarrasser de ses déchets dans un esprit nature et solidarité

Un peu de bricolage par ci, un peu de jardinage par là. Nous prenons plaisir à passer du temps dans notre jardin, à remettre à neuf un vieux meuble, à se défouler en passant un coup d'aspirateur dans la voiture ou à vérifier la santé des rosiers. La journée passe vite. Vient le moment pénible où il faut ranger les outils à leur place, nettoyer un peu l'espace de travail. Les poubelles sont le cadet de nos soucis. On jette alors tout ce que l'on ne veut plus voir dans la grande poubelle qui avale tout ou dans le lavabo, qui fait disparaître comme par magie les fonds de solvants usagés ou bien la vieille huile de la tondeuse que l'on vient juste de remplacer. Aussi, lorsqu'on met directement dans l'évier tous les résidus (fonds de peinture diluée pour nettoyer les pinceaux, restes d'huile de vidange…), on injecte dans la nature des résidus parfois extrêmement toxiques, que la collectivité a beaucoup de mal à retraiter. Il s'agit, par exemple, de métaux lourds comme le plomb.

Le saviez-vous ?

Un litre d'huile de vidange peut empêcher l'oxygénation de la faune et de la flore sur une étendue d'eau de 10 000 m², soit la surface d'un terrain de football !

Les déchets que nous produisons durant ces activités de plein air sont parmi les plus toxiques, tant pour notre santé que pour l'environnement. Il est donc impératif de prendre quelques minutes pour trier les déchets et ne pas en faire n'importe quoi.

Trop souvent, lorsqu'on parle de développement durable, le particulier a pour réflexe de montrer du doigt la grande entreprise polluante ou l'autorité publique qui ne légifère pas suffisamment sur ces sujets. Or, les déchets de bricolage et de jardin rappellent au particulier combien, à son échelle, il a également une lourde responsabilité à exercer. En effet, dans les lieux d'activité professionnelle au moins, la réglementation est souvent plus sévèrement respectée que chez les particuliers. Dans toute entreprise, les bacs de rétention se généralisent pour récupérer les eaux salies lors du nettoyage des véhicules. Cela n'existe pas chez les particuliers, qui sont dès lors susceptibles de polluer considérablement les sols lorsqu'ils décident de laver leur voiture dans leur jardin.

Les petits gestes « écolos » avec les déchets du bricolage et du jardin

- Je fais attention à la manière dont je me débarrasse des résidus de peinture, solvants, huiles de vidange, essence, détergents, chiffons et emballages souillés : les rejets de substances toxiques, même émises en faibles quantités, peuvent avoir des conséquences irréversibles sur les écosystèmes et présenter des dangers pour la santé. Déversés dans l'eau, ces produits posent problème dans les stations d'épuration et souillent les nappes phréatiques, c'est-à-dire l'eau que nous sommes censés boire à un moment où à un autre.
- Je ne jette rien dans les toilettes, les égouts ou sur les sols du jardin.
- Je ne fais pas de feu dans un coin de mon jardin pour brûler les détritus : je ne sais pas ce que j'expédie dans l'air !

> - Dès que j'ai un doute, j'isole dans un coin et j'apporte tout à la déchetterie régulièrement.
> - J'achète des produits portant le logo NF Environnement[94] ou le logo européen[95]. J'en trouve tout spécifiquement dans les catégories suivantes : peinture, vernis et produits connexes, sacs-poubelle, colles pour revêtement des sols, aspirateurs traîneaux, composteurs individuels de jardin.

Chacun dispose de relais permettant de se décharger des déchets toxiques les plus encombrants : toutes les communes sont rattachées à une déchetterie. S'y rendre prend infiniment moins de temps que celui qu'il faudra à la planète pour absorber les pollutions générées par un bidon rempli d'huile de vidange, abandonné dans un coin de jardin et fuyant au goutte-à-goutte pendant des années.

Dès qu'un produit est toxique ou qu'un objet usagé ou périmé peut contenir des substances dangereuses pour la santé ou pour l'environnement, il faut le mettre à la déchetterie, qui est un espace aménagé, gardienné et clôturé. Voici ce que vous pouvez apporter à la déchetterie :

- produits détachants, antirouille, cire, eau de Javel, soude caustique, déboucheurs pour éviers ou WC, décapants pour four ;
- résidus de l'automobile : huile de vidange, antigel, batterie ;
- insecticides, herbicides, fongicides ;
- peinture, vernis, diluants autres que l'eau ;
- piles, accumulateurs, lampes fluocompactes ;
- produits chimiques divers : acides chlorhydrique et sulfurique, ammoniaque, éther, formol…

Enfin, si vous faites un peu de ménage et que vous souhaitez débarrasser votre cave ou votre grenier d'appareils ménagers que vous jugez hors d'usage, d'objets ou de vêtements dont vous ne savez que faire, ayez le réflexe « seconde vie ». Ce n'est pas parce que vous n'en voyez plus l'utilité que tout le monde porte

---

94. Créé en 1991, le logo NF Environnement atteste de la conformité d'un produit à un cahier des charges technique, assurant que, dans sa catégorie, il respecte différents principes (emballage, contenu, etc.) réduisant son impact sur l'environnement par rapport aux produits concurrents qui n'ont pas ce logo.
95. Se reporter aux annexes en fin d'ouvrage.

le même regard que vous. Pourquoi un vieux meuble ne pourrait pas être remis à neuf et réutilisé par d'autres non loin de chez vous ? Pourquoi un ordinateur obsolète par rapport aux logiciels que vous souhaitez utiliser ne pourrait pas être envoyé en Afrique pour aider des étudiants ?

Il existe un tissu associatif extrêmement dynamique qui fait de la récupération sa mission au service de l'insertion sociale, de l'aide aux plus démunis et du soutien au développement dans les pays du Sud. Aussi, renseignez-vous sur les structures qui se trouvent près de chez vous[96].

Jardiner en biophile

Apprendre à respecter la nature

Jardiner en biophile, c'est apprendre à vivre en empathie avec son environnement naturel. C'est arrêter d'instrumentaliser les plantes de son jardin ou de son balcon comme si ce n'était que de vulgaires accessoires d'ornement (fleurs, plantes vertes) ou d'insignifiants stocks alimentaires (tomates, basilic, pommes). C'est également cesser de tuer le moindre insecte dès qu'il nous passe sous la main sans autre forme de procès.

Le saviez-vous ?

Les vers de terre aident utilement à aérer le sol ou à fabriquer le compost. Les différents insectes sont un maillon essentiel dans la nature puisqu'ils font un important travail d'échange entre les plantes ou servent de nourriture aux oiseaux. Toutefois, les moustiques et les mouches peuvent être une véritable plaie. Plantez des pélargoniums, de la citronnelle ou de la mélisse en pot chez vous : ils détestent et vous importuneront moins !

---

96. Par exemple, le site *www.jeveuxaider.com* vous propose de remplir un formulaire à partir duquel, en précisant un code postal ainsi que le type d'objet que vous souhaitez donner, vous pouvez détecter des organismes avec lesquels entrer en contact. Le tissu associatif fonctionne beaucoup au « bouche à oreille ». N'hésitez pas à vous renseigner, même si vous avez l'impression que l'association avec qui vous êtes en contact n'est pas le bon destinataire. Il est tout à fait possible qu'elle connaisse d'autres structures vers lesquelles vous orienter.

Il s'agit de comprendre ce qui se passe intimement au sein des plantes et de l'environnement naturel qui nous entoure quotidiennement. Pourquoi telle plante semble subitement perdre de la vigueur ? Comment tel ou tel insecte se retrouve ici ou là ? Que recherche-t-il ? Au lieu de foncer directement sur la boîte à engrais ou le vaporisateur insecticide, pourquoi ne pas essayer de saisir ce qui se passe ? Cela ne veut pas dire, évidemment, qu'il faut rester passif et laisser la plante mourir sous nos yeux, ni se laisser envahir par une nuée de moustiques. Mais nous versons facilement dans la critique des techniques agricoles productives, constatant qu'elles utilisent trop d'engrais et de pesticides qui détériorent considérablement nos réserves d'eau naturelle, alors que nous ne faisons généralement pas beaucoup mieux chez nous...

Le saviez-vous ?

25 % de la pollution des eaux de surface et des nappes souterraines provient des activités de jardinage des particuliers.

Les dangers des produits phytosanitaires

L'infiltration d'engrais ou de pesticides chimiques dans les sols constitue une sérieuse menace pour les eaux souterraines et les écosystèmes qui en dépendent. Certains produits chimiques contiennent des substances nouvelles, parfois cancérigènes ou mutagènes, souvent difficiles à détecter dans le sous-sol, et dont les effets sur l'environnement sont encore mal connus. Ainsi ce que vous dispersez dans l'air ou dans votre jardin a de fortes chances de se retrouver, d'une manière ou d'une autre, dans vos poumons ou dans votre estomac !

Qu'est-ce qu'un produit phytosanitaire ? Cela s'appelle aussi un pesticide. Les produits phytosanitaires incluent les insecticides, les herbicides ou désherbants, les anti-nuisibles et les fongicides destinés à la lutte contre les champignons parasites. Ce sont des matières actives ou des préparations commerciales contenant une ou plusieurs substances qui détruisent ou empêchent l'ennemi d'une culture de s'installer.

Quelle sécurité pour les consommateurs avant la mise sur le marché ? Avant d'arriver sur le marché, un produit phytosanitaire est soigneusement étudié. Les sociétés doivent faire une demande d'autorisation de mise sur le marché. Celle-ci est octroyée après l'examen d'un dossier prouvant, d'une part, l'efficacité du produit, d'autre part, son innocuité pour l'homme et l'environnement. L'emploi de ces produits limite donc les risques pour la santé. Évidemment, la toxicité pour l'homme peut être grave en cas d'absorption accidentelle, d'inhalation forte ou de contact avec la peau. Elle paraît également avérée – dans une moindre mesure – en cas d'ingestion régulière de résidus de pesticides dans l'alimentation ou l'eau de boisson. Il suffit de lire la notice et les précautions d'emploi avant d'utiliser un tel produit.

Quel est le risque de pollution de l'air ? Les 3/4 du volume des bouillies appliquées seraient perdus lors de pratiques inopportunes (mauvaises conditions climatiques, topographiques, etc.). Il y a alors un transfert direct de molécules de produits phytosanitaires vers l'atmosphère, puis vers nos poumons.

Quels dangers pour la santé à plus long terme ? Ils ne sont pas tous connus aujourd'hui. Une fois les substances répandues dans l'air, dans la terre et dans l'eau par les usages particuliers (jardiniers) et professionnels (agriculteurs), la toxicité peut se manifester par des effets très divers : cancérigènes, immunodépresseurs, mutagènes, neurotoxiques, etc. Il a été démontré que les pesticides étaient capables d'endommager le système immunitaire ou de perturber les régulations hormonales. Ils sont également soupçonnés d'accroître le taux de certains cancers (sein, prostate) et de réduire la fécondité masculine.

Quels sont les risques de perturbation des organismes vivants ? La faune aquatique est menacée par le surdosage des produits phytosanitaires à proximité des points d'eau ou sur des sols imperméables, en pente, etc. Ces produits peuvent s'accumuler dans la chaîne alimentaire et perturber les cycles biologiques.

Nous disposons d'un formidable terreau de connaissances sur la vie naturelle, le fonctionnement des plantes, les animaux et les insectes du jardin, etc. Il suffit de consulter des livres, de naviguer sur Internet, de discuter avec des fleuristes ou des voisins expérimentés. Nous pouvons donc assez facilement comprendre les cycles naturels de la vie, l'interaction entre les organismes vivants qui nous entourent. Partant de là, nous pouvons très souvent trouver des solutions naturelles pour forcer un peu les choses, éviter de laisser une plante mourir ou bien éloigner les insectes que nous savons nuisibles[97].

Les petits gestes « écolos » pour l'entretien des plantes chez soi

J'apprends à utiliser les solutions naturelles

- Je laisse tranquilles les espèces qui ne présentent aucun danger pour mes plantes.
- Si j'ai un doute, je pose des questions à un professionnel, je consulte des livres ou je parcours des forums de discussion sur Internet.
- J'utilise des plantes répulsives (œillets d'Inde, ciboulette, oignon, ail, basilic).
- Je répands du purin à base de végétaux ou d'eau au savon naturel pour éloigner les insectes indésirables.
- J'intègre des insectes prédateurs aux environnements contaminés par des insectes nuisibles pour éliminer ces derniers. Par exemple, j'introduis des coccinelles qui se régalent des pucerons[98].
- Je me sers d'une pioche et d'une binette pour désherber au lieu de vaporiser des produits polluants.
- Je préfère les engrais naturels tels que la poudre de roche, la poudre d'os, les cendres de bois, la potasse, les orties, les algues et, évidemment, le compost, sans toutefois les utiliser de façon abusive.
- Je ne brûle pas les déchets de jardin (herbes mortes, petites branches…). Je les intègre dans mon compost.

Si j'ai vraiment besoin d'avoir recours aux solutions « non naturelles »

- J'évite les « traitements totaux » associant insecticides et fongicides : ils ne répondent à aucun diagnostic précis, tuent tout sur leur passage et favorisent sournoisement la résistance de nombreux nuisibles.
- Je me concentre exclusivement sur le bon traitement en utilisant les bons produits.
- Je respecte les doses prescrites. Je n'hésite pas à réduire encore le dosage.

---

97. Différentes associations publient de l'information détaillée pour un jardinage plus écologique. Notamment : Terre Vivante (*www.terrevivante.org*), qui dispose d'un large éventail de publications pratiques et spécialisées et d'une revue (*Les 4 saisons du jardinage*), Terre et Humanisme, l'Association des Jardiniers biologiques de France, la Fédération Nature et progrès (*www.natureetprogres. org*) qui publie la revue *Nature et Progrès*.

98. Pour connaître et vous procurer les insectes dont vous avez besoin, vous pouvez vous renseigner auprès de votre jardinerie ou de l'association de protection de la nature la plus proche. Il est tout à fait possible d'y trouver un nichoir et d'y prélever quelques spécimens pour les introduire chez vous.

- J'utilise du matériel bien réglé et entretenu pour éviter les pertes inutiles.
- Je consulte la météo pour commencer le traitement au bon moment et, là encore, éviter des pertes inutiles. Il faut le remettre à plus tard lorsqu'il fait trop chaud, trop venteux ou s'il y a des risques de pluie.
- Je rince plusieurs fois l'appareil et je pulvérise le rinçage sur les plantes traitées. Je tiens compte de ces quantités dans le dosage souhaité.
- Je ne vidange pas l'appareil dans les éviers, les caniveaux, les fossés et les cours d'eau !
- J'apporte les produits inutilisés aux déchetteries.

Favoriser les espaces naturels

En ville, il est particulièrement important de favoriser l'existence d'espaces dans lesquels une biodiversité un peu plus riche que la moyenne peut se développer : des bacs à fleurs sur les balcons, les mini-potagers sur les terrasses, les refuges permettant aux oiseaux de s'alimenter. Chacun peut ainsi contribuer à entretenir la vie des papillons, abeilles et oiseaux dans les villes.

Les petits gestes « écolos » pour favoriser la biodiversité chez soi

- Je me renseigne sur la diversité végétale et animale susceptible d'exister autour de chez moi, en ville ou à la campagne : je pose des questions à un professionnel, je consulte des livres, je parcours des forums de discussion et des sites sur Internet ou j'en parle à mes voisins.
- Je mets en place des nichoirs, des abris à hérissons.
- Je laisse se développer un espace un peu plus sauvage dans lequel je n'effectue aucun traitement ni débroussaillement.
- Même si j'aime planter des essences venues d'ailleurs, je n'oublie pas de semer aussi des essences bien locales dans mon jardin, puisque ces dernières sont particulièrement appréciées par la faune présente.
- Je mets des plantes sur mon rebord de fenêtre pour attirer les insectes butineurs et les oiseaux.
- Je choisis des plantes d'intérieur qui assainissent l'atmosphère : caoutchouc, lierre, chlorophytum, dracæna, schefflera, spathiphyllum, ficus benjamina...
- Si j'ai une petite surface à tondre, j'utilise une tondeuse à main.
- Je laisse l'herbe coupée en « tapis » sur le gazon, qui protège et favorise la pousse suivante.
- Je recouvre le sol au pied des plantes, des arbres et des arbustes d'une couche d'herbe coupée ou de copeaux de bois, pour absorber l'eau et conserver l'humidité.
- Je plante des arbres dans mon jardin ou j'en place dans des pots sur mon balcon pour stocker un peu de carbone par l'activité de la photosynthèse.

La gestion de l'eau

Une partie spécifique est consacrée à l'eau du jardin, tout simplement parce que cette ressource est bien évidemment essentielle à la vie, donc à la vie du jardin. Mais nous la gaspillons dans des quantités inouïes, soit pour des activités totalement futiles – avons-nous vraiment besoin de vider les stocks d'eau potable de notre commune à la belle saison pour que nos yeux disposent d'un beau gazon bien vert ? – soit parce que nous n'avons pas le réflexe. Combien de fois peut-on voir, par 32 °C à l'ombre, à 14 h 00, un arrosoir automatique fonctionnant à plein régime dans un jardin alors que la quasi-totalité de l'eau répandue s'évapore presque instantanément en plein soleil ? Une aberration.

Les petits gestes « écolos » pour gérer l'eau comme si c'était de l'or

- J'adapte mes besoins en fonction des saisons, des plantes et des terrains.
- Je pose des questions à un professionnel, je consulte des livres ou je parcours des forums de discussion et des sites sur Internet.
- À la belle saison, je laisse l'herbe jaunir plutôt que de l'arroser. Le gazon se remet très bien tout seul d'une sécheresse, une fois l'automne arrivé. Il suffit de laisser le temps s'écouler.
- Ai-je également vraiment besoin de laver la carrosserie de ma voiture pour qu'elle soit rutilante de l'extérieur, alors que je passe mon temps à l'intérieur quand je m'en sers ?
- J'arrose moins souvent mais plus abondamment, afin de perdre moins d'eau par évaporation et de favoriser le développement des racines en profondeur, rendant les plantes et le gazon plus résistants à la sécheresse.
- J'utilise des techniques économes en eau : goutte-à-goutte, tuyaux suintants, paillage lors de fortes chaleurs pour conserver l'humidité du sol, etc.
- Si possible, j'opte pour des revêtements du sol perméables qui laissent s'infiltrer l'eau de pluie, que ce soit pour ma terrasse, ma place de parking, etc. L'installation de sols perméables est un petit geste important pour le cycle de l'eau : l'eau de pluie est beaucoup plus utile à la vie du sol et des plantes alentour lorsqu'elle peut pénétrer profondément sous terre, qu'en tombant sur des sols goudronnés ou bétonnés pour ruisseler et se déverser jusqu'aux canalisations et stations d'épuration, où elle se mêle inutilement aux eaux usées.
- Je récupère l'eau de pluie au bas des gouttières.
- Je balaye la chaussée au lieu de l'asperger d'eau si je veux la nettoyer.

Notre société et nos esprits se sont tellement urbanisés que nous en sommes bien souvent arrivés à nous fabriquer des œillères vis-à-vis de notre environnement naturel. L'eau en est un bon exemple. Même pour arroser des fleurs, pour donner à boire aux animaux domestiques ou pour rincer un coin de terrasse, nous croyons qu'en dehors du robinet il n'y a point de salut. Pensons plutôt à récupérer l'eau de pluie, gratuite et économe. On gaspille de l'eau potable, payée au mètre cube, alors qu'il existe une ressource gratuite, abondante et facilement récupérable : l'eau de pluie. Une surface de toit de 100 m² en reçoit par an 65 m³ à Paris et 75 m³ à Brest. En récupérant et en stockant une partie de cette eau, dans des citernes prévues à cet effet et équipées de robinets, par exemple, on peut faire de sérieuses économies. Cela allège à la fois le porte-monnaie, les nappes phréatiques fortement sollicitées ainsi que les stations d'assainissement de l'eau, qui consomment de l'énergie et des produits chimiques. La collecte de l'eau de pluie permet également de sensibiliser les enfants et les adultes aux enjeux et au respect de cet élément primordial.

Le compost

Avec la cuisine, le jardin est une véritable usine à déchets organiques. Or, vous pouvez très bien éviter de les mettre dans des sacs plastique pour les transmettre à la collectivité et surcharger inutilement les quantités de déchets à traiter. Herbes coupées, petits bois, cendres de barbecue, fruits et légumes périmés du potager, plantes mortes, etc., peuvent nourrir votre compost pour se mélanger avec les restes de vos repas. Vous fabriquerez ainsi un excellent engrais au bout de quelques mois. Il suffit pour cela de vous constituer une boîte semi-fermée et d'en remuer le contenu de temps à autre pour lui permettre de s'oxygéner.

■ Le compostage

Le compostage est un processus par lequel les déchets organiques sont décomposés par des micro-organismes en présence d'air. La substance organique est réintégrée dans le cycle naturel. Le bon vieux fumier des paysans ou des jardiniers est souvent un mélange semblable à ce que l'on appelle aujourd'hui du compost. Récupéré dans un composteur, il forme un bon engrais de jardin au bout de quelques mois.

Dans les sanitaires

La chasse au « gaspi » d'eau

Dans nos maisons et appartements, nous disposons d'eau potable à volonté. Il suffit d'ouvrir le robinet. Du coup, nous avons pris l'habitude de mépriser cette ressource et de la considérer comme un vulgaire bien courant, disponible à l'envi. Parce que cette ressource de bonne qualité est de plus en plus chère, nous devons progressivement considérer que l'eau vaut de l'or et que chaque goutte est un don précieux de la nature qu'il nous faut apprendre à gérer avec respect.

Cette attitude permanente de respect de l'eau doit, bien entendu, commencer par une consommation responsable : avons-nous besoin de laisser couler l'eau pendant que nous nous savonnons ? Pendant que nous nous rasons ? Pendant que nous nous brossons les dents ? Autant de petits moments quotidiens pendant lesquels nous gaspillons chaque jour des quantités d'eau extrêmement importantes.

Le saviez-vous ?

Le robinet qui coule au goutte-à-goutte toute la journée, la chasse d'eau mal réenclenchée qui ne cesse de brasser de l'eau pendant des heures, c'est rapidement de 10 à 500 litres d'eau gaspillés chaque jour.

Pendant la douche, nous consommons de 20 à 80 litres d'eau, suivant que nous coupons l'eau en nous savonnant. Pour un bain, vous consommez de 150 à 250 litres d'eau.

La chasse d'eau avale 1/3 de notre consommation quotidienne d'eau potable ! À chaque sollicitation, une chasse d'eau classique consomme entre 6 et 12 litres d'eau, une double commande 3 et 6 litres. Avec une consommation quotidienne réduite à son strict nécessaire, l'activité de la chasse d'eau peut s'effectuer avec la même efficacité... en consommant rapidement 10 000 litres d'eau en moins chaque année !

Chaque jour, sans nous en rendre compte, nous consommons une grande quantité d'eau : depuis combien de mois n'avez-vous pas changé le joint du robinet du lavabo de la salle de bains, qui coule goutte à goutte à longueur de journée, tout simplement parce que vous n'avez pas trouvé le temps de passer dans un magasin de petit bricolage ? Ce genre de petite attention ne coûte que le prix d'un joint en caoutchouc et un effort de quelques minutes. À l'échelle d'un quartier ou d'une petite ville, il est un levier gigantesque d'optimisation des consommations d'eau de chacun. Une lecture attentive de la facture d'eau permet de détecter les fuites.

Les petits gestes « écolos » pour ses sanitaires

- Je ferme le robinet à chaque fois que je n'ai pas besoin d'eau durant dix secondes.
- J'utilise un verre pour me brosser les dents. Cela me permet de maîtriser ma consommation d'eau.
- Je remplis un petit bac d'eau pour me rincer le visage lorsque je me rase.
- Je préfère la douche aux bains.
- Je me savonne sans laisser couler l'eau. Si je laisse couler l'eau parce que j'ai peur de ne pas retrouver la température de mes rêves pour me rincer, je fixe au robinet un petit appareil permettant de maintenir la température de l'eau constante.
- Je ne fais fonctionner mon lave-linge que lorsque la machine est remplie, ou j'utilise la touche « demi-charge » pour économiser (environ 30 % du volume d'eau).
- J'installe une chasse d'eau à double commande dans mes toilettes. Si je n'ai qu'un seul bouton, je place une bouteille pleine de sable ou une brique dans le réservoir, réduisant ainsi ma consommation d'eau de 1 à 2 litres à chaque remplissage de la cuvette.
- Je change les joints qui fuient et les aérateurs encombrés le plus vite possible.
- Je vérifie que la température de l'eau chaude sanitaire se situe entre 55 et 60 °C : au-dessus, c'est l'entartrage assuré et une consommation énergétique inutile.
- J'équipe mes robinets d'un réducteur de débit et ma douche de douchette à faible débit. Appelés « stop-douche », « douchettes à turbulence », « aérateurs de classe Z ou Z + », ils permettent de diviser par deux le débit d'un robinet ou d'une douchette standard, avec le même confort. On les trouve chez les spécialistes ou en grandes surfaces.
- Si mon chauffe-eau est situé à plus de 8 mètres de distance des robinets qu'il alimente, j'étudie la possibilité d'installer un chauffe-eau complémentaire de faible capacité pour éviter les pertes et réaliser ainsi des économies d'eau.
- Je lave mon linge à basse température, voire exclusivement à froid.
- Je n'utilise pas de sèche-linge électrique, surtout si j'ai le temps de laisser sécher naturellement le linge ou si je dispose d'un endroit où l'étendre sur une corde (jardin, balcon, salle de bains, etc.).

La chasse aux substances nocives

Quasiment tout ce que nous faisons dans nos sanitaires consomme et dégrade de l'eau. Soit directement, parce que nous mélangeons de l'eau à d'autres produits pour nous savonner, par exemple. Soit indirectement, lorsque nous les utilisons pour nous débarrasser de la saleté de nos vêtements ou de notre carrelage en mélangeant de l'eau toute propre avec des produits nettoyants. Nous émettons ainsi des déchets par le lavabo, la cuvette des toilettes, le conduit d'évacuation du lave-linge.

Nous avons pris l'habitude de ne pas nous soucier de ces déchets et de cette eau que nous laissons impropre à la collectivité : ce n'est plus notre problème ! C'est celui de la commune ! En choisissant mieux les ingrédients et les matières que nous mélangeons à de l'eau propre pour faire disparaître nos petites saletés, nous pouvons pourtant réduire l'impact de nos déchets sur l'eau retraitée, et prendre la responsabilité de ne pas jeter n'importe quoi dans la nature pour, encore une fois, conserver et respecter l'eau que nous consommons.

Enfin, posons-nous la question de savoir si, pour notre hygiène, nous avons vraiment besoin de nous enduire le corps de goudron de houille, de propylène glycol, de plomb, de formaldéhyde, de propane... C'est pourtant ce que nous faisons régulièrement en utilisant bon nombre de produits cosmétiques et d'hygiène[99] ! Certains composants chimiques ne sont pas toxiques, se dégradent bien dans la nature et sont indispensables à la stabilité des produits, donc à leur qualité. Mais il existe des alternatives plus naturelles que les substances chimiques, ne présentant pas de risque et offrant la même qualité pour le consommateur avec le label Cosmébio[100].

---

99. Shampooings, rouges à lèvres, teinture de cheveux, mousse à raser, vernis à ongle... Lire à ce sujet ERICKSON K., *Drop Dead Gorgeous: Protecting Yourself from the Hidden Dangers of Cosmetics*, McGraw-Hill, 2002.
100. Pour se renseigner notamment sur le label Cosmébio : *www.ecocert.fr*.

Les petits gestes « écolos » pour ses conduits sanitaires

- J'évite d'utiliser des produits nettoyants, lessives et autres savons contenant des substances nocives à l'environnement pour me laver et faire mon ménage.
- Je détartre au vinaigre blanc. En plus, test effectué, cela revient dix fois moins cher qu'en utilisant un anti-détartrant, alors que l'efficacité est la même.
- Je mélange du lait et du citron pour effacer les taches d'encre.
- Je débouche l'évier avec une ventouse ou en dévissant le tuyau pour nettoyer à la main plutôt qu'en utilisant un déboucheur agressif, rien que pour les poumons.
- J'utilise du savon naturel en bloc.
- J'évite d'acheter des adoucissants.
- Je lis les étiquettes sur les produits.
- Je respecte les dosages prescrits. Je n'hésite pas réduire les doses.
- J'utilise du papier-toilette recyclé.
- J'achète des produits issus du commerce équitable.
- J'utilise une lessive sans phosphate pour éviter la prolifération d'algues microscopiques, dangereuses pour la vie aquatique.
- Je vérifie l'origine végétale des tensioactifs (agents qui causent la formation d'émulsion et de mousse et qui provoquent la rupture des liaisons entre les saletés et les supports) contenus dans ma lessive, s'il y en a. Les postes ne doivent pas excéder 5-15 %.
- Je ne jette pas de plastique ou dérivé dans les toilettes. J'utilise les poubelles du tri dédiées à cet effet.
- J'élimine les produits jetables. Par exemple, je me rase en utilisant une lame et un blaireau, ou un rasoir dont je me limite à changer les lames régulièrement plutôt que de jeter toute la pièce.

Contribuer au développement durable à l'extérieur

La maison ne suffit pas. Nous pouvons agir de différentes façons pour contribuer au développement durable dans nos activités de tous les jours : nos déplacements, notre lieu de travail, nos vacances.

■ Commencer par protéger sa santé

Prendre conscience de la médiocre qualité de l'air que nous respirons

C'est triste à constater, mais à la ville comme à la campagne, en province ou à Paris, la qualité de l'air s'est déjà considérablement dégradée depuis des décennies. Pire : plus il fait beau, plus le ciel est bleu, plus nous avons envie de sortir, et plus la qualité de l'air est mauvaise. Nous sommes directement responsables, notamment en roulant avec notre voiture « à pétrole ». C'est trop facile de rejeter la faute sur les professionnels (industriels, agriculteurs). Si nous voulons mieux profiter des journées ensoleillées, il faut donc commencer par prendre conscience des risques d'exposition pour la santé, avant de vouloir contribuer à la promotion d'un air plus sain[101].

S'informer de la qualité de l'air dans sa région

L'Agence de l'environnement et de la maîtrise de l'énergie (ADEME) et les associations agréées de la surveillance de la qualité de l'air (AASQA) proposent chaque jour en ligne une carte sur l'état de la qualité de l'air dans les principales agglomérations en France, ainsi qu'une estimation des prévisions pour le lendemain. Vous pouvez vous informer en allant sur le site *www.buldair.org*.

Les attitudes individuelles

Les enfants et les asthmatiques forment une population particulièrement sensible à la pollution de l'air dans les villes. Ils doivent éviter les efforts physiques intenses dès que le seuil des polluants NO_2, SO_2, O_3 est franchi[102]. Au seuil d'alerte, toute la population est concernée et devrait suivre des consignes spécifiques : éviter les activités à l'extérieur, notamment sportives, quitte à reporter les compétitions.

---

101. Lire notamment MASCLET P., *Pollution atmosphérique : causes, conséquences, solutions, perspectives, environnement*, Ellipses, 2005.
102. D'après l'avis du 18 avril 2000 du Conseil supérieur d'hygiène publique de France.

■ Les différents modes de déplacement

Ce livre ne cesse de le rappeler en filigrane : s'il y a bien un sujet sur lequel nous disposons chacun, à notre niveau, d'un important levier pour contribuer activement au développement durable, c'est bien celui des transports, en réduisant drastiquement l'utilisation de la voiture à essence ou à diesel. Il existe de multiples façons de remédier à ce problème : par exemple, lorsque j'achète des fraises en hiver, je les fais importer depuis l'autre bout du monde, donc mon mode de consommation induit du transport à grande échelle.

Le saviez-vous ?

Les voitures particulières sont responsables de 57 % des émissions de CO_2 des transports routiers et jouent un rôle majeur dans l'accroissement de l'effet de serre.

40 % de nos trajets en voiture ne dépassent pas 2 kilomètres ou 5 minutes. La voiture surconsomme pourtant du carburant dans les premiers kilomètres : + 50 % au premier kilomètre (au minimum), + 25 % au deuxième kilomètre (au minimum).

Je réduis mes déplacements en voiture à essence ou au diesel

Le défi d'aujourd'hui et de demain est de faire évoluer nos pratiques vers des modes de déplacement plus respectueux de l'environnement et de notre santé. La voiture « à pétrole », utilisée de façon immodérée, coûte en effet cher à l'environnement, à nos poumons et aux populations des pays en développement, qui voient souvent la manne pétrolière passer par des réseaux opaques servant les intérêts de quelques-uns seulement. De surcroît, puisque le « pétrole » est amené à manquer et qu'il coûte de plus en plus cher à la pompe, pourquoi ne pas déjà commencer à prendre l'habitude de vivre sans lui ? C'est encore ce que l'on peut faire de mieux pour s'assurer qu'il ne nous manquera pas le jour où il n'y en aura plus.

À pied ou à vélo : la mobilité douce

La plupart des petits trajets que nous parcourons quotidiennement peuvent aussi se faire à pied ou à vélo. Cela permet non seulement d'éviter les problèmes de stationnement et les dépenses inutiles (d'énergie et d'argent), mais également de découvrir les nouvelles adresses de quartier et de se faire du bien en bougeant son corps. Couplés à un bon réseau de transports en commun, capable d'offrir un maillage suffisamment fin pour drainer largement les villes et autour des villes, le vélo et la marche à pied forment la structure idéale de « la ville durable » : nettement moins de pollution, nettement moins de stress, un peu de temps consacré au sport ou aux loisirs[103].

Le saviez-vous ?

Dans nos villes, 50 % des trajets en voiture font moins de 3 km à vol d'oiseau. Une distance idéale pour les balades à pied, en vélo, en roller, en trottinette… ou en bus.

Un court trajet de 500 mètres en ville peut s'effectuer en 6 minutes à pied. Comment faire mieux en tenant compte du temps nécessaire pour sortir le véhicule de son garage, des arrêts aux feux de circulation, la recherche d'une place de stationnement souvent payante ?

Bien évidemment, ces considérations sont aussi valables pour se déplacer en rollers, patinette, skateboard, qui peuvent tout autant nous faire gagner du temps et de l'argent ! L'essentiel, quel que soit le mode de transport, c'est de respecter les mêmes règles de sécurité et le même code de la route.

Les transports en commun

Le vélo ou le skateboard sous la pluie ou par grand froid, ça a ses limites. Les transports en commun restent alors le meilleur moyen de se déplacer, dans le respect du développement durable.

Le saviez-vous ?

Un autobus rempli de passagers peut permettre d'éviter la circulation de 40 voitures dans la rue, d'économiser 100 000 litres de carburant et de réduire les émissions de 250 tonnes de CO_2 sur une année !

---

103. Fédération française des usagers de la bicyclette (Fubicy) : *www.fubicy.org*.

La ville a été façonnée pour laisser de l'espace à la voiture. Celle-ci a pris quasiment toute la place ! Alors qu'elle ne transporte en moyenne qu'une personne, elle occupe une surface qui permettrait de faire circuler davantage de bus (qui font passer des dizaines de personnes en même temps) et des vélos (on peut faire circuler huit cyclistes sur l'espace occupé par une seule voiture). Aussi, demandez à vos collègues, à vos amis, et faites circuler des listes pour centraliser les besoins. Plus de passagers, c'est moins de voitures, et donc moins de bouchons sur les routes !

Le saviez-vous ?

Le taux d'occupation moyen par véhicule est de seulement 1,2 personne ! 95 % des voitures sont occupées uniquement par leur conducteur. Pensez-y !

Les déplacements longs

Lors de week-ends en bord de mer, à 200 kilomètres de chez soi, pour rendre visite à la famille habitant à l'autre bout du pays, le train est pratique quand il s'agit d'aller de ville en ville. Quitte à demander à vos amis de venir vous récupérer à la gare en faisant quelques kilomètres. Le train, c'est non seulement le plus sûr moyen de voyager en toute sécurité, mais c'est surtout la solution la plus écologique pour les déplacements à grande distance : les émissions de gaz à effet de serre sont inexistantes par rapport à celles émises par une voiture ou, pire, un avion. Nous avons la chance, en France, de disposer d'un excellent réseau de trains à grande vitesse qui permettent d'effectuer d'importantes distances dans le même temps que les avions (de centre-ville à centre-ville). On peut toutefois regretter l'abandon ou la déliquescence de certaines lignes régionales, qui ne permet pas aux usagers de bénéficier d'un service susceptible de les motiver à privilégier le train à la voiture.

Le saviez-vous ?

Le passager d'un train, pour parcourir la même distance, émet 30 fois moins de gaz à effet de serre que s'il prenait l'avion ou sa voiture !

Les transports (camions notamment) représentent 25 % de la consommation mondiale d'énergie commerciale et utilisent la moitié du pétrole produit dans le monde.

■ **Comment rouler « moins polluant » ?**

Parfois, même si nous parvenons à ne plus utiliser la voiture dans nos déplacements journaliers (travail, courses...), nous avons quand même besoin d'un véhicule pour de plus longs trajets (vacances, visite chez des amis mal desservis par le train...) ou pour des besoins spécifiques (courses volumineuses, transport d'une personne à mobilité réduite).

Dans d'autres cas, lorsqu'on habite à la campagne, par exemple, tout se fait forcément en voiture parce que les distances sont trop longues.

Des plus simples aux plus novatrices, il existe pourtant une multitude d'idées à appliquer dès à présent et sans modération, pour contribuer bien que modestement au développement durable, en attendant de pouvoir s'équiper d'une voiture « sans pétrole ».

L'écoconduite (conduite scandinave)

Se presser, démarrer dès que le feu passe au vert pour montrer la puissance sous le capot aux autres automobilistes, conduire comme un pilote de Formule 1 en forçant les vitesses dans les virages pour avoir un maximum de reprise dans les sorties, rouler au-delà des limites de vitesse... voilà qui illustre la longue panoplie du conducteur qui passe son temps à nourrir son stress, à gaspiller inutilement de l'essence et de la mécanique. Une conduite imbécile, totalement hors sujet lorsqu'on parle de développement durable.

L'écoconduite, c'est évidemment tout le contraire. Ce sont quelques habitudes simples à prendre dans notre manière de conduire, qui permettent de voyager à la même allure tout en minimisant les dépenses de carburant (une écoconduite permet d'économiser jusqu'à 40 % de carburant pour un même trajet !) et les émissions polluantes.

Quelques gestes simples de l'écoconduite

- Je ne fais pas chauffer le moteur avant de rouler, même par temps froid. La loi punit les Québécois d'une amende si le moteur reste allumé plus de 3 minutes sans rouler. Je démarre en douceur pour contenir la surconsommation de chauffe du moteur des 5 premiers kilomètres.
- Je passe rapidement au rapport (vitesse) supérieur (vers 2 000 tours), n'hésitant pas à rouler en cinquième vitesse dès les 55 km/h. Je rétrograde le plus tard possible.
- J'adopte une conduite calme et fluide, anticipant et évitant les freinages et les changements de rapport inutiles. Dès que je vois au loin un feu qui passe au rouge, j'arrête d'accélérer pour laisser ralentir ma voiture tranquillement.
- J'entretiens ma voiture, notamment en vérifiant régulièrement la pression des pneus.
- J'utilise une remorque plutôt qu'une galerie, de manière à ne pas renforcer la résistance à l'air de ma voiture et à accroître en conséquence la consommation de carburant : une galerie vide entraîne jusqu'à plus de 10 % de consommation de carburant, et une galerie chargée jusqu'à plus de 15 %, à 120 km/h.
- Je n'hésite pas à rouler en dessous des limitations de vitesse, car je réduis ma consommation d'essence de 20 % en roulant à 90 km/h au lieu de 115 km/h.
- J'évite d'utiliser la climatisation : je stationne à l'ombre, j'ouvre les fenêtres pour évacuer la chaleur dans l'habitacle, et, le cas échéant, je limite la température de consigne à 4 ou 5 °C de moins que la température extérieure. En effet, une voiture climatisée consomme de 15 à 50 % de carburant supplémentaire avec un moteur encore froid, mais, en plus, les climatiseurs d'automobiles utilisent des tuyauteries souples qui perdent tout au long de l'année de 15 à 20 % du gaz frigorigène, un gaz à effet de serre qui participe à la formation du « trou » dans la couche d'ozone.

L'entretien régulier

Posséder une voiture facilite la vie, c'est une évidence. Mais cela exige aussi une bonne vigilance dans les domaines de l'utilisation et de l'entretien, pour que la voiture reste une source de plaisir et de liberté. Pour cela, il est nécessaire d'avoir une bonne gestion de votre voiture afin d'optimiser votre budget et de valoriser le potentiel de revente de votre véhicule. De plus, vous participez activement à une démarche positive aussi bien sur le plan des économies d'énergie que sur celui de la protection de l'environnement, car une voiture bien réglée représente 20 % de pollution en moins et 10 % de carburant économisé.

Quelques gestes simples pour éviter les consommations et pollutions inutiles

- Je m'assure de la bonne pression des pneus.
- Je contrôle le niveau des fluides.
- Je jette l'huile usagée, les solvants ou acides de batterie dans une déchetterie.
- Pendant les révisions, j'insiste pour avoir des filtres correctement nettoyés ou changés. *Idem* avec le pot d'échappement.
- Je révise annuellement l'allumage et la carburation.
- Je vérifie que mon garagiste est membre du « relais vert auto ». Les « relais vert auto » sont des garagistes qui ont adhéré à un programme de sensibilisation/formation et qui bénéficient d'outils leur permettant de récupérer les pièces et de recycler. Contactez la chambre des métiers et de l'artisanat de la région pour détecter les « relais vert auto » près de chez vous.

En parlant d'entretien, il est bien évident que le plus important est de se focaliser sur ce qui peut générer inutilement de la surconsommation, et donc de la pollution. Mais il faut aussi cesser les activités superflues comme le lavage de la carrosserie de la voiture : chaque lavage de voiture gaspille plus de 50, voire plus de 200 litres d'eau.

Bien sûr, il peut s'avérer nécessaire, pour la sécurité, de nettoyer la voiture pour s'assurer d'une bonne visibilité au niveau des vitres, des rétroviseurs ou des phares. Mais il faut aussi prendre conscience que nous gaspillons environ 200 litres d'eau pour savonner les pare-chocs, faire briller les jantes ou redonner un coup de lustre au capot pour le rendre « comme neuf ». Répétons-le, l'eau vaut de l'or et mérite un bien meilleur sort qu'un simple lustrage de jantes en aluminium, dont l'éclat s'envolera à la prochaine flaque d'eau.

Quelques gestes simples de l'écolavage

- J'attends la prochaine pluie qui suffira amplement !
- Sinon, je ne lave jamais ma voiture chez moi : que devient l'eau salie ? Quelles quantités d'eau cela va-t-il gaspiller ? Je préfère les stations de lavage qui sont équipées d'évacuations pour les eaux usées et qui sont bien plus économes en eau.

Il reste les déplacements en zone rurale ou dans les quartiers qui ne sont pas encore suffisamment équipés en systèmes publics de transport efficaces. La voiture « à pétrole » reste malheureusement incontournable[104].

▪ Au travail

Savez-vous que la qualité de votre cadre de travail est aussi importante pour vous que celle de votre habitat ? Pour la plupart d'entre nous, en effet, notre lieu de travail est l'endroit où nous passons une part importante de notre temps. Il est donc primordial de s'y sentir bien en se l'appropriant. De la décoration à la nourriture prise à la pause, en passant par la gestion de l'énergie et des matières premières, il y a des aménagements et des changements qui profitent à tous : à soi-même, à ses collègues et à l'environnement. Notre épanouissement, notre productivité et notre santé sont en jeu ! Alors n'hésitons pas à proposer et à amener des changements, avec courtoisie, un grand sourire, mais une ferme volonté de voir son cadre de travail contribuer lui aussi au développement durable. En discutant avec vos collègues et en montrant vous-même l'exemple, vous arriverez certainement à créer un effet boule de neige qui fera que les autres essaieront eux aussi « d'importer » les bonnes pratiques dans leur foyer, et ainsi de suite. La diffusion de la bonne parole, des bons réflexes et des bonnes pratiques par le bouche à oreille est certainement une des meilleures alliées du développement durable.

Le transport pour se rendre sur le lieu de travail

Tous les jours, vos collaborateurs et vous-même devez vous rendre sur votre lieu de travail. C'est autant de déplacements simultanés qui poursuivent le même objectif et servent la même cause : aller travailler au même endroit. Mais chacun se débrouille dans son coin. Les collègues ne partagent pas l'information. Ils polluent tous gaiement « en solo », alors qu'en se concertant, ils pourraient élaborer des solutions collectives à même de renforcer l'esprit d'équipe et le partage d'expériences avec les collègues.

---

104. Ce chapitre des gestes du « B.-A. BA » n'est pas suffisant pour vous apporter des réponses. Au-delà de ces conseils de bon sens d'entretien, veuillez vous reporter aux parties suivantes, allant davantage dans les choix de rupture et l'engagement citoyen.

Ainsi, en interrogeant un peu autour de soi, on se rend compte qu'il y a trois voitures qui font grosso modo le même trajet tous les jours, à peu près à la même heure pour transporter… trois personnes. Mais il y a également cet autre collègue qui aimerait bien venir en vélo mais qui n'ose pas parce qu'il a peur de transpirer sur le trajet sans pouvoir se doucher. Encore cet autre collègue qui vient d'emménager dans le quartier et ne connaît rien des infrastructures publiques. Comme il a peur d'arriver en retard au travail, il préfère se servir à chaque fois de sa voiture : il ne prend pas de risque, pourtant, il pourrait prendre le bus puisqu'il est venu ainsi le premier jour !

Votre entreprise (employeur) peut vous proposer beaucoup de mesures pour favoriser la mobilité douce :

- abonnements généraux collectifs aux transports publics ;
- aménagement d'un sas à vélo et d'une douche si besoin ;
- affichage des horaires et des plans des transports publics ;
- organisation de transports collectifs (minibus, par exemple) à heures fixes, pour emmener par convoi les employés à la station de métro la plus proche ;
- affichage d'un planning des offres et des besoins en transport des différents collègues pour les aider à faire du covoiturage lorsqu'ils détectent des besoins similaires.

N'hésitez pas à engager le débat et à faire quelques suggestions.

Les bons réflexes, au bureau comme à la maison

Pourquoi changer ses habitudes sur son lieu de travail ? Les mêmes gestes quotidiens peuvent y être effectués en adaptant au besoin les consommations d'éclairage, de chauffage ou de climatisation : éteindre sa lampe quand on sort de son bureau, l'ordinateur, la photocopieuse ou l'imprimante à la fin de la journée, pas trop de chaleur l'hiver, pas trop de fraîcheur l'été…

Il ne s'agit pas d'opter pour une démarche de radin chez soi en affirmant que « c'est pour le bien du développement durable », et de se comporter de manière totalement irresponsable au bureau sous prétexte que « c'est l'entreprise qui paie ». Le développement durable est une notion transverse qui dépasse l'entreprise autant que la maison, qui efface les frontières entre la vie privée et la vie professionnelle. Il faut être cohérent avec soi-même : on doit essayer de contribuer au développement durable à la maison comme au travail.

Pensez « seconde vie » : recyclez

Le recyclage permet de donner une seconde vie à beaucoup d'objets que l'on remplace. La flotte des ordinateurs du bureau va être remplacée parce qu'elle n'est plus assez puissante pour suivre la quantième version de logiciels installés ? Si c'est pour mettre les vieux ordinateurs à la poubelle, pourquoi ne pas plutôt les donner à une association qui peut les envoyer dans des écoles en Afrique ? Il est alors important de bien vérifier que l'association qui se chargera de collecter et d'envoyer du matériel informatique en Afrique a mis en place un dispositif de suivi des déchets électroniques, de manière à ce qu'en fin de vie, ils n'aillent pas remplir les décharges des Africains.

De même, au lieu d'acheter des recharges (cartouches d'encre pour imprimantes, toner, stylos, produits de nettoyage, etc.) et des chargeurs (piles) aux fournisseurs habituels, il y a une solution beaucoup plus économique, écologique et très simple : des entreprises et des associations sont spécialisées dans les recharges de cartouches d'encre, et vous pouvez leur passer commande par Internet.

Il est également possible de laisser les vieux vêtements, livres, électroménager, jeux en panne… à des magasins d'occasion ou à des organismes de charité (Emmaüs, Croix-Rouge, Armée du Salut, etc.) : ces derniers ont le talent de redonner vie et utilité aux objets qui n'en ont plus à vos yeux.

Vous apportez un déjeuner pour manger dans la cuisine de votre bureau tous les midis ? Évitez les couverts et les récipients jetables. Apportez des couverts en dur et lavez-les plutôt que d'utiliser des couverts en plastique qui viennent chaque jour gonfler les poubelles déjà saturées.

▪ En vacances

Bien évidemment, s'il faut adopter les mêmes règles de vie sur le lieu de travail qu'à la maison, c'est également le cas lorsque vous passez vos vacances à quelques kilomètres de chez vous ou à l'autre bout du monde. Partout, le tourisme se nourrit de la diversité naturelle et culturelle de la planète : ne gâchons pas des biens aussi précieux. Soyez exemplaire, portez la bonne parole en toute courtoisie, expliquez pourquoi vous préférez agir de telle manière plutôt qu'autrement, en quoi cela peut contribuer – même très modestement – au développement durable. Là encore, comme avec vos collègues, c'est en discutant et en montrant les bons réflexes et les bonnes pratiques que vous pourrez faire des émules et réussir à créer cet effet boule de neige indispensable pour que le développement durable soit enfin une réalité. Chez nous bien sûr. Dans les pays du Sud également.

Le saviez-vous ?

Plus de 120 millions de sacs plastique sont dispersés sur le littoral français chaque année ! Cela oblige les communes concernées à tamiser le sable avec des herses tirées par des tracteurs qui nuisent aux écosystèmes. Chaque année, les déchets en plastique provoquent la mort de 1 million d'oiseaux, de 100 000 mammifères et d'un nombre incalculable de poissons[105].

Un mégot de cigarette met entre 6 mois à 5 ans à se dégrader, un chewing-gum 5 ans, une canette en aluminium 100 ans et un sac en plastique 450 ans.

L'état d'esprit : respect, ouverture, vigilance

Les « gestes durables » que l'on a appris à adopter à la maison, emportons-les en vacances. Ce sont les racines d'un tourisme durable. Le tourisme durable permet le développement des activités récréatives dans un pays ou une région en tenant compte des principes de base du développement durable. Il s'agit de se montrer respectueux envers l'homme, l'environnement, la culture et l'économie locale de la région qui accueille.

Les bases du tourisme durable telles que nous pouvons essayer de les appliquer au quotidien consistent donc à refuser d'agir

---

105. Source : PNUE (Programme des Nations Unies pour l'environnement).

selon le principe du double standard : « Je tolère de faire chez toi ce que je ne ferais pas chez moi ».

D'un point de vue écologique tout d'abord, faire du tourisme durable revient à multiplier les initiatives responsables, écologiques et volontaires, avec le souci permanent de la préservation de notre planète.

Quelques gestes simples de l'écotourisme

- Je ne prends pas la voiture pour les petits trajets : je profite de mes vacances pour marcher, faire du vélo.
- Surtout si je fais du camping ou du bateau, je voyage en utilisant des lessives sans phosphates, des savons et des détergents biodégradables. Je fais mes lessives et ma toilette en aval des habitations et à distance des points d'eau potable.
- Je rapporte avec moi les déchets non destructibles (sacs plastique, piles et batteries, etc.) après un voyage dans un pays ne disposant pas d'infrastructures d'élimination des déchets, même si j'ai l'impression que les autochtones jettent tout par terre ! Si j'en ai l'occasion, avec courtoisie, j'affiche mon comportement exemplaire et j'essaie d'inciter les gens que je rencontre à faire de même, en leur faisant comprendre pourquoi cela est important.
- Je reste curieux et attentif vis-à-vis des milieux naturels.
- Je regarde les plantes sans les cueillir.
- Je ne tue pas le moindre insecte dès qu'il me tombe sous la main.
- Je laisse les animaux tranquilles.
- Je refuse de me loger dans un gros bâtiment qui a été manifestement construit pour accueillir des touristes et qui ne prend nullement en compte le risque de dévisager un espace naturel, ou de vider les réserves d'eau qui sont indispensables à la survie d'une communauté de riverains.
- Je sélectionne les hôtels soucieux de leur environnement, ou encore les gîtes ou l'accueil chez l'habitant, car ils participent à une démarche de développement durable.
- Je me renseigne sur les comportements locaux de recyclage des déchets.
- Je ne jette pas mes ordures à tort et à travers, même mes mégots.

« À Rome, fait comme les Romains »

D'un point de vue social, le tourisme durable revient à chercher à se fondre autant que possible dans l'univers humain local pour en comprendre les préoccupations, apprécier la richesse et la profondeur des coutumes et des habitudes : « À Rome, fait comme les Romains », dit le proverbe.

Une multitude de petits gestes et de réflexes peuvent s'additionner et se nourrir mutuellement pour forger petit à petit une société s'appuyant sur le développement durable. Consommer avec modération les ressources naturelles, c'est bien. Reprendre le bon vieux principe du « il vaut mieux acheter de la qualité qui dure longtemps », c'est toujours utile de le rappeler. Se poser des questions sur l'origine et le devenir de nos déchets, c'est aussi indispensable. Mais ne nous voilons pas la face ! Ces petits gestes et réflexes ne sont que le B.-A. BA du développement durable. Si nous nous mettons tous à les appliquer, nous serons dans la bonne voie. Mais ce ne sera pas suffisant. Dans notre vie quotidienne, il faut aller plus loin. Il faut accepter de s'engager dans certains choix qui sont en rupture avec le modèle dominant de consommation, de mode de vie, de conception du confort... Il s'agit de vivre tout aussi bien, pourquoi pas même mieux, mais en faisant évoluer le référentiel sur lequel se basent nos décisions courantes d'investissement. Voulez-vous franchir le pas ?

Quelques gestes simples du touriste solidaire avec ses hôtes

- Je respecte la façon de vivre des gens qui m'accueillent.
- Je m'intéresse à leur culture et à leur langue.
- J'adapte mes habitudes alimentaires aux traditions locales autant que possible.
- Je me documente pour avoir quelques clés de lecture et mieux comprendre où je mets les pieds.
- Je ne prends pas trois douches par jour parce qu'il fait chaud.
- Je ne pratique pas de tourisme sexuel.

Intégrer le développement durable dans les projets de la vie quotidienne

Au-delà de la consom'action, vouloir contribuer au développement durable, c'est aussi se poser un ensemble de questions pour orienter/réorienter ses propres choix de vie. Ainsi, vous pouvez nourrir des projets en faveur du développement durable : travaux importants de construction ou de rénovation de l'habitation, réorientation des décisions de vacances en fonction de critères tenant compte du développement durable, choix en matière d'acquisition d'un nouveau moyen de transport, conception du travail...

▪ Les travaux dans sa maison ou sa copropriété

La modération dans la consommation de l'énergie et de l'eau, ainsi que dans la réduction des déchets, fait partie des enjeux fondamentaux du développement durable. Si nous pouvons déjà agir chacun chez soi, il est bien évident qu'en touchant aux structures de l'habitat, on arrivera à actionner un levier encore plus efficace, à plus forte raison lorsque cela peut engager une maison, voire un immeuble entier. Parfois, certaines primes de l'État rendent les investissements moins coûteux. Souvent, les investissements les plus écologiques ne sont pas les moins chers à l'achat mais permettent d'effectuer de substantielles économies une fois que le tout fonctionne, au jour le jour.

Les décisions sont évidemment plus complexes lorsqu'elles se prennent entre copropriétaires – d'ailleurs, ce n'est pas forcément l'espace dans lequel la thématique du développement durable semble *a priori* la plus fédératrice entre des tempéraments et des intérêts potentiellement divergents. Toutefois, c'est bien en détectant des travaux nécessaires à la communauté et en proposant un dossier avec des écosolutions, les coûts, les gains et les éventuelles aides de l'État que vous pourrez tenter d'orienter le vote des copropriétaires vers des aménagements contribuant activement au développement durable. Voici quelques exemples qu'il peut être utile de mener très simplement dans les réflexions de rénovation impliquant des investissements engageant sur des décennies.

Construction ou rénovation plus écologique d'un habitat

Faire construire sa nouvelle maison selon la démarche haute qualité environnementale (HQE)[106], qui privilégie des matériaux

---

106. Lire notamment LHOMME J.-C., *La Maison économe : solutions et actions pour un habitat économe*, Delachaux et Niestlé, 2005. DESOMBRE F., *J'attends une maison : le livre de l'habitat écologique*, La Pierre Verte, 2005. BERTRAND A., *Notre habitat écologique : détails pratiques d'une expérience réussie*, Éditions du Dauphin, 2005. CORRADO M., *La Maison écologique : toutes les règles pour vivre dans un environnement sain*, De Vecchi, 2004. DUNNET N. et KINGSBURY N., *Toits et murs végétaux*, Éditions du Rouergue, 2005. LAFFON M. et LAFFON C., *Habitat du monde*, La Martinière, 2004. GAUZIN-MÜLLER D., *L'Architecture écologique : 29 exemples européens*, Le Moniteur, 2001. WINES J., *L'Architecture verte*, Taschen, 2000. CHATELET A., LAVIGNE P. et FERNANDEZ P., *Architecture climatique : une contribution au développement durable*, Edisud, 1998.

et des systèmes de chauffage et d'éclairage respectueux de l'environnement, est une excellente manière de concevoir un bâti. Ce travail d'architecte prend en compte de nombreux paramètres et met en place des procédés qui limitent significativement la nuisance environnementale de la future maison tout en privilégiant l'économie d'énergie. On estime que la démarche HQE occasionne un surcoût de l'ordre de 10 % à la construction, mais il y a un véritable retour sur investissement dans la durée une fois que la maison fonctionne, grâce aux gains générés sur les consommations énergétiques et sur la qualité de vie[107]. S'informer ne coûte rien. Avant de prendre une décision, renseignez-vous auprès des entreprises spécialisées ou des organisations de protection de l'environnement[108]. De nombreux soutiens financiers sont à disposition pour encourager une telle démarche[109].

Travaux importants sur les équipements ?

Votre chaudière a 20 ans ? Changez-la ! Vous économiserez au moins 15 % de votre consommation, et jusqu'à 30 ou 40 % en optant pour un modèle « basse température » ou « basse condensation ». En plus, l'installation polluera moins et produira moins de gaz à effet de serre[110].

Le saviez-vous ?

En France, le remplacement de toutes les chaudières qui ont plus de 20 ans empêcherait le rejet de plus de 7 millions de tonnes de CO_2.

---

107. Pour de plus amples informations : *www.assohqe.org*.

108. Pour trouver des adresses : *Annuaire national de l'habitat écologique*, Éditions Terre Vivante. Il y a beaucoup d'idées concrètes, par exemple sur *www.ideesmaison. com*. Si l'occasion se présente, visitez le centre d'accueil de l'Association Terre vivante qui expose différentes techniques de construction écologique et organise des stages de formation : *www.terrevivante.org*. Terre Vivante édite également de nombreux ouvrages pratiques permettant d'approfondir des sujets techniques (bâtir écologique, optimiser les consommations énergétiques, etc.).

109. Pour les aides publiques possibles, se renseigner auprès de l'Agence nationale pour l'amélioration de l'habitat (ANAH - *www.anah.fr*), ou bien auprès de l'espace infoénergie de l'Agence de l'environnement et de la maîtrise de l'énergie (ADEME - *www.ademe.fr*).

110. Pour aller plus loin, se renseigner auprès de l'Association Confort régulation (*www.acr-regulation.com*), ou bien du côté du groupement de fabricants en automatismes de chauffage (*www.domergie.fr*).

Des opportunités pour privilégier l'énergie renouvelable ?

Pourquoi ne pas adopter le solaire pour chauffer son eau ou pourvoir aux besoins de l'habitat en électricité pour l'éclairage, par exemple[111] ? Les énergies renouvelables ne produisent pas de gaz à effet de serre. Le secret, c'est d'arrêter de penser ses besoins en énergie sous la forme d'énergie globale – je paie une facture et j'obtiens toute l'énergie que je vais utiliser pour faire fonctionner mon domicile. Il s'agit plutôt de penser les besoins en énergie de manière plus locale : l'éclairage, voire l'éclairage de telle pièce ou de telle allée de jardin, le chauffage de l'eau ou le chauffage de l'eau sortant de tel robinet par rapport à tel autre, etc. C'est dans cet esprit de diversité des sources d'énergie mises au service d'une diversité de besoins de consommation qu'il est possible d'intégrer ici et là des petits systèmes ciblés insufflant de l'énergie renouvelable à domicile.

Le saviez-vous ?

Un chauffe-eau solaire performant et bien installé peut couvrir de 50 à 70 % des besoins de la maison, où que vous viviez en France. Un système solaire combiné couvre entre 25 et 60 % des besoins annuels d'eau chaude et de chauffage, selon la région et la taille de l'installation.

L'éolien[112] et le chauffage au bois[113] peuvent également être des technologies à exploiter en petite configuration pour satisfaire aux besoins d'un habitat individuel ou d'une copropriété. Approfondissez la faisabilité technique et la pertinence économique de la démarche[114].

Les systèmes de rafraîchissement

En prévision de canicules ou par souci de confort, l'installation de systèmes de rafraîchissement est un autre investissement

---

111. Pour aller plus loin : *www.outilssolaires.com ou www.enr.fr.*

112. Pour aller plus loin : Association France énergie éolienne, *www.fee.asso.fr.*

113. Pour aller plus loin : Institut technique européen du bois énergie (ITEBE - *www.itebe.org*) et le label Flamme Verte (*www.flammeverte.com*). Lire également AUBERT C., *Poêles, inserts et autres chauffages au bois*, Terre Vivante, 1999.

114. Pour se renseigner, les points d'entrée peuvent être le comité de Liaison des énergies renouvelables (CLER - *www.cler.org*), ou l'Observatoire des énergies renouvelables (Observ'ER - *www.observ-er.org*), qui gère également le site *www.energies-renouvelables.org.*

important pour l'évolution du bâti. La climatisation est le premier réflexe qui vient à l'esprit du plus grand nombre. Or, non seulement cette technologie est extrêmement gourmande en énergie (pour fonctionner au jour le jour, elle exige un entretien très régulier des filtres pour éviter la propagation de maladies dans l'air), mais elle utilise en plus certains gaz réfrigérants qui sont à effet de serre. La climatisation est donc la pire des solutions.

Le saviez-vous ?

Il suffit de 5 °C d'écart avec l'extérieur pour créer la sensation de fraîcheur. Au-delà, notamment en utilisant des climatisations poussées au maximum alors qu'il fait très chaud dehors, l'air froid augmente le risque d'une affection du larynx et d'une toux irritative.

Il existe des solutions alternatives à ce coûteux investissement, et cela en s'appuyant sur des techniques très classiques, en installant des masques architecturaux. Un architecte peut être utile pour apporter les conseils appropriés selon le bâti[115].

Le tourisme éthique, solidaire et écologique

Repenser ses vacances

Le souci de développement durable peut devenir un critère à prendre en compte dans les décisions de vacances au même titre que le prix ou l'intérêt d'une destination. Si la destination fait rêver et que le prix est intéressant mais qu'il n'y a pas de garanties en matière de respect de l'environnement dans l'hébergement, dans la nature des activités pratiquées sur place ou auprès des populations locales, il faut tout simplement changer de destination et revoir sa copie !

Les congés payés, les 35 heures d'une part, mais aussi le formidable développement couplé à la vertigineuse chute des prix des moyens de transports ont considérablement banalisé le tourisme et la possibilité, pour beaucoup de Français, de se

---

115. Lire AUBERT C., SALOMON T. et COCHET Y., *Fraîcheur sans clim' : le guide des alternatives écologiques sans la clim'*, Terre Vivante, 2004.

reposer quelques semaines ou durant de multiples week-ends prolongés en parcourant le monde à moindre coût.

Mais le tourisme tel qu'il est massivement pratiqué aujourd'hui, pose de nombreux problèmes sur le plan du développement durable. La banalisation de l'avion, permettant de prendre un week-end prolongé de l'autre côté de la Méditerranée à moindre coût, n'est-elle pas un poids de plus sur les enjeux climatiques, l'avion étant un très gros émetteur de gaz à effet de serre ? La banalisation des logements de masse un peu partout dans le monde, défigurant les sites naturels, n'est-elle pas une formidable fuite en avant de l'immobilier du tourisme, prédateur de nos richesses naturelles ? La banalisation du tourisme, devenu un véritable produit de consommation standardisé, ne risque-t-elle pas de mettre en péril les cultures locales visitées, que ce soit chez nous ou à l'autre bout du monde, en transformant des traditions vivantes en industrie folklorique de parc d'attractions ?

Le tourisme peut être une expérience profondément reposante et enrichissante. Il risque d'être surtout une expression parmi tant d'autres d'une société incapable de profiter sans dévorer, de découvrir sans détruire. Aussi, en refusant de faire du tourisme qui n'est respectueux ni de l'environnement, ni des femmes et des hommes croisés en chemin, nous pouvons participer, là encore, à faire évoluer les structures du tourisme, qui auront besoin de tenir compte de clients en quête de développement durable et d'éthique.

Comment voyager écolo ?

Malgré une offre alléchante, avez-vous vraiment besoin d'aller passer le week-end du Jour de l'An à New York ? Un tel déplacement, utilisant forcément l'avion, est extrêmement polluant et générateur de gaz à effet de serre. Le tourisme éthique et écologique est d'abord un tourisme qui modère ses consommations en transports polluants. Par exemple, le touriste éthique et écologique ne prendra l'avion que pour des voyages de longue durée (quelques semaines) ; il préférera se concentrer sur le train ou le combiné « train + location de voiture » pour des vacances plus courtes (quelques jours).

Privilégier les structures développement durable

Il s'agit de s'insérer dans des circuits touristiques respectueux des populations visitées, et cela, dans les conditions les plus écologiques possibles. Que ce soit pour voyager à côté de chez soi ou à l'autre bout du monde, il existe de nombreuses initiatives qui garantissent un cadre contribuant activement au développement durable. Prendre les logos comme critères pour choisir, au même titre que le prix ou la destination, est une manière d'orienter ses choix de vacances : l'hôtel est-il « ISO 14 001 » ? Le village dans le Tarn est-il « station verte » ? Il faut scruter les démarches des partenaires traditionnels de vos vacances (voyagistes, communes, etc.). Encouragez ceux qui progressent. Réorientez vos choix vers d'autres partenaires si vous n'êtes pas convaincu[116].

Et pourquoi ne pas « voyager engagé » ?

La formule la plus intéressante du tourisme durable est sans doute celle qui combine la découverte d'un univers nouveau avec l'engagement actif en faveur de l'environnement ou de la société. Le vacancier moderne s'implique : la coopération autour de causes communes est le meilleur moyen de découvrir les réalités et les enjeux de ce monde, de se donner de nouvelles ressources et de nouer des relations inoubliables. De nombreuses organisations proposent ce type de séjours « motivés », que l'on peut aussi organiser soi-même avec un peu de débrouillardise. Un certain esprit critique est cependant nécessaire pour évaluer les projets proposés :

- La cause défendue et la méthode utilisée sont-elles en adéquation avec nos propres idées, sensibilités, croyances ?
- Le projet répond-il à un besoin formulé explicitement par les acteurs concernés ? Émane-t-il d'une organisation représentative des intérêts de la population locale ? La protection d'un milieu naturel doit tenir compte de la valeur pratique, économique ou spirituelle de celui-ci pour ses habitants. Un projet social peut être en contradiction avec les habitudes, la culture locale.

---

116. Lire également MICHEL R., *Le Guide des actions bénévoles. Agir pour voyager autrement*, Le Pré aux Clerc, 2005, ou bien FRÉMEAUX P. (dir.), *Le Tourisme autrement*, Alternatives Économiques Pratique, 2005.

- En s'engageant quelque part, on ne « préserve » jamais les choses telles quelles. Est-ce que les changements induits par notre présence et notre activité vont dans le sens d'une meilleure qualité de vie et du respect de toutes les parties ?

Le voyage sert à s'enrichir et à se retrouver. Il n'est pas nécessaire pour cela d'aller à l'autre bout du monde. On peut aussi concevoir une approche plus centrée sur son propre pays et sur une implication dans des projets de cohésion sociale, en prenant une année sabbatique, par exemple.

Chapitre 7

Pouvoirs publics
et développement durable

Les pouvoirs publics sont les grands régulateurs de la société : ils incitent, ils impulsent, ils interdisent. Ils ont logiquement leur rôle à jouer pour promouvoir la mutation de notre société vers son développement durable. Après tout, si dans les années 1970, face aux chocs pétroliers successifs, des gouvernements européens (dont la France) ont su se mobiliser pour lancer de très importants programmes de rénovation et d'économie énergétique, pourquoi ne pas redonner aux autorités publiques de tout bord une telle responsabilité dans la dynamique mondialisée du XXIe siècle ?

Démocratie et développement durable

Le mythe du « dictateur éclairé »

En matière de développement durable, la remarque revient souvent : finalement, seule une dictature éclairée serait en mesure de faire passer les réformes radicales que les principes du développement durable devraient imposer à la société industrielle. Il est vrai que, d'un côté, certains désespérés de la situation renvoient aux analyses du philosophe Hans Jonas pour revendiquer la nécessaire prise en compte du développement durable « à la dure ».

Hans Jonas (1903-1993)

Hans Jonas est un philosophe allemand qui s'est fait connaître avec son « éthique pour l'âge technologique ». Dans *Le Principe de responsabilité* (1979), il veut apporter une réponse aux problèmes que pose la civilisation technicisée, à savoir les problèmes environnementaux, les questions du génie génétique, etc. D'après lui, l'immense pouvoir qui est conféré à l'homme par la techno-science constitue un problème auquel doit répondre, en l'homme, une nouvelle forme de responsabilité. Celle-ci n'est pas à comprendre comme une attitude, mais plutôt comme une faculté proprement humaine que tout homme est tenu d'exercer. La « responsabilité » jonassienne n'a rien à voir avec la responsabilité qui naît de la propriété ou de l'obligation de réparer le tort fait à autrui, que l'humanité reconnaît depuis des millénaires comme un principe de justice naturelle. Non, cette responsabilité-là interdit à l'homme d'entreprendre une action qui pourrait mettre en danger l'existence des générations futures, ou la future qualité de vie sur terre. C'est pourquoi avant d'utiliser une technologie, l'homme doit toujours s'assurer que toute éventualité apocalyptique est exclue. Par cette prescription, Hans Jonas prétend exiger une connaissance préalable à l'agir, que l'on ne peut obtenir que par cette action elle-même. C'est ainsi que ceux qui le prennent au sérieux s'opposent systématiquement à certains progrès, non par hostilité de principe au développement, mais parce qu'ils estiment ne pas disposer assez d'éléments tangibles pour lever les risques associés au développement de tel ou tel progrès.

D'un autre côté, les « conservateurs » s'empressent de dénoncer la montée insidieuse d'une « dictature du développement durable » à la moindre nouvelle réglementation environnementale, par exemple.

La réalité montre au contraire que, loin d'être liée à une limitation des droits, la prise en compte du développement durable implique leur expansion. En effet, à partir du moment où la déclaration finale de la conférence des Nations unies sur l'environnement, tenue à Stockholm en 1972, énonce que « L'homme a un droit fondamental à la liberté, à l'égalité et à des conditions de vie satisfaisantes, dans un environnement dont la qualité lui permette de vivre dans la dignité et le bien-être. Il a le devoir solennel de protéger et d'améliorer l'environnement pour les générations présentes et futures »[117], cela suppose trois principes fondamentaux :

- chacun doit être sensibilisé et éduqué au développement durable ;
- chacun doit pouvoir faire valoir ses droits pour un développement durable devant la justice ;

---

117. Se reporter aux annexes pour l'article complet.

- l'espace démocratique, malgré ses imperfections, reste le meilleur pour permettre l'exercice des deux premiers principes.

Dès lors, le progrès d'une société démocratique vers le développement durable ne peut s'appuyer que sur trois logiques, qui se nourrissent mutuellement et sont toutes indispensables :

- L'existence et l'engagement d'un tissu associatif libre : lorsqu'il n'y a pas de victimes directes – la destruction d'un écosystème ne concerne personne en particulier, par exemple – personne n'est là pour poursuivre les auteurs des destructions en dehors du tissu associatif.

- L'accès à une information libre et indépendante : plus l'information à disposition est portée par des acteurs pluridisciplinaires ne partageant pas les mêmes intérêts, plus elle est pertinente.

- La régulation publique permettant de connecter les enjeux et les informations : si, auparavant, les sources de nuisance pouvaient sembler délimitées – telle usine causant telle pollution sur tel territoire – aujourd'hui, c'est chacun d'entre nous qui concourt à rendre l'ensemble intenable. L'exemple du changement climatique dans lequel les responsabilités sont diluées entre des milliards de personnes est patent.

Ainsi, les pouvoirs publics ont un rôle très important à jouer. C'est avec confiance dans le système démocratique qu'il faut avancer et bâtir progressivement la société du développement durable, en informant et en motivant chacun plutôt qu'en faisant peur, en culpabilisant et en contraignant.

La démocratie entre les mains de tous

Une participation minimale

Les pouvoirs publics, dans les démocraties, agissent selon le mandat que les électeurs veulent bien leur confier. Al Gore, en tournée mondiale pour présenter le film *Une Vérité qui dérange*, explique ainsi que lorsqu'il était vice-président des États-Unis (dans les années 1990), il ne pouvait pas prendre de décision permettant à l'administration Clinton de lutter contre le changement climatique car le Parlement américain y était hostile :

Bill Clinton n'avait pas été élu sur ces questions. Al Gore en a donc déduit que le développement durable demande avant tout une forte sensibilisation de l'opinion, de manière à faire ensuite évoluer les lignes des élus et de faciliter le passage à l'acte de la part des autorités publiques. Pour des décisions claires et transparentes, pour une démocratie vivante et réelle, soyons des citoyens actifs : impliquons-nous dans la vie de quartier, participons aux élections, mobilisons-nous et prenons la parole dans les débats qui traitent des sujets locaux…

S'informer

Allons chercher l'information. Réclamons-la. Pour connaître les projets de notre commune, de notre région, pour en comprendre les enjeux : vont-ils dans le sens du développement durable ? Pour mieux connaître les produits que l'on achète : quels composants ? Quel est le devenir des déchets générés par l'achat de tel ou tel produit ? Quel est l'intérêt hygiénique ou qualitatif de tel ou tel emballage ?

Désormais, nous sommes l'Europe et plus simplement la France. Il est indispensable de s'ouvrir sur le monde et de voir ce qui se passe ailleurs, au détour d'un voyage, en regardant un reportage télévisé, en lisant des revues plus ou moins spécialisées : les principaux journaux ont développé des sections sur le développement durable depuis déjà plusieurs années. On peut puiser à l'étranger des questionnements et des pistes de solution sur des problématiques vis-à-vis desquelles nous ne sommes pas forcément très avancés en France. Par exemple, nous nous posons des questions sur les sacs plastique aux caisses de supermarchés et sur leur élimination progressive, alors que cela fait une dizaine d'années que nos voisins allemands ont déjà mis des solutions en place…

Le droit de savoir et de peser dans les décisions

Pour être plus efficace, pour porter les projets plus loin, l'union fait la force : faire partie d'une association, débattre, faire le lien entre les citoyens, les entreprises, les collectivités permet d'agir avec plus de pertinence. Mais pour cela, il faut prendre le temps de s'investir ensemble afin de progresser ensemble. La loi autorise désormais l'investigation citoyenne de tous les champs susceptibles d'avoir un impact sur leur quotidien, dès lors que la notion d'environnement et de développement durable existe et qu'ils peuvent légitimement se considérer comme partie prenante de tout projet de nature industrielle ou urbaine : c'est un droit fondamental apporté par la convention signée dans la ville danoise d'Aarhus[118] au niveau européen et par la charte de l'environnement[119] au niveau français.

La convention d'Aarhus (juin 1998)

Vous avez le droit, eu égard à la convention d'Aarhus, de savoir et de poser les questions que vous souhaitez à vos élus. Les dispositions concernant l'information du public ont été confortées, entre autres, par cette même convention, signée le 25 juin 1998 au Danemark par 39 États. Adoptée en application de l'article 10 de la Déclaration de Rio pour la région Europe de la commission économique des Nations unies, la convention d'Aarhus porte sur l'accès à l'information, la participation du public au processus décisionnel, et sur l'accès à la Justice en matière d'environnement. Elle se décline selon les axes suivants :

- Développer l'accès à l'information détenue par les autorités publiques, en prévoyant notamment une diffusion transparente et accessible des informations fondamentales.
- Favoriser la participation du public à la prise de décisions ayant des incidences sur l'environnement. Il est prévu, entre autres, de l'encourager dès le début d'une procédure d'aménagement, « c'est-à-dire lorsque toutes les options et solutions sont encore possibles, et que le public peut exercer une réelle influence ». Le résultat de sa participation doit être pris en considération dans la décision finale, laquelle doit également faire l'objet d'une information.
- Étendre les conditions d'accès à la Justice en matière de législation environnementale et d'accès à l'information.

Sous l'impulsion des institutions européennes, la France a également adopté la charte de l'environnement. Celle-ci place certains droits en matière d'environnement comme fondamentaux, au même titre que la Déclaration universelle des droits de l'homme. C'est un grand pas en avant. Tout en responsabilisant les individus sur leurs actes et les conséquences sur l'environnement, évoquant ainsi le principe de « pollueur-payeur » et le

---

118. Pour plus d'informations sur la convention d'Aarhus, se reporter aux annexes.
119. Pour plus d'informations sur la charte de l'environnement, se reporter aux annexes.

principe de précaution[120], la charte de l'environnement reconnaît un droit du public à l'information ainsi qu'à la participation à l'élaboration des décisions ayant une incidence sur l'environnement. Ces textes ne doivent pas rester lettre morte. Ils doivent nourrir la conscience citoyenne : « Le droit de vivre dans un environnement durable ne s'use que si l'on ne s'en sert pas ». La jurisprudence qui va se constituer permettra progressivement de faire vivre la charte de l'environnement et d'en inscrire les principes dans notre quotidien.

L'union fait la force

Le rassemblement associatif peut être un bon moyen pour peser sur les décisions au niveau d'un quartier ou d'une ville.

Quelques exemples d'initiatives citoyennes simples[123]

- J'encourage ma collectivité à utiliser le principe « stop pub » et à le communiquer dans le journal municipal. J'en parle à mon facteur et au distributeur de publicités gratuites pour qu'ils respectent l'autocollant.
- J'aide à proposer des dispositifs simples de formation et d'information du plus grand nombre.
- Je fais la promotion de l'insertion des handicapés et de l'égalité hommes-femmes.
- J'interroge les choix d'aménagement du territoire chaque fois que le bâti neuf n'est pas fondé sur la « haute qualité environnementale », ou que l'utilisation des énergies renouvelables et la maîtrise de l'énergie ne sont pas favorisées dans les bâtiments existants et l'éclairage public.
- Je pousse à la généralisation des véhicules « propres » pour les transports en commun et les flottes de véhicules des services municipaux.
- Je fais la promotion des fournisseurs qui proposent des produits plus économes en énergie et plus respectueux de l'environnement, pour dépenser l'argent public collecté dans les impôts.
- Je participe aux conseils de quartier et aux consultations publiques de ma commune.

---

120. Lire notamment EWALD F., COLLIER C. et DE SADELER N., *Le Principe de précaution*, PUF, 2001.

121. Lire notamment CANNARD P. (dir.), *Les citoyens peuvent-ils changer l'économie ?*, Charles Léopold Mayer, 2003. FRÉMEAUX P. (dir.), *Les Initiatives citoyennes*, Alternatives Économiques Pratique, 2005. PERRIOT F., *Le Guide des actions bénévoles. Agir pour la protection de la nature*, Le Pré aux Clercs, 2005.

À titre d'exemple, on peut évoquer ce qui s'est fait en France dans les années 1990 concernant l'introduction des organismes génétiquement modifiés (OGM) dans l'alimentation des Français et dans l'agriculture. Le débat traditionnel entre experts et décideurs s'est avéré insuffisant pour régler une question d'intérêt général aussi sensible. Un collectif de citoyens s'est donc organisé pour partager l'information, réfléchir et émettre une série de recommandations. La question des OGM et cette expérience citoyenne ont donné un nouveau souffle au débat public, en valorisant les mérites respectifs de la démocratie représentative et de la démocratie participative[122].

La transparence des pratiques de lobbying

Le lobbying est une activité qui procède à des interventions destinées à influencer, directement ou indirectement, les processus d'élaboration, d'application ou d'interprétation de mesures législatives, normes, règlements et, plus généralement, de toute intervention ou décision des pouvoirs publics.

Au niveau européen, entre 15 000 et 22 000 lobbyistes travaillent au quotidien pour orienter l'activité législative de la Commission et du Parlement européen à leur avantage[123]. Environ 70 % des lobbyistes travaillent au service d'entreprises.

En soi, le lobbying n'est pas un problème : il existe et existera toujours. Le manque de transparence sur la façon dont les influences s'opèrent est nettement plus dérangeant en matière de prise de décision pour un développement durable, sachant que 80 % de la législation sur l'environnement se décide à Bruxelles. L'exemple des « biocarburants » est instructif à ce sujet.

---

122. Lire tout spécialement Bourg D. et Boy D., *Conférences de citoyens, mode d'emploi*, Charles Léopold Mayer, 2005.
123. Sources : Commission européenne.

En mars 2007, la Commission européenne a proposé qu'en 2020, 10 % des carburants utilisés dans les transports soient d'origine végétale. Le groupe d'experts qui a travaillé en amont à l'élaboration du texte a rassemblé de manière notoire des lobbyistes de l'industrie automobile (les biocarburants ne demandent que des évolutions mineures dans la motorisation des véhicules), des pétroliers (les biocarburants ne remettent pas en question les structures en place qu'ils possèdent en matière de distribution du carburant), des biotechnologies (les organismes génétiquement modifiés, s'ils sont considérés comme impropres à la consommation, peuvent trouver des débouchés intéressants dans les biocarburants) et des industriels du biocarburant. L'OCDE (Organisation de coopération et de développement économiques) a publié par la suite un rapport très critique, révélant notamment que les biocarburants seraient plus nocifs que le pétrole en matière d'environnement et de santé.

■ Les biocarburants

Un biocarburant n'a rien d'un produit bio. C'est un carburant fabriqué à partir de matériaux organiques renouvelables et non fossiles. Cette production peut se faire à partir d'un ensemble de techniques variées : production d'huile, d'alcool par fermentation de sucres ou d'amidon hydrolysé, carburants gazeux obtenus à partir de biomasse végétale ou animale (dihydrogène ou méthane), ou carburants solides comme le charbon de bois. Les biocarburants sont loués pour leur qualité globale de neutralité carbone, ce qui en fait un carburant intéressant au regard de la lutte contre le changement climatique. Toutefois, en tant que culture en champs ouverts, la production de biocarburant utilise des engrais et des pesticides, des consommations d'eau importantes et de l'espace cultivable. Tous ces éléments font que les biocarburants ne sont pas une solution pertinente en matière de développement durable.[124]

Des autorités publiques en quête d'intérêt général

L'incitation et l'encadrement : le pouvoir des autorités publiques

Au niveau national et européen

Les pouvoirs publics ont un rôle majeur à jouer dans l'impulsion et la construction d'une dynamique de développement durable,

---

124. Lire à ce sujet BADDACHE F., *L'Alcool comme alternative énergétique : le bilan mitigé de l'expérience brésilienne*, Novethic, 2004.

et cela à tous les niveaux (national et local). Ainsi, si la France dispose, pour la première fois, d'un ministère de l'Environnement (en 1971), et si la loi sur les déchets de 1975 fait apparaître le principe de « pollueur-payeur », c'est seulement à partir du début des années 1990 que la politique de la France en faveur de l'environnement a pris une dimension nouvelle. La France bénéficie de la dynamique du Sommet de la Terre de Rio qu'elle contribue à impulser, mais également de ses engagements européens qu'elle se doit d'honorer : le traité de Maastricht fait de l'environnement une politique à part entière menée par l'Union européenne. Ainsi, de nouveaux acteurs majeurs apparaissent dans le paysage socioéconomique comme l'ADEME (Agence de l'environnement et de la maîtrise de l'énergie) dès 1991. L'ADEME joue un rôle fondamental, acteur de terrain cherchant à sensibiliser tous les publics à la consommation durable et à les soutenir dans leur démarche de progrès. La loi de 1992 fixe des objectifs concrets imposant la revalorisation de 75 % des déchets d'emballage à horizon de 10 ans. Ainsi, les pouvoirs publics peuvent structurer une démarche d'ensemble encourageant le développement durable en définissant :

- une structure de prix des biens et services de consommation qui internalise les coûts et les avantages pour l'environnement ;
- un cadre d'action et de réglementation qui établit clairement les priorités et le sens du changement ;
- la mise à disposition de tout un éventail de biens et services respectueux de l'environnement ;
- des technologies et infrastructures intégrant des critères de qualité environnementale dans la conception et le fonctionnement des réseaux de transport, de logements, de la gestion des déchets, etc. ;
- un contexte éducatif d'apprentissage et d'information qui favorise et permet l'action des consommateurs.

Certains pays européens, comme la Belgique en 1994 et la Suisse en 1998, vont plus loin que la France en insérant au niveau constitutionnel des articles très clairs sur le fait que le développement durable doit devenir autant une forme de droit individuel qu'un devoir collectif censé irriguer les politiques publiques.

Le Conseil européen, tenu à Lisbonne en 2001, a décidé que le développement durable devait désormais nourrir toutes les politiques européennes. La réflexion environnementale s'est donc élargie à la réflexion plus globale du développement durable.

La stratégie de Lisbonne fixe différents objectifs concrets en matière d'énergie (réduction des gaz à effet de serre sur le territoire européen notamment), de santé (création du système cadre d'homologation des substances chimiques REACH et création d'une autorité alimentaire européenne), de gestion des ressources naturelles (soutien des programmes réduisant ou éliminant les déchets industriels non recyclables, réorientation plus qualitative de la Politique agricole commune), de transport et d'aménagement du territoire (soutien du développement du rail européen notamment) et d'aide publique au développement (encouragement des États à atteindre le versement de 0,7 % du PNB demandé par l'ONU).

Cette stratégie européenne a été révisée en 2006, avec un accent mis sur l'intégration du développement durable dans les politiques publiques au service de la croissance et de l'emploi.

Les ministères français

C'est en accord avec la mise en application de cette stratégie de Lisbonne que la France a créé un ministère de l'Écologie et du Développement durable, qu'elle s'est dotée d'une Stratégie nationale de développement durable (SNDD) en 2003, et qu'elle a promulgué la charte de l'environnement[125]. Cette charte permet de constituer un nouveau contexte légal en France, en plaçant notamment le principe de précaution ou celui de pollueur-payeur à un niveau aussi fondamental que celui du respect des droits humains. Quant à la SNDD dans son ensemble, c'est un outil structurant résolument concret : elle entend tracer des pistes de progrès national concernant le développement durable. La SNDD se met en œuvre *via* des plans d'actions. Elle est suivie par des indicateurs et est actualisée chaque année.

---

125. Pour plus d'informations sur la charte de l'environnement, se reporter aux annexes.

La SNDD a permis d'instaurer différentes mesures concrètes alimentant un processus de changement vers le développement durable. Par exemple, concernant la problématique des transports et de leur impact sur le changement climatique, le plan Climat a permis d'intégrer dans le permis de conduire un apprentissage de la conduite souple, l'étiquetage CO_2 en sept classes de couleur sur le lieu de vente de tout véhicule particulier neuf, le renforcement du crédit d'impôt à l'achat de véhicules propres. Au quotidien, de telles mesures contribuent à la formation et à l'information du consommateur d'une part, et à la régulation et à l'incitation au changement des comportements des acteurs économiques d'autre part. Les ministères agissent ainsi concrètement dans la mise en application de mesures favorisant le développement durable.

La consommation durable au sein même du gouvernement

L'État se veut exemplaire. Les ministères déploient nombre de mesures tirant le fonctionnement interne vers la consommation durable : économies d'énergie, commande publique de papier recyclé, prise en compte des émissions de CO_2 dans le choix des véhicules. Par exemple, le ministère de l'Intérieur et de l'Aménagement du territoire a élaboré un questionnaire avec l'aide de l'ADEME, afin d'établir un bilan des consommations, des pratiques et des achats des différents services. Pour les achats publics, ils peuvent désormais s'appuyer sur un code des marchés publics réformé, permettant l'intégration de critères environnementaux et sociaux dans la sélection des prestataires et des biens de consommation.

Le programme national Nutrition-Santé du ministère de la Santé a permis de lancer une importante campagne d'information et d'éducation de la population, dans une optique de prévention primaire. Le but est de faciliter l'orientation des choix des consommateurs dans les domaines suivants : meilleure qualité nutritionnelle, modes de promotion et de commercialisation des produits alimentaires. Dans le cadre de la mise en application du plan national Santé-Environnement, le ministère est en train de renforcer ses capacités d'expertise concernant les risques sanitaires des substances comme les éthers de glycol, les fibres minérales artificielles, les pesticides, les phtalates ou les hydrocarbures.

Mais il reste encore beaucoup à faire. Par exemple, la rénovation des référentiels de diplômes et de titres professionnels des métiers de la construction, des énergies ou des transports, qui permettra notamment à des urbanistes de gagner en compétence pour accompagner les collectivités locales dans la définition de nouvelles formes de régulation de la mobilité urbaine, dans l'optique d'une réduction des émissions de CO_2. La SNDD se heurte dans son déploiement à la logique de sectorisation des politiques publiques propres au fonctionnement de chaque ministère, à l'éclatement de l'information sur les moyens financiers allouables aux projets réalisant les objectifs, au manque de sensibilité au développement durable de la part des agents de l'État comme des Français en général, et à l'absence de coordination avec les collectivités territoriales. En 2007, l'élaboration d'un ministère de l'Écologie, du Développement et de l'Aménagement durables – assez similaire à la tentative des années 1970 – vise à fluidifier la prise de décision en ce sens.

La SNDD a néanmoins permis de définir différents « plans » (plan Santé-Environnement, plan Climat, Stratégie nationale pour la biodiversité, plan national de prévention de la production des déchets, plan Air, plan Bruit, plan Ville durable), même s'ils ont beaucoup peiné à être appliqués. Le Grenelle de l'environnement, tenu en 2007, a permis, pour l'essentiel, de réactiver ces plans. Gageons que les prochaines années verront leur mise en application.

Les collectivités territoriales

Les collectivités territoriales se mobilisent également. Le Comité 21 recense 295 initiatives d'Agenda 21 début 2008 : Agenda 21 régionaux, départementaux, intercommunaux et communaux. C'est dans le cadre de ces programmes structurés que les collectivités impulsent différentes actions concrètes en faveur du développement durable. Ainsi, le Limousin propose de développer des labels ainsi que l'économie liée à l'environnement et aux productions du terroir ; la Ville de Paris a effectué de nombreux investissements visant à encourager l'utilisation des transports en commun et mettant à la disposition des Parisiens l'équivalent de 1 000 stations Vélib' et 14 000 vélos en location ; la communauté urbaine de Lille expérimente un dispositif qui permettra de faire rouler les bus en utilisant pour carburant les déchets locaux.

■ Agenda 21

En application des textes adoptés à Rio[126] en 1992, la France a mis en place un dispositif des chartes d'écologie urbaine ou « chartes pour l'environnement : programmes partenariaux pour un développement durable ». Il s'agit, dans la gestion environnementale d'un territoire, « *de mettre en œuvre une nouvelle approche économique favorisant, dans l'esprit de Rio, un développement durable intégrant les notions de coûts écologiques. La qualité préservée ou retrouvée de l'environnement peut devenir alors l'enjeu d'une nouvelle croissance susceptible d'attirer de nouveaux investissements, activités économiques et emplois* ». Il s'agit aussi de réussir le pari de la qualité de la vie en ville, en construisant une ville pour demain dont le développement sera plus économe en ressources non renouvelables, plus participatif, plus qualitatif. N'importe quelle commune, quelle que soit sa taille, peut élaborer un Agenda 21 à son échelle.[127]

Un équilibre difficile entre le « *soft law* » et le « *hard law* »

En matière de développement durable, la tentation est grande pour les plus impatients comme les ONG ou les syndicats de vouloir légiférer sur tout, tout de suite. En réponse, les acteurs comme les entreprises qui doivent exercer leurs responsabilités préfèrent avancer par le moyen de l'autorégulation. Le débat est vif et n'est pas prêt de s'arrêter entre ces deux tentations extrêmes du *hard law* et du *soft law*. Les réformes nécessaires doivent en réalité s'appuyer sur des logiques d'intelligence collective, plus vraisemblablement à mi-chemin entre ces deux concepts.

■ Les concepts de « *soft law* » et de « *hard law* »

On parle de « *soft law* » lorsque des acteurs (entreprises et syndicats professionnels, autorités publiques, syndicats, ONG, etc.) définissent des niveaux d'engagements et d'efforts pour contribuer au développement durable sur une base volontaire : principes, chartes, accords laissant à chaque acteur concerné une marge importante en matière d'interprétation et de mise en application. Par opposition, on parle de « *hard law* » lorsque les autorités publiques régulent de manière autoritaire les niveaux d'engagement et de contribution attendus de la part des acteurs, ne laissant qu'une très faible marge de manœuvre en matière d'interprétation.

---

126. Pour le texte complet de la conférence de Rio, se reporter aux annexes en fin d'ouvrage.
127. Pour plus d'informations : *www.agenda21france.org*.

Les entreprises sont généralement très demandeuses de « *soft law* », estimant qu'elles connaissent leur métier et leurs contraintes pour définir des niveaux de progrès en matière de développement durable qui soient pertinents, réalistes et sources de compétitivité. Mais le cas du secteur automobile – incapable de définir lui-même des niveaux suffisants en matière de lutte contre le changement climatique – illustre bien la limite de l'approche « *soft law* » dans la mise en place de solutions concertées. La société civile en général (opinion publique, associations et ONG, syndicats...) préfère donc l'approche « *hard law* » : il faut légiférer et contraindre les acteurs économiques de manière stricte pour aller vers le développement durable.

Mais cette approche reste quelque peu naïve et ne tient pas compte des réalités : les outils juridiques déjà en place en matière de protection de l'environnement, de droits humains et de droits sociaux ne sont, déjà, pas appliqués globalement. À quoi bon continuer à renforcer un corpus réglementaire si ce qui est en place n'est pas correctement appliqué ? À titre d'exemple, les seules questions environnementales représentent le quart des contentieux pour non-application du droit communautaire dans les pays de l'Union[128], la France faisant partie du peloton de tête des mauvais élèves aux côtés de l'Espagne, de l'Italie et du Royaume-Uni. Dans l'Europe de Schengen, la France, qui a fait tomber ses frontières avec ses voisins européens, conserve vingt fois plus de douaniers que d'inspecteurs chargés de veiller au respect de la réglementation environnementale dans les entreprises. Il y a donc là un faux débat.

Plus les entreprises seront sensibilisées aux questions du développement durable en vertu de l'attente des clients, des actionnaires et de la compétitivité au sein des marchés globalisés, plus elles avanceront dans la voie du « *soft law* ». Plus la société civile fera pression sur les autorités publiques pour qu'elles fassent appliquer la législation en place au lieu de multiplier les textes symboliques et médiatiques, plus la voie du « *hard law* » deviendra légitime.

---

128. Source : commission européenne.

> ## Le Grenelle de l'environnement : une occasion manquée de pointer du doigt l'équilibre « *hard law-soft law* »
>
> Le Grenelle de l'environnement est un ensemble de rencontres politiques organisées en France en octobre 2007, visant à prendre des décisions à long terme en matière d'environnement et de développement durable. Le terme « Grenelle » renvoie aux accords de Grenelle de mai 1968 et désigne, par analogie, un débat multipartite réunissant des représentants du gouvernement, des associations professionnelles et des ONG.
>
> Le Grenelle de l'environnement a permis quelques avancées. Mais il a surtout été une redite des différents plans définis au cours des années précédentes et restés généralement sans effets, notamment à cause de l'incapacité des autorités à trouver un équilibre entre *hard law* et *soft law*. Cet événement aurait donc pu être l'occasion de définir collectivement les principes d'action partagés entre les parties prenantes et de débloquer les situations. Mais il n'en est rien, puisque les actes restent généralement trop flous pour donner une dimension de *soft law* comme il en existait auparavant. Il faudra donc attendre quelques années pour juger objectivement de l'éventuel impact du Grenelle dans le niveau réel de contribution des parties prenantes au développement durable.
>
> Le Grenelle a également ouvert la porte à une multiplication de nouvelles lois et réglementations à venir, sans s'être donné les moyens de s'assurer que le corpus déjà existant avait les moyens d'être appliqué, par exemple en encourageant la sensibilisation des hauts fonctionnaires, de la police et du monde judiciaire, et en renforçant les moyens d'inspection et de contrôle. Une occasion de poursuivre une dynamique hyperinflationniste du dispositif réglementaire en place là où il est temps, au contraire, d'aller vers plus de clarté et vers l'application du dispositif existant.

Dans cette problématique de l'équilibre du *soft law* et du *hard law*, la France est un exemple intéressant puisque les pénalités résultantes d'une absence de mise en pratique réglementaire communautaire se chiffrent en centaines de millions d'euros.[129] Un seul exemple : en 2001, la Cour de Justice européenne a condamné la France pour cause de pollution aux nitrates de trente-sept bassins versants bretons. Dans la mesure où neuf restaient encore pollués en 2007, si, d'ici à septembre 2008, la France n'a pas mis les bassins aux normes, elle devra payer à l'Union européenne des sanctions financières s'élevant à 40 millions d'euros. À l'évidence, la France ne se mobilise pas assez pour

---

129. Fabienne KELLER, rapport d'information n° 332, Sénat, juin 2007.

faire appliquer correctement les engagements européens qu'elle a pris (démarche *hard law*) ; mais elle ne se donne pas non plus les moyens pour accompagner les acteurs de terrain et faire en sorte qu'ils s'approprient les enjeux et définissent des solutions justes pour tous (*soft law*). Comble de l'absurdité : cette absence de mise à disposition de moyens permettant de faire fonctionner le *hard law* et le *soft law* se traduit par le paiement de pénalités exorbitantes : de l'argent non productif, directement jeté par les fenêtres.

▪ Le développement durable, le nouveau souci d'intérêt général des autorités publiques

Les autorités publiques ont la puissance de façonner la société à une échelle infiniment supérieure à celle des citoyens ou les collectifs associatifs peuvent réussir à construire. L'exemple du commerce équitable est emblématique à ce sujet : aujourd'hui, le tonnage de café pris en charge par des circuits équitables et servant favorablement le développement des producteurs les plus pauvres ne représente que 0,4 % du tonnage mondial. Autrement dit, 99,6 % du tonnage mondial de café fonctionne de manière dérégulée, sur des marchés dérégulés, au service de multinationales dérégulées. Les autorités publiques ont donc un rôle à jouer, *a fortiori* dans les marchés mondiaux où la précarité règne (effets de la crise des *subprimes*, de la flambée du cours des matières premières, de l'insécurité grandissante liée aux changements climatiques qui s'annoncent, etc.).

Face au développement durable, les autorités publiques locales, nationales et internationales doivent donc :

- Appliquer la loi et les accords qu'elles ont elles-mêmes promulgués. Lorsque la France signe les accords de l'OIT bannissant le travail des enfants, elle engage tous les Français et toutes les entreprises françaises. N'importe quel contrat d'import-export devrait donc respecter les engagements français et rappeler l'interdiction de faire travailler des enfants à tout sous-traitant. Mais la réalité est tout autre : seulement quelques entreprises en vue s'engagent dans des initiatives volontaires pour s'assurer que le travail des enfants est maîtrisé dans les relations commerciales entretenues avec différents pays d'Asie et d'Afrique ; l'immense majorité des entreprises de droit français foule du pied ce type de principe, estimant que c'est la loi du marché que de laisser les sous-traitants faire fonctionner leurs usines comme ils l'entendent. Les autorités doivent donc employer les moyens adéquats pour faire appliquer les engagements qu'elles signent et promulguent.

- Encourager la mutation des infrastructures économiques. Les entreprises sont emprisonnées dans des logiques de court terme sous la pression financière qui pilote leurs activités. Dès lors qu'un investissement n'est pas susceptible de générer du gain facilement sur le court terme, l'entreprise est aveugle : elle n'est pas en mesure de prendre le risque de l'investissement, fût-il majeur pour le développement durable. Les autorités publiques ont là encore un rôle de portage et d'amortisseur à jouer pour aider les entreprises à se projeter dans le long terme, pour injecter des capitaux sur des projets risqués dans des phases d'incertitude, pour inciter l'entreprise à prendre des risques, et surtout, pour définir les standards économiques d'une société du développement durable.

Dans cette double perspective, les autorités publiques doivent veiller tout spécialement à conserver une notion d'arbitrage aussi transparente que possible, aussi franche et décomplexée que nécessaire quant aux lobbies et intérêts de corps qui entendent la régir. Cette notion d'arbitrage décomplexée et transparente reste en effet le plus sûr moyen pour que pouvoirs et contre-pouvoirs apprennent à mieux se connaître et, pour qu'ils puissent créer ensemble de la valeur réciproquement satisfaisante.

Lorsque les lobbies industriels n'écoutent pas les contre-pouvoirs associatifs qui exigent la réduction des pesticides en amont de l'industrie agroalimentaire et qui obtiennent gain de cause, ils réussissent à court terme à maintenir leur position, mais ils scient la branche sur laquelle ils sont assis sur le long terme : augmentation du prix des intrants, dégradation de la compétitivité des industriels agroalimentaires désireux de maîtriser la hausse des prix (qu'ils sont obligés de répercuter sur leurs clients), méfiance croissante des consommateurs… Autant de messages portés par le logiciel des contre-pouvoirs et qu'une virile discussion en tête à tête pourrait aider à partager en recherchant collectivement des solutions sous l'égide d'une autorité publique aussi neutre que possible. La capacité des autorités publiques à devenir un vecteur d'intelligence collective sera la clé de l'impulsion de solutions pour un développement durable à grande échelle.

Conclusion

Lorsqu'on fait un tour de petit train de montagnes russes, on connaît ces moments lents où le sang monte à la tête parce que le petit train peine à se hisser en haut d'une butte, qu'il va s'agir de dévaler rapidement par la suite. Concernant le développement durable, cette première phase de lente ascension de prise de conscience collective de la problématique est derrière nous : nous en sommes aux sensations de la grande descente. L'emballement est là. Il est durable : plus une entreprise, plus un politique, plus un citoyen ne peut désormais ignorer cette réalité. Le socle de nos connaissances est suffisamment solide pour que le développement durable s'ancre efficacement dans les esprits et réforme progressivement – mais en profondeur – notre manière de percevoir le monde, notre manière de nous projeter dans le monde, nos modes de vie.

Le plus dur, mais aussi le plus ambitieux et le plus excitant, est désormais devant nous : tout est à repenser, tout est à enrichir et à reconstruire différemment. Le développement durable devient une réalité qui s'inscrit tout autour de nous : des gens « comme tout le monde » se déplacent chaque matin de manière non polluante et responsable, des gens « comme tout le monde » repensent au quotidien leur manière de consommer pour inscrire des valeurs profondément humaines et écologiques, des gens « comme tout le monde » s'efforcent d'échanger les bonnes pratiques avec leurs voisins et leur famille, afin de diffuser la bonne parole et insuffler l'envie collective.

Les clés du développement durable tiennent en effet désormais en trois mots : envie, intelligence collective. Sans envie (si le développement durable n'est qu'une notion anxiogène et contraignante), il signe la fin de la plus grande richesse du genre humain : sa passion de l'enjeu, sa vitalité créatrice lui permettant d'élaborer des solutions innovantes en face de situations nouvelles. Mais cette vitalité créatrice doit également être tempérée par la plus grande force du genre humain : sa puissance cérébrale, sa capacité à croiser les perspectives, à tenir compte d'une complexité donnée pour définir des solutions réalistes, qui ne portent pas en elles-mêmes d'autres problématiques qu'il s'agira de résoudre ultérieurement.

Le développement durable s'emballe, c'est bien. Il est désormais de la responsabilité de chacun d'en faire un horizon attractif et appropriable par tous.

Annexes

Les questions posées par le développement durable sont planétaires, et en même temps directement en prise avec notre vie et nos habitudes quotidiennes : nous pouvons individuellement peser sur les enjeux et contribuer à notre niveau au développement durable. Cela commence très simplement par de petits gestes qui n'altèrent en rien notre confort et qui ont un impact significatif sur le développement durable. Ces petits gestes demandent juste d'accepter de modifier certaines habitudes bien ancrées et de faire passer les messages autour de nous… À la clé, nous pouvons ainsi agir pour une meilleure santé, une meilleure qualité de vie, tout en réalisant des économies parfois substantielles. On peut « ne pas savoir », mais il est évident que certains comportements sont meilleurs que d'autres. Il n'y a pas de « comportement parfait ». Nous pouvons tous progresser et nous améliorer petit à petit, au rythme des changements que nous pouvons opérer dans notre quotidien. L'essentiel, c'est de se dire chaque mois que l'on est « meilleur » que le mois précédent parce qu'on a détecté telle ou telle petite mauvaise habitude que l'on s'est empressé de corriger !

Décrypter les étiquettes pour consom'agir

■ Les indices qu'il faut repérer dans l'alimentation

Indice	Signification
	Agriculture Biologique Ce label indique qu'au moins 95 % des ingrédients sont issus de l'agriculture biologique, c'est-à-dire qu'ils ont bénéficié de pratiques spécifiques de production (emploi d'engrais verts, lutte naturelle contre les parasites...). Seuls certains engrais ou traitements d'origine naturelle peuvent être utilisés selon des normes définies. Les additifs et auxiliaires de transformation autorisés sont limités à ceux qui sont vraiment essentiels. L'utilisation des OGM est, quant à elle, strictement interdite.
	Agriculture biologique Ce logo est la version européenne du précédent. Les contraintes de production diffèrent un peu de la réglementation française, cette dernière étant plus stricte.
	Nature et progrès Fédération internationale pionnière de l'agriculture biologique, cette mention regroupe derrière elle des producteurs, des transformateurs et des consommateurs soucieux du développement durable.
	Bio équitable Comme son nom l'indique, ce label allie les préoccupations environnementales de l'agriculture biologique aux dimensions économiques et sociales du commerce équitable. La démarche repose sur une logique de développement durable des filières agricoles au Sud avec pour finalité le maintien d'une agriculture durable et du tissu rural local.
	Max Havelaar Ce label de commerce équitable garantit que le produit a été acheté à un prix « correct » au producteur et produit dans des conditions respectueuses des Droits de l'homme et de l'environnement. Tous les acteurs de la filière sont agréés et contrôlés par des organismes indépendants. Les principaux produits concernés sont le café, le thé, le chocolat, le jus d'orange, le sucre, le riz, les bananes... D'autres filières sont actuellement à l'étude.
	MSC (*Marine Stewardship Council*) Ce label indique que les poissons marins ont été capturés selon une méthode de pêche permettant aux espèces de maintenir leur population à long terme.
	Dolphine Safe Ce label indique que la technique de pêche évite de capturer accidentellement des dauphins dans les filets. Il ne garantit toutefois pas que les thons sont pêchés de manière à assurer la survie de l'espèce. Ce label est présent sur de nombreuses boîtes de thon.

▪ Les indices qu'il faut repérer dans les biens de consommation

Indice	Signification
	NF Environnement Ce label indique que le produit a obtenu l'écolabel officiel français, géré par l'Association française de normalisation (Afnor). Il peut s'appliquer à toute sorte de produits, sauf les produits pharmaceutiques, l'agroalimentaire, les services et le secteur automobile. Le produit doit répondre à un cahier des charges précis, qui prend en considération la qualité d'usage pour le consommateur et le respect de l'environnement.
	Écolabel européen Indique que le produit a obtenu le label écologique officiel de l'Union européenne. Créé en 1992, la fleur s'applique à vingt-six catégories de produits, allant des produits d'entretien aux produits textiles, des peintures aux appareils électroniques, mais aussi des papiers graphiques aux services d'hébergement. Sont exclus les denrées alimentaires, les boissons et les produits pharmaceutiques. Chaque type de produit doit répondre à un cahier des charges précis qui prend en considération le cycle de vie du produit (de l'extraction des matières premières à la production, en passant par la distribution, l'utilisation et la fin de vie du produit). Pour plus d'informations, visitez le site officiel de l'Écolabel européen (*http://ec.europa.eu/environment/ecolabel/index_en.htm*) et l'e-catalogue (*www.eco-label.com*).
	Dangereux pour l'environnement Le produit porte atteinte à la faune et la flore. Ne le jetez ni dans les poubelles, ni dans l'évier, ni dans la nature. L'idéal est de l'amener à la déchetterie la plus proche de chez vous.
	Papier recyclé Indique le pourcentage de fibres de récupération issues du recyclage qui entrent dans la composition du produit ou de l'emballage.
	Contient des matériaux recyclés Indique que l'emballage ou le produit est composé en tout ou partie de matériaux recyclés. Un pourcentage est mentionné au-dessus de la flèche.
	Contient des matériaux recyclés Indique que le produit ou l'emballage contient des produits recyclés. Au centre du cercle de Moebius figure un pourcentage qui mentionne la part d'éléments recyclés dans le produit. Bien plus concret que le logo précédent.
	Forest Stewardship Council Indique que les produits à base de bois sont issus de forêts gérées durablement.
	Programme européen de forêts certifiées Indique que les produits à base de bois sont issus de forêts gérées durablement.
	Étiquette énergie De A^2 (l'appareil est très économe) à G (l'appareil consomme beaucoup d'électricité), ce code couleur donne une idée de la consommation d'énergie d'un appareil électroménager. Cette classification concerne notamment les fours, lave-vaisselle, sèche-linge, réfrigérateurs, congélateurs. Dans la colonne de droite de l'étiquette sur fond noir figure la catégorie de l'appareil. C'est ainsi que l'on se rend compte si un appareil se révèle coûteux à l'usage.

Quelques textes de référence

■ Déclaration finale de la conférence des Nations unies sur l'environnement à Stockholm, 1972

Principe 1

« L'homme a un droit fondamental à la liberté, à l'égalité et à des conditions de vie satisfaisantes, dans un environnement dont la qualité lui permette de vivre dans la dignité et le bien-être. Il a un devoir solennel de protéger et d'améliorer l'environnement pour les générations présentes et futures. »

■ Déclaration de Rio sur l'environnement et le développement, 1992

Les 27 principes de la déclaration de Rio

Principe 1

« Les êtres humains sont au centre des préoccupations relatives au développement durable. Ils ont droit à une vie saine et productive en harmonie avec la nature. »

Principe 2

« Conformément à la charte des Nations unies et aux principes du droit international, les États ont le droit souverain d'exploiter leurs propres ressources selon leur politique d'environnement et de développement, et ils ont le devoir de faire en sorte que les activités exercées dans les limites de leur juridiction ou sous leur contrôle ne causent pas de dommages à l'environnement dans d'autres États ou dans des zones ne relevant d'aucune juridiction nationale. »

Principe 3

« Le droit au développement doit être réalisé de façon à satisfaire équitablement les besoins relatifs au développement et à l'environnement des générations présentes et futures. »

Principe 4

« Pour parvenir à un développement durable, la protection de l'environnement doit faire partie intégrante du processus de développement et ne peut être considérée isolement. »

Principe 5
« Tous les États et tous les peuples doivent coopérer à la tâche essentielle de l'élimination de la pauvreté, qui constitue une condition indispensable du développement durable, afin de réduire les différences de niveaux de vie et de mieux répondre aux besoins de la majorité des peuples du monde. »

Principe 6
« La situation et les besoins particuliers des pays en développement, en particulier des pays les moins avancés et des pays les plus vulnérables sur le plan de l'environnement, doivent se voir accorder une priorité spéciale. Les actions internationales entreprises en matière d'environnement et de développement devraient également prendre en considération les intérêts et les besoins de tous les pays. »

Principe 7
« Les États doivent coopérer dans un esprit de partenariat mondial en vue de conserver, de protéger et de rétablir la santé et l'intégrité de l'écosystème terrestre. Étant donné la diversité des rôles joués dans la dégradation de l'environnement mondial, les États ont des responsabilités communes mais différenciées. Les pays développés admettent la responsabilité qui leur incombe dans l'effort international en faveur du développement durable, compte tenu des pressions que leurs sociétés exercent sur l'environnement mondial et des techniques et des ressources financières dont ils disposent. »

Principe 8
« Afin de parvenir à un développement durable et à une meilleure qualité de vie pour tous les peuples, les États devraient réduire et éliminer les modes de production et de consommation non viables, et promouvoir des politiques démographiques appropriées. »

Principe 9
« Les États devraient coopérer ou intensifier le renforcement des capacités endogènes en matière de développement durable, en améliorant la compréhension scientifique par des échanges de connaissances scientifiques et techniques, et en facilitant la mise au point, l'adaptation, la diffusion et le transfert de techniques, y compris de techniques nouvelles et novatrices. »

Principe 10

« La meilleure façon de traiter les questions d'environnement est d'assurer la participation de tous les citoyens concernés au niveau qui convient. Au niveau national, chaque individu doit avoir dûment accès aux informations relatives à l'environnement que détiennent les autorités publiques, y compris aux informations relatives aux substances et activités dangereuses dans leurs collectivités, et avoir la possibilité de participer aux processus de prise de décision. Les États doivent faciliter et encourager la sensibilisation et la participation du public en mettant les informations à la disposition de celui-ci. Un accès effectif à des actions judiciaires et administratives, notamment des réparations et des recours, doit être assuré. »

Principe 11

« Les États doivent promulguer des mesures législatives efficaces en matière d'environnement. Les normes écologiques et les objectifs et priorités pour la gestion de l'environnement devraient être adaptés à la situation en matière d'environnement et de développement à laquelle ils s'appliquent. Les normes appliquées par certains pays peuvent ne pas convenir à d'autres pays, en particulier à des pays en développement, et leur imposer un coût économique et social serait injustifié. »

Principe 12

« Les États devraient coopérer pour promouvoir un système économique international ouvert et favorable, propre à engendrer une croissance économique et un développement durable dans tous les pays, qui permettrait de mieux lutter contre les problèmes de dégradation de l'environnement. Les mesures de politique commerciale, motivées par des considérations relatives à l'environnement, ne devraient pas constituer un moyen de discrimination arbitraire ou injustifiable, ni une restriction déguisée aux échanges internationaux. Toute action unilatérale visant à résoudre les grands problèmes écologiques au-delà de la juridiction du pays importateur devrait être évitée. Les mesures de lutte contre les problèmes écologiques transfrontières ou mondiaux devraient, autant que possible, être fondées sur un consensus international. »

Principe 13

« Les États doivent élaborer une législation nationale concernant la responsabilité de la pollution et d'autres dommages à l'environnement, et l'indemnisation de leurs victimes. Ils doivent aussi coopérer diligemment et plus résolument pour développer davantage le droit international concernant la responsabilité et l'indemnisation en cas d'effets néfastes de dommages causés à l'environnement, dans des zones situées au-delà des limites de leur juridiction par des activités menées dans les limites de leur juridiction ou sous leur contrôle. »

Principe 14
« Les États devraient concerter efficacement leurs efforts pour décourager ou prévenir les déplacements et les transferts dans d'autres États de toutes activités et substances qui provoquent une grave détérioration de l'environnement, ou dont on a constaté qu'elles étaient nocives pour la santé de l'homme. »

Principe 15
« Pour protéger l'environnement, des mesures de précaution doivent être largement appliquées par les États selon leurs capacités. En cas de risque de dommages graves ou irréversibles, l'absence de certitude scientifique absolue ne doit pas servir de prétexte pour remettre à plus tard l'adoption de mesures effectives visant à prévenir la dégradation de l'environnement. »

Principe 16
« Les autorités nationales devraient s'efforcer de promouvoir l'internalisation des coûts de protection de l'environnement et l'utilisation d'instruments économiques, en vertu du principe selon lequel c'est le pollueur qui doit, en principe, assumer le coût de la pollution, dans le souci de l'intérêt public et sans fausser le jeu du commerce international et de l'investissement. »

Principe 17
« Une étude de l'impact sur l'environnement, en tant qu'instrument national, doit être entreprise dans le cas des activités envisagées qui risquent d'avoir des effets nocifs importants sur l'environnement, et qui dépendent de la décision d'une autorité nationale compétente. »

Principe 18
« Les États doivent notifier immédiatement aux autres États toute catastrophe naturelle ou toute autre situation d'urgence qui risque d'avoir des effets néfastes soudains sur l'environnement

de ces derniers. La communauté internationale doit faire tout son possible pour aider les États sinistrés. »

Principe 19
« Les États doivent prévenir suffisamment à l'avance les États susceptibles d'être affectés et leur communiquer toutes les informations pertinentes sur les activités qui peuvent avoir des effets transfrontières sérieusement nocifs sur l'environnement, et mener des consultations avec ces États, rapidement et de bonne foi. »

Principe 20
« Les femmes ont un rôle vital dans la gestion de l'environnement et le développement. Leur pleine participation est donc essentielle à la réalisation d'un développement durable. »

Principe 21
« Il faut mobiliser la créativité, les idéaux et le courage des jeunes du monde entier afin de forger un partenariat mondial, de manière à assurer un développement durable et à garantir à chacun un avenir meilleur. »

Principe 22
« Les populations et communautés autochtones et les autres collectivités locales ont un rôle vital à jouer dans la gestion de l'environnement et le développement du fait de leurs connaissances du milieu et de leurs pratiques traditionnelles. Les États devraient reconnaître leur identité, leur culture et leurs intérêts, leur accorder tout l'appui nécessaire et leur permettre de participer efficacement à la réalisation d'un développement durable. »

Principe 23
« L'environnement et les ressources naturelles des peuples soumis à l'oppression, la domination et l'occupation doivent être protégés. »

Principe 24
« La guerre exerce une action intrinsèquement destructrice sur le développement durable. Les États doivent donc respecter le droit international relatif à la protection de l'environnement en temps de conflit armé et participer à son développement, selon que de besoin. »

Principe 25
« La paix, le développement et la protection de l'environnement sont interdépendants et indissociables. »

Principe 26
« Les États doivent résoudre pacifiquement tous leurs différends en matière d'environnement, en employant des moyens appropriés conformément à la charte des Nations unies. »

Principe 27
« Les États et les peuples doivent coopérer de bonne foi et dans un esprit de solidarité à l'application des principes consacrés dans la présente Déclaration et au développement du droit international dans le domaine du développement durable. »

Constitution belge, 1994

Article 23
« Chacun a le droit de mener une vie conforme à la dignité humaine [...]. Ce droit comprend notamment le droit à la protection d'un environnement sain. »

Convention d'Aarhus, 1998

Extrait du préambule
« Chacun a le droit de vivre dans un environnement propre à assurer sa santé et son bien-être, et le devoir, tant individuellement qu'en association avec d'autres, de protéger et d'améliorer l'environnement dans l'intérêt des générations présentes et futures. Afin d'être en mesure de faire valoir ce droit et de s'acquitter de ce devoir, les citoyens doivent avoir accès à l'information, être habilités à participer au processus décisionnel, et avoir accès à la justice en matière d'environnement. »

Constitution fédérale de la Confédération suisse, 1999

Article 73
« La Confédération et les cantons œuvrent à l'établissement d'un équilibre durable entre la nature, en particulier sa capacité de renouvellement, et son utilisation par l'être humain. »

■ Charte de l'environnement adossée à la Constitution française, 2006

Article 1

« Chacun a le droit de vivre dans un environnement équilibré et respectueux de la santé. »

Article 2

« Toute personne a le devoir de prendre part à la préservation et à l'amélioration de l'environnement. »

Article 3

« Toute personne doit, dans les conditions définies par la loi, prévenir les atteintes qu'elle est susceptible de porter à l'environnement ou, à défaut, en limiter les conséquences. »

Article 4

« Toute personne doit contribuer à la réparation des dommages qu'elle cause à l'environnement, dans les conditions définies par la loi. »

Article 5

« Lorsque la réalisation d'un dommage, bien qu'incertaine en l'état des connaissances scientifiques, pourrait affecter de manière grave et irréversible l'environnement, les autorités publiques veillent, par application du principe de précaution et dans leurs domaines d'attribution, à la mise en œuvre de procédures d'évaluation des risques et à l'adoption de mesures provisoires et proportionnées afin de parer à la réalisation du dommage. »

Article 6

« Les politiques publiques doivent promouvoir un développement durable. À cet effet, elles concilient la protection et la mise en valeur de l'environnement, le développement économique et le progrès social. »

Article 7

« Toute personne a le droit, dans les conditions et les limites définies par la loi, d'accéder aux informations relatives à l'environnement détenues par les autorités publiques, et de participer à l'élaboration des décisions publiques ayant une incidence sur l'environnement. »

Article 8

« L'éducation et la formation à l'environnement doivent contribuer à l'exercice des droits et devoirs définis par la présente charte. »

Article 9

« La recherche et l'innovation doivent apporter leur concours à la préservation et à la mise en valeur de l'environnement. »

Article 10

« La présente charte inspire l'action européenne et internationale de la France. »

Pour aller plus loin

Voici quelques adresses de sites Internet qui vous permettront de vous renseigner plus avant et d'agir pour le développement durable :

■ Portails d'accès

Barre d'outil écolo-info : *www. ecoloinfo.com*
Annuaire ABC Vert : *www.abcvert.fr*
Annuaire de sites Internet : *www.netdurable.fr*

■ Sites d'informations pour agir au quotidien

Action consommation : *www.actionconsommation.org*
Consodurable : *www.consodurable.org*
Consommation, logement et cadre de vie : *www.clcv.org*
UFC – Que choisir ? *www.quechoisir.org*
Léo Lagrange pour la défense des consommateurs : *www.leolagrange-conso.org*
De l'éthique sur l'étiquette : *www.ethique-sur-etiquette.org*
ADEME : *www.ademe.fr*
Action consommation : *www.actionconsommation.org*
France nature environnement : *www.fne.asso.fr*
Nice Future : *www.nicefuture.co*
Planète nature : *www.planete-nature.org*

■ Sites de réflexion sur le développement durable

Business for Social Ecologie : *www.bsr.org*

Ministère de l'Écologie, du Développement et de l'Aménagement durables : *www.developpement-durable.gouv.fr*

Mouvement vraiment durable : *www.vraiment-durable.org*

Notre planète : *www.notre-planete.info*

Novethic : *www.novethic.fr*

RSE News : *www.rsenews.com*

Bibliographie

AUBERT C., LE BERRE N., *Faut-il être végétarien pour sauver la planète ?*, Terre vivante, 2008.

BADDACHE F., *Entreprises et ONG face au développement durable : l'innovation par la coopération*, L'Harmattan, 2004.

BADDACHE F., *Le Développement durable au quotidien*, Eyrolles, 2006.

BAIROCH P., *Le tiers monde dans l'impasse*, Folio actuel, 1992.

BALET J., *Aide-mémoire. Gestion des déchets*, Dunod, 2005.

BARTOLI H., *Repenser le développement*, Éditions Unesco, 1999.

BÉJI H., *Nous, décolonisés*, Arléa, 2008.

BERTRAND A., *Notre habitat écologique : détails pratiques d'une expérience réussie*, Éditions du Dauphin, 2005.

BOBIN J., HUFFER E., NIFENECKER H., *L'Énergie de demain : techniques, environnement, économie*, Éditions EDP Sciences, 2005.

BORIS J.-P., *Commerce inéquitable : le roman noir des matières premières*, Hachette Littérature, 2005.

Botaya A., *Le Guide de l'écofood*, Minerva, 2008.

BOUGUERRA M., *La Consommation assassine*, Éditions Charles Léopold Mayer, 2005.

BOURG D., BOY D., *Conférences de citoyens, mode d'emploi*, Éditions Charles Léopold Mayer, 2005.

BRODHAG C., BREUIL F., GONDRAN N., OSSAMA F., *Dictionnaire du développement durable : plus de 1 000 définitions*, équivalents anglais, sources documentaires officielles, Afnor, 2004.

BROWN L. R., *Éco-économie*, Seuil, 2003.

BROWN L. R., FLAVIN C., POSTEL S., *Le Défi planétaire*, Sang de la terre, 1992.

BROWN L. R., *L'État de la planète*, La Découverte, 1995.

BROWN L. R., *Vital Signs 2000*, Norton & Company, 2000.

BRUNEL S., *Le Développement durable*, PUF (Que sais-je ?), 2004.

BURGENMEIER B., *Économie du développement durable*, Éditions De Boeck, 2005.

CANNARD P. (dir.), *Les citoyens peuvent-ils changer l'économie ?*, Éditions Charles Léopold Mayer, 2003.

CHANSON P., *Sismonde de Sismondi (1773-1842). Précurseur de l'économie sociale*, Institut d'études corporatives et sociales, 1944.

CHARTIER D., *La biodiversité est-elle encore naturelle ?*, Sillepse, 2005.

CHATEAURAYNAUD F., TORNY D., *Les Sombres Précurseurs, une sociologie pragmatique de l'alerte et du risque*, Éditions EHESS, 1999.

CHATELET A., LAVIGNE P., FERNANDEZ P., *Architecture climatique : une contribution au développement durable*, Édisud, 1998.

CHAUVEAU A., ROSÉ J.-J., *L'entreprise responsable*, Éditions d'Organisation, 2003.

CHERTOW M. R., ESTY D. C., *Thinking Ecologically : The Next Generation of Environmental Policy*, Yale University Press, 1997.

CORRADO M., *La Maison écologique : toutes les règles pour vivre dans un environnement sain*, Éditions De Vecchi, 2004.

DELÉAGE A., *Une histoire de l'écologie, une science de l'homme et de la nature*, La Découverte, 1991.

DENHEZ F., *Les pollutions invisibles : quelles sont les vraies catastrophes écologiques ?*, Delachaux et Niestlé, 2005.

DeSimone L., Popoff F., *Eco-efficiency: The Business Link to Sustainable Development*, MIT Press, 1997.

Desombre F., *J'attends une maison : le livre de l'habitat écologique*, La Pierre Verte, 2005.

Dessus B., Gassin H., *So Watt? L'énergie : une affaire de citoyens*, L'aube, 2005.

Diamond J., *De l'inégalité parmi les sociétés. Essai sur l'homme et l'environnement dans l'histoire*, Gallimard, 2007.

Diamond J., *Effondrement : comment les sociétés décident de leur disparition ou de leur survie*, Gallimard, 2006.

Dlugolecki A., *Climate Change could Bankrupt us by 2065*, in Environment News Services, 2000.

Doherty B., *Democracy and Green Political Thought : Sustainability, Rights and Citizenship*, in European Political Science Series, Routledge, 1996.

Dubois P., *Vers l'ultime extinction ? La biodiversité en danger*, La Martinière, 2004.

Ducroux R., Jean-Baptiste P., *L'Effet de serre : réalité, conséquences et solutions*, CNRS Éditions, 2004.

Dupuy M., *Les Cheminements de l'écologie en Europe, une histoire de la diffusion de l'écologie au miroir de la forêt*, L'Harmattan, 2004.

Durning A. T., *How Much is Enough? The Consumer Society and the Future of the Earth*, Norton & Company, 1992.

Edwards M., Gaventa J., *Global Citizen Action*, Lynne Rienner, 2001.

Ehrenberg J., *Civil Society: The Critical History of an Idea*, New York University Press, 1998.

Elkington J., *Cannibals with Forks*, New Society Publishers, 1997.

Ellul J., *Le Système technicien*, Le Cherche midi, 2004.

Engelhard P., *L'Afrique miroir du monde*, Arléa, 1998.

ERICKSON K., *Drop Dead Gorgeous : Protecting Yourself from the Hidden Dangers of Cosmetics*, McGraw-Hill, 2002.

ERKMAN S., *Vers une écologie industrielle*, Éditions Charles Léopold Mayer, 1998.

EWALD F., COLLIER C., DE SADELER N., *Le Principe de précaution*, PUF, 2001.

FAUCHEUX S., JOUMNI H., *Économie et politique des changements climatiques*, La Découverte, 2005.

FOURIER C., *Le Nouveau Monde industriel et sociétaire*, Flammarion, 2003.

FREEMAN R. E., PIERCE J., DODD H., *Environmentalism and the New Logic of Business*, Pitman, 2002.

FREEMAN R. E., *Strategic Management : A Stakehoider Approach*, Pitman, 1983.

FRÉMEAUX P. (dir.), *L'Utilité sociale*, Éditions Alternatives Économiques Pratique, 2003.

FRÉMEAUX P. (dir.), *La Consommation citoyenne*, Éditions Alternatives Économiques Pratique, 2003.

FRÉMEAUX P. (dir.), *Le Tourisme autrement*, Éditions Alternatives Économiques Pratique, 2005.

FRÉMEAUX P. (dir.), *Les Initiatives citoyennes*, Éditions Alternatives Économiques Pratique, 2005.

FRÉMEAUX P. (dir.), *Les Placements éthiques*, Éditions Alternatives Économiques Pratique, 2002.

GAUZIN-MÜLLER D., *L'architecture écologique : 29 exemples européens*, Le Moniteur, 2001.

HÄBERLI R., GESSLER R., GROSSENBACHER-MANSUY W., LEHMANN POLLHEIMER D., *Objectif qualité de la vie. Développement durable : une exigence écologique, une stratégie économique, un processus social*, rapport final du programme prioritaire environnement Suisse, 2002.

HAUGUSTAINE D., JOUZEL J., LE TREUT H., *Climat : chronique d'un bouleversement annoncé*, Le Pommier, 2004.

HAWKEN P., *The Ecology of Commerce*, HarperBusiness, 1993.

HEYWOOD V. H., *Global Biodiversity Assessment*, Cambridge University Press, 1995.

JOUZEL J., DEBROISE A., *Le Climat : jeux dangereux. Quelques prévisions pour les siècles à venir*, Dunod, 2004.

KAHN J.-F., *Où va-t-on ? Comment on y va : théorie du changement par recomposition des invariances*, Fayard, 2008.

KAZAZIAN T., *Design et développement durable : il y aura l'âge des choses légères*, Victoires-Éditions, 2003.

KLEIN N., SAINT-GERMAIN M., *No logo : la tyrannie des marques*, J'ai Lu, 2004.

LAFFON M., LAFFON C., *Habitat du monde*, La Martinière, 2004.

LAMARRE D., FAVIER R., BOURG D., MARCHAND J.-P., *Les risques climatiques*, Belin, 2005.

LAPONCHE B., *Maîtriser la consommation d'énergie*, Le Pommier, 2004.

LECOMTE T., *Le Commerce équitable*, Eyrolles Pratique, 2004.

LHOMME J.-C., *La maison économe : solutions et actions pour un habitat économe*, Delachaux et Niestlé, 2005.

LHOMME J.-C., *Les énergies renouvelables*, Delachaux et Niestlé, 2005.

LOVELOCK J., *The Ages of Gaia : A Biography of our Living Earth*, Norton & Company, 1988.

MABEY N., *Argument in the Greenhouse : The International Economics of Controlling Global Warming*, in Global Environmental Change Series, Routledge, 1997.

MACNEILL J., WINSEMIUS P., YAKUSHIJI T., *Beyond Interdependence : The Meshing of the World's Economy and the Earth's Ecology*, Oxford University Press, 1991.

MASCLET P., *Pollution atmosphérique : causes, conséquences, solutions, perspectives, environnement*, Ellipses, 2005.

MASER C., *Sustainable Community Development : Principles and Concepts*, St. Lucie Press, 1997.

MATAGNE P. (dir.), *Les Enjeux du développement durable*, L'Harmattan, 2005.

MEADOWS D. H., MEADOWS D. L., RANDERS J., *Beyond the Limits*, McClelland & Stewart Inc., 1992.

MEADOWS D. H., *The Limits to Growth*, Potomac Associates, 1972.

MERCK FAMILY FUND, *Redefining the American Dream : The Search for Sustainable Consumption*. Conference Report, Merck Family Fund, 1995.

MESTIRI E., *Le Nouveau Consommateur : dimensions éthiques et enjeux planétaires*, L'Harmattan, 2003.

MÉTRAL J. (collectif), *Les aléas du lien social : constructions identitaires et culturelles dans la ville*, Éditions Ministère de la Culture et de la Communication, 1997.

MEUNIER F., *Domestiquer l'effet de serre : énergies et développement durable*, Dunod, 2005.

MICHEL R., *Le Guide des actions bénévoles*. Agir pour voyager autrement, Le Pré aux Clercs, 2005.

MURPHY D. F., BENDELL J., *In the Company of Partners*, The Policy Press, 1997.

MYRDAL G., *Une économie internationale*, 1958.

NOSS R. F., COOPERRIDER A. Y., *Saving Nature's Legacy : Protecting and Restoring Biodiversity*, Island Press, 1994.

PEMBINA INSTITUTE FOR APPROPRIATE DEVELOPMENT, *Building Eco-efficient Communities: A How-to Guide*, Pembina Institute, 1997.

PERRIOT F., *Le Guide des actions bénévoles. Agir pour la protection de la nature*, Le Pré aux Clerc, 2005.

POINIER L. W., *Building Civil Society Worldwide : Strategies for Successful Communications*. A Series of Case Studies, Civicus, 1997.

POULIQUEN K., *Le commerce équitable*, Marabout, 2003.

RABOURDIN S., *Les Sociétés traditionnelles au secours des sociétés modernes : autrement sauvage, autrement moderne*, Delachaux et Niestlé, 2005.

RAPPORT ANTHEIOS 2005, *Géopolitique du développement durable*, PUF, 2005.

REDCLIFT M., *Wasted : Counting the Cost of Global Consumption*, Earthscan, 1996.

REID D., *Sustainable Development : An Introductory Guide*, Earthscan Publications, Ltd., 1995.

REQUIER-DESJARDINS D., SPASH C., VAN DER STRAATEN J., *Environmental Policy and Societal Aims*, ESEE, 1999.

RICKLEFS R., MILLER G., *Écologie*, Éditions De Boeck, 2005.

RODMAN K., *Think Globally, Punish Locally : Nonstate Actors, Multinational Corporations and Human Rights Sanctions*, in Ethics in International Affairs, 1998.

SACQUET A.-M., *Atlas mondial du développement durable*, Autrement, 2002.

SALOMON T., BEDEL S., *La maison des néga watts, guide malin de l'énergie chez soi*, Terre Vivante, 1999.

SAMAD S. A., WATANABE T., KIM S. J., *People's Initiatives for Sustainable Development: Lessons of Experience*, Asia and Pacific Development Centre, 1995.

SLIM A., *Le Développement durable*, Le Cavalier bleu, 2004.

SMITH A., MACKINNON J. B., *Plenty : One Man, One Woman, and a Raucous Year of Eating Locally*, Three Rivers Press, 2008.

SMITH K., HAYES P., *The Global Greenhouse Regime : Who Pays ? Science, Economics and North-South Politics in the Climate Change Convention*, Earthscan, 1993.

SMITH M., DUFFY R., *The Ethics of Tourism Development*, Routledge, 2003.

SMOUTS M., *Le Développement durable : les termes du débat*, Armand Colin, 2005.

SOCOLOW R., *Industrial Ecology and Global Change*, Cambridge University Press, 1994.

SPEIRS C., *Le Concept de développement durable : l'exemple des villes françaises*, L'Harmattan, 2005.

STAHEL W. R., *The Functional Society : the Service Economy*, 2003.

STEFFEN A., *Changer le monde : un guide pour le citoyen du XXIe siècle*, La Martinière, 2008.

STIGLITZ J. E., *Globalization and its Discontents*, Norton, 2002.

SWANSON E., *Putting Sustainable Development to Work : Implementation Through Law and Policy*, Environmental Law Centre, 1993.

SWANSON T. M., *The Economics and Ecology of Biodiversity Decline : The Forces Driving Global Change*, Cambridge University Press, 1995.

TAINTER J., *The Collapse of Complex Civilizations*, Cambridge University Press, 1988.

TEMPLE J., *The New Growth Evidences*, in Journal of Political Economy, 1999.

THE ECOLOGIST, *A Blueprint for Survival*, Penguin Special, 1972.

THOMAS J. C., *Public Participation in Public Decision: New Skills and Strategies for Public Managers*, Jossey-Bass Publishers, 1995.

TRZYNA T. C., OSBORN J. K., *A Sustainable World: Defining and Measuring Sustainable Development*, Earthscan, 1995.

UNITED NATIONS, *Agenda 21: Programme of Action for Sustainable Development*, UN Publications, 1992.

VADROT C.-M., *Guerre et environnement : panorama des paysages bouleversés*, Delachaux et Niestlé, 2005.

VERNIER J., *Les Énergies renouvelables*, PUF (Que sais-je ?), 2005.

VILLENEUVE C., RICHARD F., *Vivre les changements climatiques*, Multimondes, 2007.

WAAGE S. A. (dir.), *Ants, Galileo and Gandhi : Designing the Future of Business Through Nature*, Genius and Compassion, The Natural Step, 2003.

WACKERNAGEL M., REES W., *Our Ecological Footprint : Reducing Human Impact on the Earth*, New Society Publishers, 1995.

Weizsacker E. U. von, *Earth Politics*, Zed Books, 1994.

Werner K., Weiss H., *Das neue Schwarzbuch Markenfirmen*, Deuticke, 2003.

Willetts P., *Pressure Groups in the Global System*, Francis Pinter, 1982.

Wilson E. O., Kellert S. R., *The Biophilia Hypothesis*, Island Press, 1993.

Wilson E. O., *The Diversity of Life*, Belknap Press, 1992.

Wines J., *L'Architecture verte*, Taschen, 2000.

Wingert J., *La Vie après le pétrole : de la pénurie aux énergies nouvelles*, Autrement, 2005.

World Commission on Environment and Development, *Our Common Future*, Oxford University Press, 1987.

Worldwatch Institute, *State of the World*, WWI. Parution annuelle.

Worldwatch Institute, *Vital Signs : The Environmental Trends that are Shaping our Future*, WWI. Parution annuelle.

Index

Table des matières

Partie II
Les principaux domaines
d'application du développement durable

Chapitre 6
Contribuer au développement durable concrètement 177

Dépôt légal : Décembre 2021

Imprimé en Allemagne par BoD